普通高等教育"十一五"系列教材

第二届山东省高等学校优秀教材

电气照明技术

（第二版）

主　编　谢秀颖

副主编　郭宏祥

编　写　王　岷

主　审　裘皓杰

中国电力出版社

CHINA ELECTRIC POWER PRESS

内 容 提 要

全书共分八章，主要内容包括照明技术的基本知识、照明电光源、照明灯具、照度计算、照明光照设计、照明电气设计、电气照明施工图设计和照明工程设计实例。本书内容深入浅出、简明扼要、层次清楚、语言透彻，尤其注重理论与实践相结合，以充分体现电气照明技术的实用性，向读者阐述电气照明设计应用的完整概念。为了配合教学与工程实践的需要，书中每章都给出思考题和习题，以便于读者自学。

本书主要作为普通高等学校电气工程及其自动化（含建筑电气专业方向）、建筑环境与设备工程、给水排水工程等专业本专科学生的教学教材，也可作为工程技术人员的培训用书和参考用书。

图书在版编目（CIP）数据

电气照明技术/谢秀颖主编 . —2 版 . —北京：中国电力
出版社，2008.1（2025.7重印）
普通高等教育"十一五"规划教材
ISBN 978 - 7 - 5083 - 6341 - 7

Ⅰ. 电… Ⅱ. 谢… Ⅲ. 电气照明—高等学校—教材
Ⅳ. TM923

中国版本图书馆 CIP 数据核字（2007）第 192407 号

中国电力出版社出版、发行
（北京市东城区北京站西街 19 号　100005　http：//www. cepp. sgcc. com. cn）
北京九州迅驰传媒文化有限公司印刷
各地新华书店经售

*

2004 年 9 月第一版
2008 年 1 月第二版　　2025 年 7 月北京第十九次印刷
787 毫米×1092 毫米　16 开本　14.25 印张　343 千字
定价 **35.00 元**

前　言

为贯彻落实教育部《关于进一步加强高等学校本科教学工作的若干意见》和《教育部关于以就业为导向深化高等职业教育改革的若干意见》的精神，加强教材建设，确保教材质量，中国电力教育协会组织制订了普通高等教育"十一五"教材规划。该规划强调适应不同层次、不同类型院校，满足学科发展和人才培养的需求，坚持专业基础课教材与教学急需的专业教材并重、新编与修订相结合。本书为修订教材。

《电气照明技术》一书是依据国家 GBJ133—1990《民用建筑照明设计标准》和 GB50035—1992《工业企业照明设计标准》等标准、规范，结合作者多年的教学研究和工程实践经验编撰而成的。在编写过程中，注重教材内容的整合与精选；注重先进技术的应用；注重理论与工程实践相结合，充分体现电气照明技术的实用性。全书以电气照明设计为轴线，结合工程实践和对国家标准及规范的理解，重点介绍电气照明工程的基本计算和设计方法，以提高读者进行照明设计、施工和管理的能力；为了便于读者学习，每章都给出部分思考题与习题。所以，该书自 2004 年出版以来，得到了广大教师、同学和工程技术人员的充分肯定，也提出了不少宝贵意见。与此同时，随着"中国绿色照明工程"的实施，广大从业人员已充分认识到照明设计在建筑电气设计中的重要地位。为了适应当前建筑照明工程的实践要求，建设部组织对原两项照明设计标准进行修订，并合并为 GB50034—2004《建筑照明设计标准》，于 2004 年 12 月 1 日起实施，由于现行标准与原标准相比，在照度水平、照明质量和照明节能等诸多方面都发生了很大的变化，对照明工程的设计和管理人员提出了更高的要求。因此，为满足教学和广大从业人员的需要，对《电气照明技术》一书进行重新修订是十分必要的。

《电气照明技术（第二版）》在保留了原书体系和特点的基础上，对书中的照明术语、一般规定、照明的数量和质量、照度标准值、眩光的限制、照明配电及控制等内容，全部按现行标准的相关规定和要求进行了更新，增加了绿色照明、照明节能和照明功率密度值等内容，并对各章的"思考题与习题"进行了补充与完善。

本书由山东建筑大学谢秀颖任主编，编写第一～五章及附录，山东建筑大学建筑设计研究院郭宏祥任副主编，编写第八章，山东建筑大学王岷编写第六章，山东济宁市建筑设计研究院孟建国编写第七章；由裴皓杰教授对全部书稿进行审阅。

本书的出版得到了中国电力出版社教材中心的关心和支持。在编写过程中，得到了山东建筑大学信息与电气工程学院领导及老师们的大力支持、还得到了山东建筑大学设计研究院的热情帮助，在此谨致以深切的谢意！

为了使本书具有实用性、先进性、深入浅出的特点，编者查阅了相关的教材、大量的工程技术书刊和资料、国家标准和规范，吸取了许多有益知识，在此向所有参考文献的作者致以衷心的感谢！

由于作者自身水平所限，书中难免存在缺漏和不当之处，殷切期望读者批评指正。

编　者

2007 年 11 月

目　　录

第一章 照明技术的基本知识

电气照明不仅需要光学和电学知识，而且还涉及建筑学、生理学、心理学等多学科的知识。围绕电气照明设计这个中心，本章主要介绍光、视觉、颜色等与电气照明技术有关的基础知识及绿色照明计划等。

第一节 光

电气照明是以光学为基础的，因而，电气照明技术的实质主要是光的控制与分配技术。本节主要介绍照明技术中最基本的概念和常用术语。

一、光和光谱

1. 光的概念

光是能量的一种存在形式，它可以通过电磁辐射方式从一个物体传播到另一个物体。因而，光的本质是一种电磁波（电磁辐射）。

电磁辐射的波长范围是极其广泛的，波长不同的电磁波，其特性可能有很大的差别，一般而论，这些波段不同的电磁波是由不同的辐射源产生的，它们对物质的作用不同，因而有不同的应用和测量方法。但是，相邻波段之间实际上是没有明显界线的，因为波长的较小差别不会引起特性的突变。若将各种电磁波按波长依次排列可以得到电磁波谱，如图 1-1 所示。

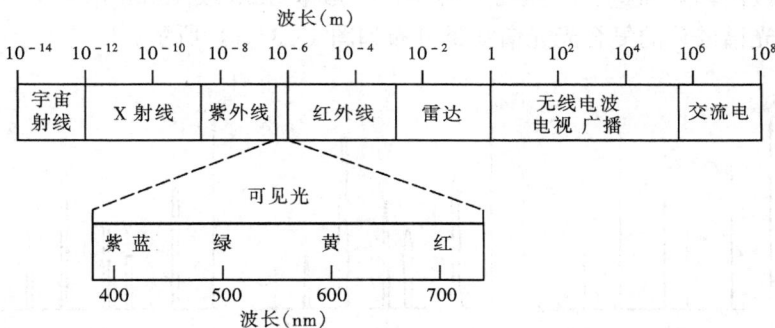

图 1-1 电磁波谱及可见光谱

在电磁波谱中，波长为 $380 \sim 780nm$（$1nm = 10^{-9}m$）的电磁波，作用于人的视觉器官能产生视觉，这部分电磁波叫可见光。可见光按波长依次排列可以得到可见光谱。不同波长的可见光，在视觉上会形成不同的颜色，只含有一种波长成分的可见光称为单色光，通常将可见光分为红（$780 \sim 630nm$）、橙（$630 \sim 600nm$）、黄（$600 \sim 570nm$）、绿（$570 \sim 490nm$）、青（$490 \sim 450nm$）、蓝（$450 \sim 430nm$）和紫（$430 \sim 380nm$）等七种单色光。将可见光按波长从 $380 \sim 780nm$ 依次展开，光将分别呈现紫、蓝、青、绿、黄、橙、红色。

在可见光紫光区的左边小于 380nm 的是一个紫外线波段，而在红光区右边大于 780nm 的是一个红外线波段，这两个波段的电磁波虽然不能引起人的视觉，但由于它们能够有效地转换成可见光，所以，通常把紫外线、可见光和红外线统称为光。

2. 光谱辐射通量及其能量分布

（1）光谱辐射通量。辐射通量（或称为辐射功率）是指某物体单位时间内发射或接收的辐射能量，或在介质（也可能是真空）中单位时间内传递的辐射能量，单位为瓦特（W）。任意波长的电磁辐射的能量都可以用辐射通量来度量。

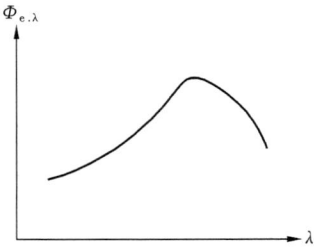

图 1-2　具有连续光谱成分的复合光的光谱能量分布

在照明工程中，由于实际照明光源发出的往往是含有多种波长成分的复合光。依据复合光中各种波长的辐射通量的分布情况，将其分为具有线光谱的复合光（只包含有限几种波长）和具有连续光谱的复合光（包含无限多种波长）；并用光谱辐射通量来定量地描述复合光中各波长的辐射通量的分布，光谱辐射通量定义为辐射源在给定波长无限小范围内产生的辐射通量与该波长范围之比，其基本单位为 W/m。

（2）辐射通量的光谱分布。光谱辐射通量实际上可以看作是波长的函数，因此光源的辐射能量随波长而变化的规律称为辐射通量的光谱分布，通常称为光谱能量（功率）分布，可以用曲线来表示。

图 1-2 表示的是具有连续光谱成分的复合光的光谱能量分布。图 1-3 则表示具有线光谱成分的复合光的光谱能量分布。图 1-3（a）表示的是理想线光谱成分的复合光的光谱能量分布，即每一个线光谱成分具有良好的单色性。但实际光源的线光谱成分往往是不理想的，即在其波长附近一定波长范围内均有一定的辐射，如图 1-3（b）所示。在实际测量时，一般不可能，也没有必要对每一波长的辐射都测量其辐射通量，而是分成若干个波长段，测量其每一波长段的辐射通量。在照明工程中，一般取 5nm 或 10nm 作为一个波长段。经过处理的具有线光谱成分的复合光光谱能量分布如图 1-3（c）所示。

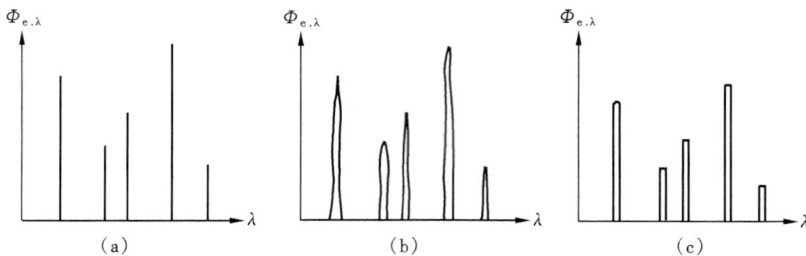

图 1-3　具有线光谱成分的复合光的光谱能量分布
（a）理想线光谱成分的复合光的光谱能量分布；（b）实际线光谱成分的复合光的光谱能量分布；（c）经过处理的线光谱成分复合光的光谱能量分布

3. 光谱光效率

人的视觉器官受到光的刺激就会产生视觉。事实证明，光刺激所引起的视觉强度（光亮感觉的大小）不仅与光能量的大小有关，还与光的波长有关，即人眼对各种波长的光具有不同的灵敏度。通常用光谱光效率（或光谱光效能）来表示人眼的视觉灵敏度。

光谱光效能的意义是单位辐射通量产生的视觉强度，用符号 $K(\lambda)$ 表示，单位为 lm/W。实验证明，光谱光效能是波长的函数，并且存在最大值 K_m。

光谱光效率是给定波长 λ 的光谱光效能 $K(\lambda)$ 与最大光谱光效能 K_m 之比，光谱光效率也是波长 λ 的函数，用符号 $V(\lambda)$ 表示，其表达式为

$$V(\lambda) = \frac{K(\lambda)}{K_m} \tag{1-1}$$

式中　$K(\lambda)$——给定波长（λ）辐射的光谱光效能，lm/W；

　　　　K_m——辐射的最大光谱光效能，lm/W；

　　　　$V(\lambda)$——给定波长（λ）辐射的光谱光效率。

光谱光效率（或光谱光效能）除了与波长有关以外，还与光刺激强度有关，即同一波长的光，在环境适应亮度明暗不同的情况下，人眼对其敏感性是有差别的。此外，光谱光效率（光谱光效能）既然是评价人眼的视觉灵敏度的，就不可避免地存在着个人差异。基于这两个原因，CIE（国际照明委员会）规定了一个标准光度观察者，称为 CIE 标准光度观察者，并根据有关研究，先后提出了在明视觉条件下（适应亮度约为 10cd/m^2 以上）获得的明视觉光谱光效率值 $V(\lambda)$，以及在暗视觉条件下（适应亮度小于 10^{-2}cd/m^2）获得的暗视觉光谱光效率值 $V'(\lambda)$，如表 1-1 所示。图 1-4 为对应于表 1-1 的 CIE 光度标准观察者光谱光效率曲线。

表 1-1　　　　　　　　　　CIE 标准光度观察者的光谱光效率数值

波长 (nm)	明视觉 $V(\lambda)$	暗视觉 $V'(\lambda)$	波长 (nm)	明视觉 $V(\lambda)$	暗视觉 $V'(\lambda)$
380	0.0000	0.0006	590	0.7570	0.0655
390	0.0001	0.0022	600	0.6310	0.0332
400	0.0004	0.0093	610	0.5030	0.0159
410	0.0012	0.0348	620	0.3810	0.0074
420	0.0040	0.0966	630	0.2650	0.0033
430	0.0116	0.1998	640	0.1750	0.0015
440	0.0230	0.3281	650	0.1070	0.0007
450	0.0380	0.455	660	0.0610	0.0003
460	0.0600	0.567	670	0.0320	0.0001
470	0.0910	0.676	680	0.0170	0.00007
480	0.1390	0.793	690	0.0082	0.00004
490	0.2080	0.904	700	0.0041	0.00002
500	0.3230	0.982	710	0.0021	0.000009
510	0.5030	0.997	720	0.0010	0.000005
520	0.7100	0.935	730	0.0005	0.000003
530	0.8620	0.811	740	0.0003	0.000001
540	0.9540	0.650	750	0.0001	0.0000008
550	0.9950	0.481	760	0.00006	0.0000004
560	0.9950	0.3288	770	0.00003	0.0000002
570	0.9520	0.2076	780	0.00002	0.0000001
580	0.8700	0.1212			

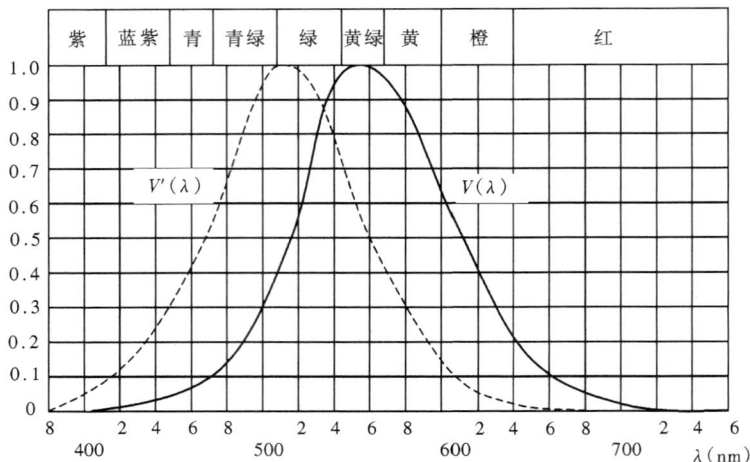

图 1-4　CIE 光度标准观察者光谱光效率曲线

实验证明：在明视觉情况下，正常人眼对于波长为 555nm 的黄绿色光最敏感，也就是这种波长的辐射能引起人眼最大的视觉，而越偏离 555nm 的辐射，可见度越小。因此，称 555nm 为峰值波长 λ_m，此时 $V(\lambda_m)=1$，当 $\lambda\neq555$nm 时，$V(\lambda)<1$。而在暗视觉条件下，正常人眼对于波长为 507nm（510nm）的光最敏感，当 $\lambda_m=507$nm 时，$V'(\lambda_m)=1$；当 $\lambda\neq507$nm 时，$V'(\lambda)<1$。

另外，需要说明的是：明视觉光谱光效率曲线的最大值与太阳散射光能量分布（按波长）曲线的最大值相近，这是人类眼睛在长期进化过程中最好地适应与感受太阳散射光刺激的结果。曲线在靠近红外线和紫外线两端逐渐趋向于零。在照明工程中主要应用明视觉光谱光效率，因此在未明确说明的情况下，均指明视觉条件。

二、常用的光度量

光是能量的一种存在形式，光对物质的作用是与光能量的转化相关的。因而，在光的应用技术中，一般是以能量这个纯物理量来对光进行定量的测量和研究。以能量单位评价光辐射的纯物理量叫做辐射度量。而在照明技术中，由于光作用于人的眼睛所产生的视觉强度，不仅与光能量的大小有关，还与光的波长有关，所以在照明技术中，单纯采用能量参数来描述光的特性往往是不能满足要求的。为了更好地研究光在照明工程中的应用，通常采用的是以视觉效果来评价光辐射的量——光度量。光度量与辐射度量之间是有密切关系的，前者可以从后者导出。在照明工程中，常用的光度量有光通量、发光强度、照度和亮度。

1. 光通量

光通量是按照 CIE 标准观察者的视觉特性来评价光的辐射通量的，其定义为单位时间内光辐射能量的大小，用符号 Φ 表示。

当辐射体发出的辐射通量按 $V(\lambda)$ 曲线的效率被人眼所接受时，其表达式为

$$\Phi = K_m \int_0^\infty \frac{\mathrm{d}\Phi_e(\lambda)}{\mathrm{d}\lambda} V(\lambda) \mathrm{d}\lambda \qquad (1-2)$$

式中　　　Φ——光通量，lm；

　　　　　K_m——最大光谱光效能，在单色辐射时，明视觉条件下的 K_m 值为 683lm/W（λ_m

＝555nm）；

　　$V(\lambda)$——明视觉的光谱光效率；

　d$\Phi_{\mathrm{e}}(\lambda)$ /dλ——辐射通量的光谱分布。

　　光通量的单位是流明（lm），在国际单位制中，光度学的基本单位是发光强度单位坎德拉（cd），流明是一个导出单位，即具有均匀光强度 1cd 的点光源在单位立体角 1sr（球面度）内发出的光通量为 1lm。

　　光通量是根据人眼对光的感觉来评价光源在单位时间内光辐射能量的大小的。例如：一只 200W 的白炽灯泡比一只 100W 的白炽灯泡看上去要亮得多，这说明 200W 灯泡在单位时间内所发出光的量要多于 100W 的灯泡所发出的光的量。

　　光通量是说明光源发光能力的基本量。例如，一只 220V、40W 的白炽灯泡其光通量为 350lm，而一只 220V、36W、6200K 的 T8 荧光灯的光通量约为 3350lm，这说明荧光灯的发光能力比白炽灯强，这只荧光灯的发光能力是这只白炽灯的 7 倍。

　　2. 发光强度（光强）

　　发光强度简称光强，它表示光源向空间某一方向辐射的光通密度。所以，一个光源向给定方向的立体角元 dω 内发射的光通量 dΦ 与该立体角之比，称为光源在给定方向的光强，用符号 I 表示，其表达式为

$$I = \frac{\mathrm{d}\Phi}{\mathrm{d}\omega} \tag{1-3}$$

　　立体角的定义是任意一个封闭的圆锥面所围的空间。立体角是以锥的顶点为球心，半径为 r 的球面被锥面所截得的面积来度量的。当锥面在球面上截得的面积为 dA 时，则该立体角即为一个单位立体角 dω，其表达式为

$$\mathrm{d}\omega = \frac{\mathrm{d}A}{r^2}$$

　　若光源发射的光通量比较均匀时，各个方向的光强相等，其值为

$$I = \frac{\Phi}{\omega} \tag{1-4}$$

式中　Φ——光源在立体角 ω 内所辐射的总光通量，lm；

　　　　ω——光源辐射光通量的空间立体角，sr；若 r 为球的半径（m），S 为与立体角 ω 相对应的球表面积（m²），则 $\omega = S/r^2$。

　　若点光源向四周发射的光通量为 Φ，由于球体包含的立体角 ω 为 4π，所以，其平均球面光强为

$$I = \frac{\Phi}{4\pi} \tag{1-5}$$

　　发光强度的单位是坎德拉（cd），也就是过去的国际烛光，简称烛光（candle - power），1cd＝1lm/1sr。坎德拉是国际单位制的基本单位之一，其它光度量单位都是由光强的单位推导出来的。

　　发光强度是用来描述光源发出的光通量在空间给定方向上的分布情况的。当光源发出的光通量一定时，光强的大小只与光源的光通量在空间的分布密度有关。例如，桌上有一盏 220V40W 白炽灯，其发出的光通量为 350lm，该裸灯泡的平均光强为 350/4π＝28cd。若在该灯泡上面装上一盏不透光的平盘型灯罩之后，桌面看上去要比没灯罩时亮许多。在此情

形下，灯泡发出的光通量并没有变化，但加了灯罩之后，光通量经灯罩反射后更为集中地分布在灯的下方，向下的光通量增加了，相应的光强提高了，亮度也就增加了。

3. 照度

当光源的光通量投射到物体表面时，即可把物体表面照亮。那么，对于被照物体而言，常用照度来衡量落在它表面上的光通量的多少，即照度是描述被照面被照射的程度的光度量。其定义为：被照物体表面上一点的照度等于入射到该表面包含这点的面元上的光通量 $d\Phi$ 与面元的面积 dA 之比。简单地说，就是被照面上单位面积入射的光通量。照度用符号 E 表示，其表达式为

$$E = \frac{d\Phi}{dA} \tag{1-6}$$

若任意被照面 A 上入射的光通量为 Φ，则可用平均照度表示，即

$$E = \frac{\Phi}{A} \tag{1-7}$$

照度的国际单位制单位是勒克斯（lx）。1lx 表示在 $1m^2$ 面积上均匀分布 1lm 光通量的照度值，即 $1lx = 1lm/m^2$。

若采用 cm 作长度单位，则照度单位用辐透（ph）来定义，1ph 表示 $1cm^2$ 面积上均匀分布 1lm 光通量，即 $1ph = 1lm/cm^2$。辐透的千分之一叫做毫辐透（mph），即 $1mph = 10^{-3}ph$。

照度的英制单位是英尺-坎德拉，或称英尺烛光（fc），当 1 平方英尺（ft^2）被照面上均匀地接受 1lm 光通量时，该被照面的照度值为 1fc，即 $1fc = 1lm/ft^2$。表 1-2 列出几种照度单位的换算关系。

表 1-2   照度单位换算表

单 位 名 称	勒克斯（lm/m²）	英尺-坎德拉（lm/fc）	辐透（lm/cm²）	毫 辐 透
1 勒克斯（1lx）	1	9.29×10^{-2}	1×10^{-4}	0.1
1 英尺-坎德拉（1fc）	10.76	1	1.076×10^{-3}	1.076
1 辐透（1ph）	1×10^4	929	1	1×10^3
1 毫辐透（1mph）	10	0.929	1×10^{-3}	1

能否看清一个物体，与这个物体单位面积所得到的光通量有关。所以，照度是照明工程中最常用的术语和重要的物理量之一，因为在当前的照明工程设计中，一直将照度值作为考察照明效果的量化指标。为了对照度有一个大概的概念，下面举几个常见的例子：

（1）在 40W 白炽灯下 1m 远处的照度约为 30lx，加搪瓷伞形白色灯罩后可增加为 70lx。

（2）满月晴空的月光下为 0.2lx。

（3）晴朗的白天室内为 100～500lx。

一般情况下，1lx 的照度仅能辨别物体的轮廓；照度为 5～10lx 时，看一般书籍比较困难；短时阅读的照度不应低于 50lx。

4. 亮度

亮度是描述发光面或反光面上光的明亮程度的光度量，并且，亮度考虑了光的辐射方向，所以它是表征发光面在不同方向上的光学特性的物理量。

若以广光源上一点 S 为研究对象，如图 1-5 所示，首先在该发光面上取一包含 S 点的足够小的面元，面元的面积为 $dA(m^2)$。观察者从某一方向观察该发光面，发光面上 S 点向观察者发出的光强为 $dI(cd)$，且该方向与面元法线方向的夹角为 θ。则该发光面上 S 点在指向观察者方向上的亮度可定义为：该方向上的发光强度 dI 与包含 S 点的面元 dA 在垂直于观察者方向上的投影面积 $dA\cos\theta$ 之比，即单位投影面积上的发光强度。亮度用符号 L 表示，给定方向（θ 方向）上的亮度用 L_θ 表示，其表达式为

$$L_\theta = \frac{dI}{dA\cos\theta} \tag{1-8}$$

式（1-8）表明，亮度与被视物体的发光强度或反光面的反光程度有关，还与发光面或反光面的面积有关。例如，在同一照度下，并排放着的白色和黑色物体，因物体表面对光的反射程度不同，人眼看起来的视觉效果也不同，总觉得白色物体要亮得多；而对两个发光强度完全相同的物体来说。例如，功率相同的一个普通白炽灯泡和一个磨砂玻璃灯泡，它们在视觉上引起的明亮程度也不同，后者看起来不及前者亮，这是因为磨砂玻璃表面凹凸不平，发光面积较大的缘故。

若发光面是一个理想的漫射体（漫射发光体或漫反射体），它的光强将按余弦分布，即

$$I_\theta = I_0\cos\theta$$

则

$$L_\theta = \frac{I_0\cos\theta}{dA\cos\theta} = \frac{I_0}{dA} = L_0 \tag{1-9}$$

式（1-9）表明，漫射体的亮度是一个常数 L_0，与方向无关。其特点是：从任意方向看该漫射体的表面时，亮度都是一样的，如图 1-6 所示。

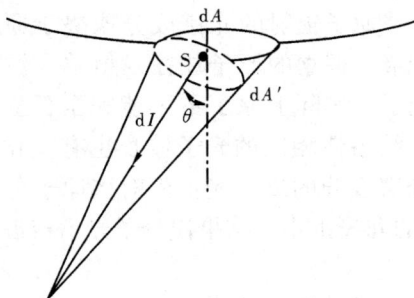

图 1-5 广光源一个单元面积上的亮度

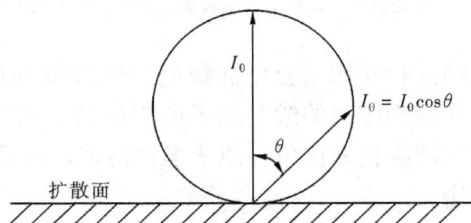

图 1-6 理想漫反射面的光强分布

亮度的国际单位制单位是坎德拉/平方米（cd/m^2）。若 $1m^2$ 发光面沿其法线方向发出 $1cd$ 光强时，该发光面在其法线方向上呈现的亮度为 $1cd/m^2$。当发光面面积单位改用 cm^2 时，亮度单位为熙提（sb），$1cm^2$ 发光面沿法线方向光强为 $1cd$ 时，发光面法线方向上的亮度为 $1sb$，即 $1sb=1cd/cm^2$。亮度的其它单位还有阿波熙提（asb）、英尺郎伯（fL）等多种。但应注意，根据 ISO31/6－1980，目前只保留了坎德拉/平方米（cd/m^2），其它单位都已废除。

通常情况下：

（1）40W 荧光灯的表面亮度约为 $7000cd/m^2$；

（2）无云的晴朗天空平均亮度约为 $5000cd/m^2$；

（3）太阳的亮度高达 $1.6 \times 10^9 \text{cd/m}^2$ 以上。

注意：一般情况下，当亮度超过 $1.6 \times 10^5 \text{cd/m}^2$ 时，人眼就感到难以忍受了。

三、光的辐射

许多物理和化学过程都能产生辐射，但为了照明的目的，这里只简单介绍人工光源的辐射。人工光源不同，光辐射产生的机理也不同，但它们的基本原理是相似的。

1. 辐射的产生

众所周知，原子由带正电的原子核和其外围带负电的电子云组成，原子核外电子运动的轨道不同，其能量级别也不相同。离原子核最近的轨道能量级最低，而离原子核越远，则其能量级别越高。

离原子核最近的电子，由于原子核对其的束缚力最大而处在最稳定的状态（称之为基态）。由于产生光辐射的主要是最外层电子，那么，如果由于某种原因使核外电子获得更高的能量，电子由于被激发将不再逗留在基态，而将迁移到与其具有的能量相当的能级（这种迁移称为被激发迁移）。电子逗留在激发态的时间是极短暂的，它将很快回到稳定的基态，或从高能级的激发态迁移到低能量级的激发态（这种迁移称为去激发跃迁）。在去激发跃迁时电子的能量也随之释放，该能量就被转化成光能并自发地向外辐射，形成了光的辐射。

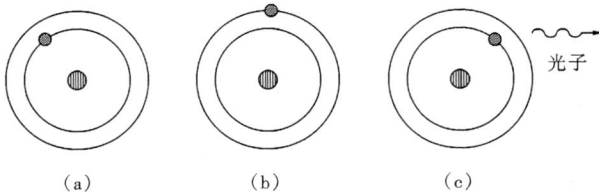

图 1-7　辐射的激发和自激发

（a）外层电子在基态的轨道上；（b）电子跳到激发态的轨道；（c）电子落回基态而发出一个光子

辐射的激发和自激发过程示于图1-7。如图1-7（a）所示，外层电子在基态的轨道上，在图1-7（b）中，是给电子以足够的能量使它跳到激发态的轨道，在图1-7（c）中，电子自发地落回到基态而发出一个光子。

原子辐射的光谱成分取决于原子的能级。孤立的原子往往发射单一波长的光子，实际上原子不可能完全孤立，原子之间的相互作用会使能级间产生轻微的相互影响，结果使相应的光子波长也有变化，因此，实际物体内的激发原子所产生的是有限几种线光谱成分的复合光；而对多原子分子而言，其能级就要比单一原子丰富得多，而且能级之间的间隔也小，结果使分子光谱接近于连续光谱。

目前，在人工光源中常用的辐射源主要有三种形式：热辐射、气体放电和电致发光。

2. 热辐射

热辐射是物体因热而产生的辐射。当物体被加热到高温时，组成它的原子或分子将产生热运动，并互相碰撞使电子获得能量而被激发，从而产生辐射。

（1）黑体辐射。热辐射的理论研究主要是通过黑体进行的。黑体又称为完全辐射体，其特点是入射到黑体上的光辐射将完全被吸收，而没有反射和透射，即它的反射比和透射比为0，吸收比为1。所以黑体的热辐射将只取决于黑体的温度，也就是温度达到一定的值，其光谱能量分布也将是确定的。著名的普朗克定律所描述的就是不同温度下的黑体的光谱辐射功率与波长的函数关系（如图1-8所示）。这种形式的辐射称为热辐射或黑体辐射。黑体的辐射是具有连续光谱成分的复合辐射。

黑体辐射有两个主要特点：其一是随着温度的升高，黑体辐射的总能量迅速增加；其二是随着温度的升高，黑体辐射曲线的最大值偏向短波，即具有最大辐射功率的波长和黑体的温度成反比，与该特点相对应的现象是物体加热后随着温度的逐步升高，其颜色先发红，再变黄，最后发蓝。此外，当温度达到 5000K 左右时，黑体将变成白炽色，且可见光成分占其辐射总能量的比例也最大，所以，在 2000～5000K 的范围内，黑体的辐射温度越高，最大辐射功率的波长越移近可见光区。

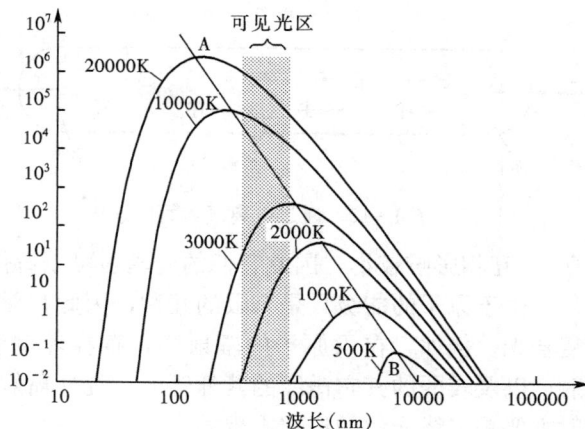

图 1-8　黑体的相对能量分布

实际上，黑体是一种理想的辐射体，在自然界中根本不存在这种物质。在人工热辐射光源中采用的是钨丝辐射。

（2）钨丝辐射。钨丝并不能获得黑体的吸收和反射特性，但是由于钨丝能够承受 2000K 以上的高温，并且它在可见光区域内的选择辐射率较高，因此钨丝的热辐射与黑体辐射不仅辐射原理相同，而且具有相似的性能，例如其光谱能量分布是连续光谱，且与辐射的温度有密切的关系。钨丝辐射的能量分布如图 1-9 所示。

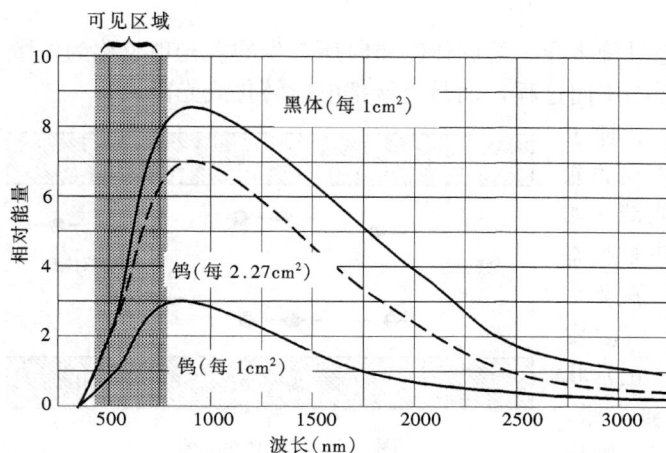

图 1-9　同温度（3000K）下黑体和钨丝的辐射曲线

钨丝辐射曲线的形状与黑体辐射的分布曲线很相似，但是由于钨丝在可见光区域内的选择辐射率较高，所以钨丝辐射功率的峰值比同温度的黑体偏向于可见光区，显然用钨丝作光源比用同温度的黑体作光源光效要高。

此外，钨丝辐射波长范围很广，其中可见光仅占很少的比例，紫外线也很少，绝大部分是红外线。随着温度增加，钨丝辐射的能量也随之增加，并且可见光部分的增加速度比红外线的增加速度更快。所以，要提高钨丝辐射的光效，就必须尽可能地提高钨丝的工作温度。

3. 气体放电

在电场的作用下，载流子在气体（或蒸汽）中产生并运动，从而使电流通过气体（或蒸汽）的过程称为气体放电。在正常情况下，气体里通常没有自由电子，只有当气体原子被电离产生电子和正离子时才能导电。图 1-10 所示的是通过电离气体管的放电，电场使电子向阳极漂移，正离子向阴极漂移，通过管子的总电流就是电子和离子流的总和。离子比电子重几千倍，而且很少移动，离子流通常只是总电流的 0.1%～1%。

气体放电主要是在充有气体的管中以原子辐射形式产生光辐射的。根据管中气体的压力，气体放电又可分为低气压放电和高气压放电。

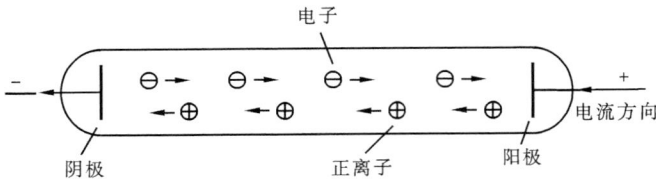

图 1-10　通过电离气体管的放电

（1）低气压放电。管内气体压力较小时（总气压近似于百分之一大气压）产生的气体放电即为低气压放电。当管内气体压力小时，组成气体（主要是汞蒸气和钠蒸气）的原子之间的距离比较大（基本独立），互相影响较小，因此它们的光辐射可以看作是孤立的原子产生的原子辐射。

由于原子的能级只是有限的几种，因此它形成的原子辐射也将是有限几种线光谱成分的复合光。例如，在汞原子的辐射中，存在着谱线为 253.7nm 和 185.0nm 的强烈的紫外辐射，以及较弱的其它谱线的紫外辐射、红外辐射和可见光。所以，低气压放电所产生的光辐射主要是以线光谱的形式出现的。

（2）高气压放电。与低气压放电相比，当管内气体压力较高时（升高到几个大气压）产生的气体放电即为高气压放电。当管内气体压力大时，由于组成气体的原子之间的距离比较近，各原子之间相互牵制、相互影响较大，电子在轰击原子时不能直接与一个原子作用，原子的辐射不再是孤立的。此外，在轰击原子时产生的光辐射又可能被其它原子吸收而形成另外的辐射，这样，尽管高气压气体放电仍是气体中的原子辐射产生的光辐射，但与低气压放电时差别很大，高气压放电产生的辐射将包括强的线光谱成分和弱的连续光谱成分。

4. 电致发光

电致发光又称为场致发光，电流通过像半导体等固体物质时所产生的发光现象称为电致发光。电致发光不需要任何像加热这样的中间过程，而是直接把电能转化成光能。

半导体的原子按一定的规律排列，且原子之间有着较强的相互作用，致使原子之间的能级增宽，形成由许多相近能级组成的能带（如图 1-11 所示）。满带对应于半导体在正常状态下（基态）未被激发的电子所具有的能量水平，导带对应于半导体在激发状态下（激发态）被激发的电子所具有的能量水平。正常状态下电子占据满带，被激发时将迁移到导带，电子不能在满带和导带之间的间隙滞留，则该间隙称为禁带。

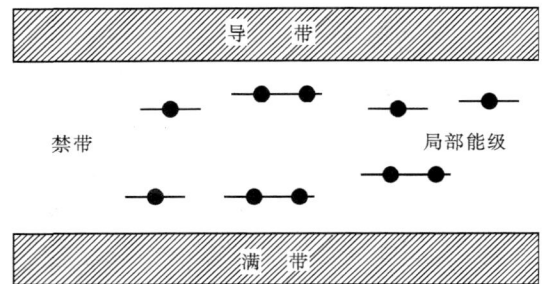

图 1-11　晶体的能带

若在半导体中掺入少量的杂质，可以局部地破坏半导体内原子原有的整齐排列，产生一些特殊的能级，称为局部能级。半导体在电场的作用（激发）下在各能级之间会产生激发迁移或去激发跃迁过程，电子发生去激发跃迁时将会把它受激发所吸收的能量释放出来，转换成光能。

电致发光的辐射波长取决于跃迁前后所在能带（或能级）之间的能量差。由于半导体内的能带（或能级）复杂，因此可能形成线光谱成分的光辐射，也可能形成在一定波长范围内密集的线光谱成分（即带光谱成分），甚至可能形成连续光谱的光辐射。

四、物质的光学性质

光通过介质（空气、液体、固体等）传播时，一般都发生吸收、折射、透射、反射和偏振等现象。研究这些现象对照明工程设计是有实际意义的，因为照明环境（照明分布）是光源发出的光经过传播过程而最后形成的。很明显，吸收、折射、反射和透射等现象对照明分布具有决定性的影响。

1. 光的吸收

光在介质中传播时其强度将越来越弱，在这个过程中有一部分光的能量转变为其它形式的能量（例如热能），这就是介质对光的吸收。

用吸收比（亦称吸收系数）来表征介质对光的吸收作用。吸收比是被材料或介质吸收的光通量 Φ_a 与入射光通量 Φ_i 之比，以百分数或小数表示，符号为 α，即

$$\alpha = \frac{\Phi_a}{\Phi_i} \tag{1-10}$$

不同的介质对于不同波长的光的吸收作用是不同的，一般情况下，非透明表面越粗糙且颜色越深的材料，吸收比越大。介质对光的吸收与光在介质中传播的光程（即介质吸收层的厚度）有关，光程越大，介质吸收的光也越多。介质对光的吸收还与光的入射方向和偏振状态有关。

2. 光的折射和透射

（1）光的折射。光从一种介质射入另一种介质时，若光的入射方向不是垂直于上述两种介质分界面，则在分界面处将有一部分光被反射回原来的介质，另一部分将射入另一种介质中，但传播方向改变了，这种现象称为光的折射。

由于光在各种介质中的传播速度不同，所以，当两种介质进行比较时，光在其介质中传播速度较高的被称为光疏物质，而传播速度较低的称为光密物质。

假设光从一种介质（介质的折射率为 n_1）射入另一种介质（介质的折射率为 n_2），则光通过这两种介质分界面所发生的折射情况如图 1-12 所示。

入射光方向与介质分界面法线方向的夹角称为入射角 i，折射光方向与法线的夹角称为折射角 γ。由于光在这两种介质内的传播速度不同，所以，入射角 i 与折射角 γ 不等。当光从光疏介质射入光密介质时 $(n_2 > n_1)$，折射角 γ 将小于入射角 i，反之，则折射角 γ 将大于入射角 i。同

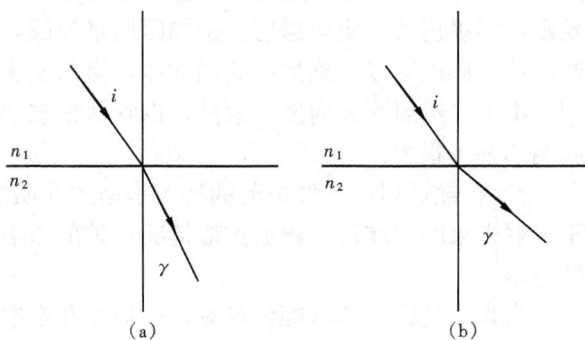

图 1-12 光的折射
(a) $n_2 > n_1$，$\gamma < i$；(b) $n_2 < n_1$，$\gamma > i$

时，入射角发生变化时，折射角随之发生变化，但两角之间的关系符合折射定律，即

$$n_1 \sin i = n_2 \sin \gamma \tag{1-11}$$

上述的折射定律适用于大多数的材料，如玻璃、透明的塑料和液体等。

（2）光的透射。光从一种介质射入另一种介质，并从这种介质穿透出来的现象叫光的透射。在透射光中，光所包含的单色成分的频率不改变，但光通量及其包含的立体角可能改变。

用透射比（透射系数）来描述光在透射前后光通量的变化情况。透射比是透过材料或介质的光通量 Φ_τ 与入射到介质上的光通量 Φ_i 之比，以百分数或小数表示，符号为 τ，即

$$\tau = \frac{\Phi_\tau}{\Phi_i} \tag{1-12}$$

透射比说明的是材料的透光性，不同的物质具有不同的透光性。一般情况下，材料的透明度越高，透射比就越高。例如，玻璃的透光性很好，而很薄的金属膜实际上就是不透光的了。透射比还与材料的厚度有关，对于透明度相同的物质来说，其厚度越大则透射比越小。

根据透射后光束在空间的扩展情况，光的透射分为定向透射、扩散透射几种形式。

1）定向透射。定向透射是无漫射的规则的透射。其特点是光透过介质后，透射光仍按一定的方向传播。透明玻璃及塑料、透明彩色玻璃及塑料会产生定向透射。

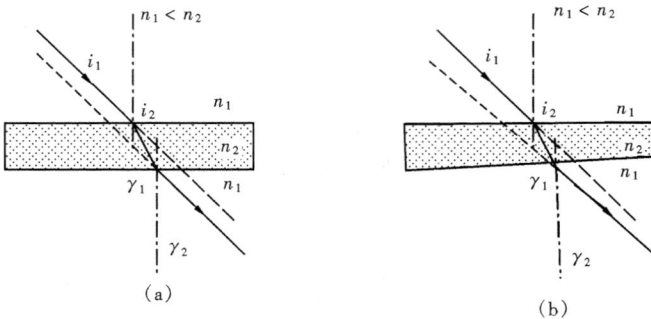

图 1-13 定向透射
(a) 平行板材；(b) 非平行板材

例如光通过透光的平行板材时，如图 1-13 (a) 所示，因为透光材料的两侧为同一介质，故透射光束的方向与入射光束的方向平行，平移距离取决于透光材料与其两侧介质的相对折射率及透光材料的厚度。建筑工程常用的平板玻璃就是具有这种特性的透光材料，因此从平板玻璃的一侧可以清楚地看到另一侧的物体。

当光通过透光的非平行板材时，如图 1-13 (b) 所示，透射光的方向因折射而不再与入射光方向平行，但其方向仍有一定的规则，所以仍属于定向透射。例如因质量原因，使平板玻璃的两侧出现不规则的不平行，因此从某一侧虽可以看到另一侧的物体，但却发生了变形；而压花玻璃则是人为地使平板玻璃凹凸不平，透射光方向发生紊乱，以致从该玻璃的一侧无法看清另一侧的物体，但对透光的影响却并不很大。

2）扩散透射。扩散透射的特点是透过介质的透射光束被扩展了，透射光束的立体角大于入射光束的立体角。根据扩散情况，扩散透射可分为定向扩散透射、漫透射和混合透射几种情形。

当光透过磨砂玻璃等材料时，透射光在定向透射方向的光强较大，而它的附近方向上也有比值较小的光强分布，如图 1-14 (a) 所示，这种透射方式称为定向扩散透射。透过磨砂玻璃虽不能看清光源的模样，但能看出光源的位置。

当光透过乳白玻璃等材料时，也能发现定向扩散透射的现象，但当乳白玻璃的白色浓重一些时，透过该玻璃观察光源时就会逐渐模糊，随着乳白色的加重，逐步向漫透射过渡。图 1-14 (b) 所示的是均匀漫透射，它的光强按余弦分布，即

$$I_\theta = I_0 \cos\theta$$

式中 I_θ——透射光在与透射面法线成 θ 角方向的光强，cd；

      I_0——透射光在透射面法线方向的光强，cd。

透过具有均匀漫透射的材料观察光源时，亮度在任何方向都是相同的。

光线照射到透射材料上，若其透光特性介于定向透射与散透射之间，则称为混合透射，如图 1-14 (c) 所示。严格来讲，只有光透过悬浮有密集的细小微粒的空间时，入射光被充

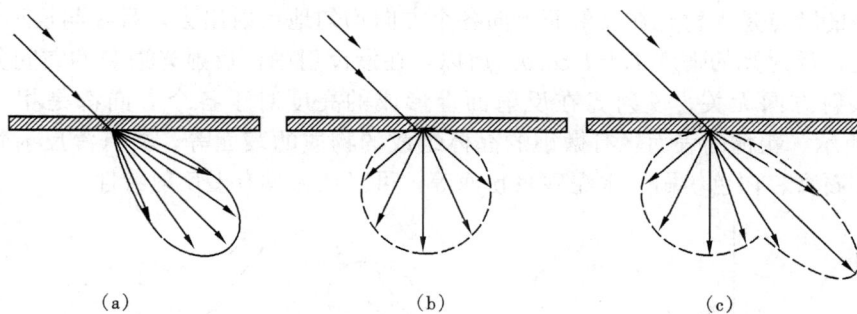

图 1 - 14　透射的几种不同形式
(a) 定向扩散透射；(b) 漫透射；(c) 混合透射

分扩散，才能具有均匀漫透射的特性，一般只能算是混合透射。

3. 光的反射

光从一种介质传播到另一种介质时，有一部分或全部自分界面射回原来的介质，这种现象叫做光的反射。在光的反射中，光的传播方向和能量可能发生变化，但光所包含的单色成分的频率是不会改变的。

用反射比（亦称反射系数）来表征介质对光的反射能力。反射比是自物体反射的光通量 Φ_ρ 与入射到物体上的光通量 Φ_i 之比，以百分数或小数表示，符号为 ρ，即

$$\rho = \frac{\Phi_\rho}{\Phi_i} \qquad\qquad (1 - 13)$$

反射比的数值与材料或介质的特性（光滑程度、颜色、是否透明）、入射光的波长、光的入射角以及光的偏振状态有关。一般情况下，材料的表面越光滑，颜色越浅，反射比越高；材料的透明度越小，反射比越高；入射角越大，反射比也越大。

根据反射光束在空间的扩展情况，光的反射分定向反射、扩散反射和全反射等几种情况。

(1) 定向反射。定向反射（或称规则反射、镜面反射）是遵守镜面反射定律而无漫反射的反射。镜面反射定律是入射光线与反射光线以及反射面的法线在同一个平面上，入射光线与反射光线分居法线两侧，且入射角 θ_1 等于反射角 θ_2，如图 1 - 15 (a) 所示。

光的定向反射是可逆的，即如果入射光沿角 θ_1 射入，反射光沿角 θ_2 射出；反之，当光沿角 θ_2 射入，反射光将沿角 θ_1 射出。并且，在定向反射中，入射光束的立体角的形式和大小，在反射光束中仍保持不变。

光线射向平滑界面时会产生定向反射。例如，表面平滑而有光泽的材料表面受到直接光（如直射日光、白炽灯光等）的照射时，由于光的斜向投射，表面会显示出光泽，给人以光线强烈的感觉，如金属（不锈钢、铝等）、陶瓷、漆、磨光大理石、抛光塑料、皮革等。

(2) 扩散反射。当光线遇到不平整（粗糙）表面时，由于粗糙的界面对光进行多次的反射和折射，使入射光在入射点向四面八方散开，反射光束的立体角大于入射光束的立体角，这种现象称为扩散反射。扩散反射又分定向扩散反射、漫反射和混合反射几种情形。

在定向扩散反射中，反射光束的立体角比入射光束的立体角大，但光束的轴线方向仍遵守定向反射定律，如图 1 - 15 (b) 所示。非磨光的金属表面具有定向扩散反射的特性。

漫反射的特点是入射光在反射面上向各个方向均匀地反射出去，且在与反射面法线成 θ 角的方向上，反射光的强度 $I_\theta = I_0\cos\theta$。所以，在漫反射中，反射光通量的空间分布特性与入射光的入射方向无关，反射光在反射面上形成的亮度对于各个方向都是相同的，如图 1-15（c）所示。粗糙的表面、有微小的晶体组成的物质的表面等，具有漫反射特性。在照明工程中，石膏、白色粉刷、水泥砂浆粉面等，可以认为具有漫反射特性。

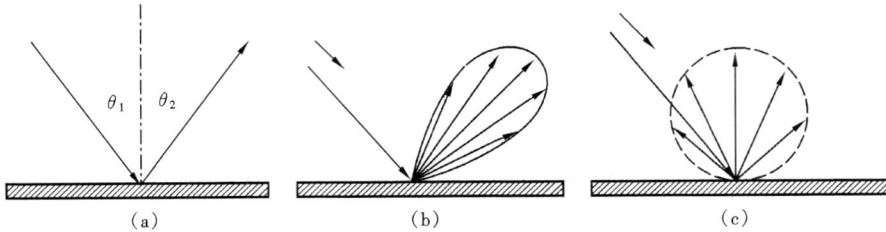

图 1-15　光的几种主要反射形式
(a) 定向反射；(b) 定向扩散反射；(c) 均匀漫反射

混合反射同时表现定向反射和扩散反射特性。图 1-16 为几种混合反射的光分布情形。瓷器、搪瓷是混合反射材料的例子，在入射角不太大（0°～45°）的情况下，搪瓷的定向反射成分约为 5%～6%，当入射角增大时，搪瓷的定向反射将大为增加。

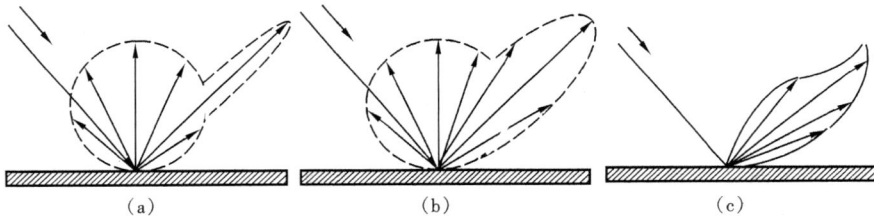

图 1-16　混合反射
(a) 定向与漫反射的混合；(b) 定向扩散与漫反射的混合；(c) 定向与定向扩散反射的混合

（3）全反射。由以上讨论可知，当光从光密物质射向光疏物质时，入射角将小于折射角。例如，光从水中射向空气时，由于水相对空气而言是光密介质，空气对水而言是光疏介质，因此入射角小于折射角。

如果逐渐增大入射角则折射角也随之增大。如图 1-17 所示，当入射角增大到一定值时，折射角将达到 90°，这时折射光将沿着这两种介质的分界面传播。这时的入射角称为临界入射角，用 A 表示，则

$$A = \arcsin\frac{n_2}{n_1} \tag{1-14}$$

式中　n_1——光密介质的折射率；
　　　n_2——光疏介质的折射率。

光由水射向空气时的临界入射角为 48.5°。当入射角继续增大，即入射角 i 大于临界入射角 A 时，光线将不再射入光疏介质，而是从两种介质的分界面处全部反射回原来的介质，这种现象称为全反射。

全反射提供了一种理想镜面反射的方法，并已被广泛地应用于棱镜式双筒望远镜、反射式

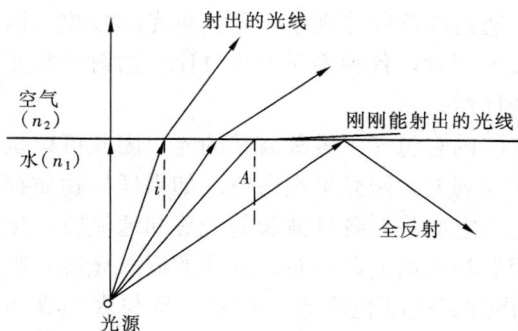

图 1-17 全反射

信号灯和灯具的制造中,在光导纤维和照明工程中也都有应用。例如,在游泳池中,常采用水下照明,因灯一般都装在池壁的水下部分,所以它们的光在射向水面时要求入射角大于临界入射角,这样灯光不会直接穿透水面而射向水外,使观众感到眩目,同时能为水下照明提供足够的照度,有利于观众更清楚地观看运动员的水下姿态和动作。

上面分别讨论了物质对光的吸收、透射和反射等现象,可以分别用吸收比、透射比和反射比来表征。应当注意,光投射到任何物质时,对光的吸收、反射和透射现象可能同时发生,即入射光通量中有一部分被物质吸收,另一部分被物质反射,还有一部分透过物质。根据能量守恒原则应有

$$\Phi_a + \Phi_\rho + \Phi_\tau = \Phi_i \qquad (1-15)$$

若等式两边同时除以入射光通量 Φ_i,则可得

$$\alpha + \rho + \tau = 1 \qquad (1-16)$$

即光投射至物质上,物质对光的吸收比、反射比和透射比之和等于1。

表 1-3 给出了一些常用材料的反射比和吸收比,供设计计算时选择。

表 1-3   **常用材料的反射比和吸收比**

	材　　料	反　射　比	吸　收　比
规则反射	银	0.92	0.08
	铬	0.65	0.35
	铝（普通）	0.60～0.70	0.27～0.40
	铝（电解抛光）	0.75～0.84（光泽），0.62～0.70（无光）	
	镍	0.55	0.45
	玻璃镜	0.82～0.88	0.12～0.18
漫反射	硫酸钡	0.95	0.05
	氧化镁	0.975	0.025
	碳酸镁	0.94	0.06
	氧化亚铅	0.87	0.13
	石　膏	0.87	0.13
	无光铝	0.62	0.38
	率喷漆	0.35～0.40	0.65～0.60
建筑材料	木材（白木）	0.40～0.60	0.60～0.40
	抹灰、白灰粉刷墙壁	0.75	0.25
	红砖墙	0.30	0.70
	灰砖墙	0.24	0.76
	混凝土	0.25	0.75
	白色瓷砖	0.65～0.80	0.35～0.20
	透明无色玻璃（1～3mm）	0.08～0.1	0.01～0.03

4. 物质的光谱选择性

人的视觉离不开光,如果没有光射入人的眼睛,人就不会有视觉。自然界大部分物体本身是不发光的,人们之所以能看到各种物体,那是由于其它光源照射在物体上,物体将部分光反射出来,其中有一部分进入人的眼睛,人们才能看到该物体。

任何物质在光的照射下都可能发生光的吸收、透射或反射等现象，且其对光的吸收、透射和反射特性都与光的波长有关，也就是光的波长不同时，各种物质的吸收比、透射比和反射比也可能不同，这种现象称为物质对光有光谱选择性。

太阳光是具有连续光谱的复合光，在可见光范围内它包含了各种波长的光，因此可以认为太阳光是由不同颜色的单色光复合而成的，但在表观上太阳光呈现白色。如果任何物质都不具有光谱选择性，那么太阳光照射在这些物质上，它们将对各种波长的光等同地吸收、反射或透射，其中的反射光将与入射的太阳光具有相似的光谱能量分布。这样的反射光进入眼睛引起的色觉将是相同的，即不管什么物质，人感觉到的颜色将是一样的，且与太阳光一样，都将呈白色。若吸收比大一些，则呈灰色，甚至黑色，即绚丽多彩的自然界在人的眼里将是黑白的世界。

实际并非如此，各种物质对光具有光谱选择性。例如当太阳光照射在绿叶上时，绿叶对其它光的反射比较小，而对对应于绿色波长的光反射比就比较大。因此经绿叶反射出来的光，其光谱能量分布将区别于太阳光的光谱能量分布，其中对应于绿色波长的光，它的光谱辐射通量要大一些。这种反射光进入人的眼睛，人们才感到这叶子是绿色的。

物质的这种光谱选择性可以用光谱吸收比 α_λ、光谱透射比 τ_λ 和光谱反射比 ρ_λ 来表征。

光谱反射比 ρ_λ 是物质反射的单色光通量 $\Phi_{\lambda\rho}$ 对于入射的单色光通量 $\Phi_{\lambda i}$ 之比，即

$$\rho_\lambda = \frac{\Phi_{\lambda\rho}}{\Phi_{\lambda i}} \tag{1-17}$$

图 1-18 给出了几种颜色的光谱反射系数的曲线。由此图可以看出，有色彩的表面在与它色彩相同的光谱区域内，光谱反射系数最大，这说明有色彩的表面对与它色彩相同波长的光的反射能力最强，而对其它波长的光的反射能力很弱，当与彩色表面相同波长的光照射到物体表面时，反射光射入眼睛后便产生颜色视觉。

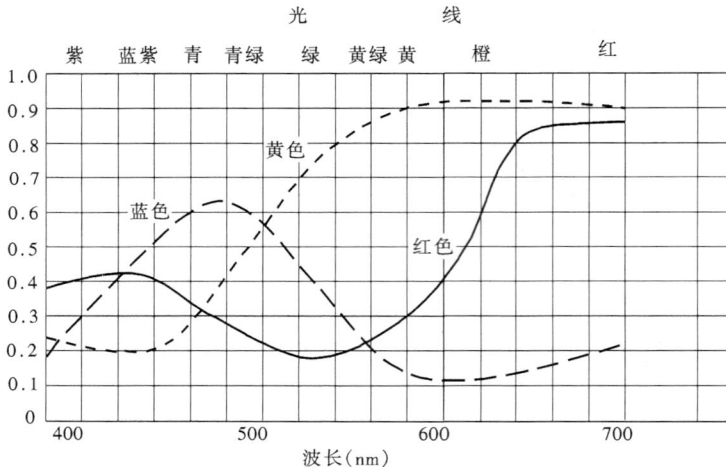

图 1-18　几种颜色的光谱反射系数曲线

同样，光谱吸收比 α_λ 和光谱透射比 τ_λ 可以分别表示为

$$\alpha_\lambda = \frac{\Phi_{\lambda\alpha}}{\Phi_{\lambda i}} \tag{1-18}$$

$$\tau_\lambda = \frac{\Phi_{\lambda\tau}}{\Phi_{\lambda i}} \qquad\qquad (1-19)$$

式中　　$\Phi_{\lambda a}$——物体吸收的单色光通量；

　　　　$\Phi_{\lambda\tau}$——物体透射的单色光通量。

　　注意，物质的吸收比、透射比和反射比与其光谱吸收比、光谱透射比和光谱反射比是有所区别的。在确定光谱吸收比等值时采用单色光照射物质，即每一种物质在某一确定波长的单色光照射之下可求得其光谱吸收比、光谱透射比和光谱反射比。当入射光的波长改变时，其值也随之改变。而在确定物质的吸收比等值时采用的是复合光，每一种物质在一种复合光下有确定的吸收比、透射比和反射比。通常所说的吸收比、透射比和反射比是针对色温为5500K 的白光而言的。

第二节　光　与　视　觉

　　视觉是指光射入眼睛后产生的一种知觉，即视觉依赖于光。人们通过视觉可以察觉某些物体的存在，鉴别并确定它在空间中的位置，阐明它与其它事物的关系，辨认它的运动、颜色、明亮程度或形状等。为了保证视觉功能的正常发挥，必须创造一个良好的光环境。

一、视觉过程

　　视觉是一种物理现象，但更是一种生理现象。

　　当人们注视某个目标时，如果该目标是一个发光体，那么它发出的光部分射入人眼，就可以引起视觉；如果该目标是非发光体，那么必须由其它光源照射该物体，物体的反射光部分射入人眼才能引起视觉。显然，产生视觉的首要条件就是要有光的存在，并射入眼睛中。射入眼中的光在经过角膜、前房、晶状体和玻璃体的过程中，依靠瞳孔和晶状体来调节和控制射入眼中的光的强度，并使之落到视网膜上，形成观察目标的像。

　　视网膜是人眼感受光的部分，其边缘部位主要分布着杆状细胞，而在其中央部位则主要分布着锥状细胞。当光落在视网膜上时，视细胞吸收了光能，使视细胞中含有的视紫质分解，并刺激神经末梢，形成生物脉冲（生物电流），通过视神经把信息传导到大脑后部的视觉皮层，经大脑综合处理而形成视知觉。

　　要维持视觉，则在视紫质不断分解的同时，需要在维生素 A 的作用下不断还原。这种分解和还原反应只要有一个终止，那么视觉也就终止。

二、视觉特性

　　由于视网膜上的锥状细胞和杆状细胞对光的感受性不同，因而当视野（是指当头和眼睛不动时，眼睛所能观察到的空间）亮度发生变化时，人眼就会产生不同的视觉特性。

　　1. 暗视觉、明视觉和中介视觉

　　（1）暗视觉。由于杆状细胞对光的感受性很高，而锥状细胞对光的感受性很低。因此，在微弱的照度（视场亮度在 $10^{-6}\sim10^{-2}\,cd/m^2$）下，只有杆状细胞工作，锥状细胞不工作，这种视觉状态称为暗视觉（或称杆状视觉）。

　　由暗视觉光谱光效率曲线 $V'(\lambda)$（如图 1-4 所示）知，杆状细胞的最大的视觉灵敏度在507nm 处。所以，暗视觉杆状细胞工作时，绿光和蓝光显得特别明亮。

　　另外，杆状细胞虽然对光的感受性很强，但它对物体细节的分辨能力却很差，且对颜色也无法分辨。因此，暗视觉条件下，只有当目标足够大，才能被看到；并且世界是无色的，各种颜色的物体都给人以蓝、灰色感。

（2）明视觉。视场亮度超过 $10cd/m^2$ 时，锥状细胞的工作起着主要作用，这种视觉状态称为明视觉（或称锥状视觉）。

由明视觉光谱光效率曲线 $V(\lambda)$（如图 1-4 所示）知，锥状细胞的最大的视觉灵敏度在 555nm 处。所以，明视觉锥状细胞工作时，波长较长的光谱如红色光显得特别明亮。

另外，锥状细胞具有较高的视敏度，能分辨物体的细节，且在感受波长范围为 380～780nm 的光刺激时，对各种色光感觉不同。因此，在明视觉状态下，正常人的眼睛都能有良好的颜色感觉。

（3）中介视觉。视场亮度在 10^{-2}～$10cd/m^2$ 时，杆状细胞和锥状细胞同时起作用，这种视觉状态称为中介视觉。

在亮度水平为 10^{-2}～$10cd/m^2$ 范围内，随着亮度的变化，杆状细胞和锥状细胞对视觉的作用也发生了变化，它们对光的响应为两种感觉细胞对光的响应的叠加，所以，其视觉特性介于暗视觉光谱光效率曲线 $V'(\lambda)$ 和明视觉光谱光效率曲线 $V(\lambda)$ 之间，且随着亮度的增加，从左边移向右边。

2. 视觉阈限

视觉系统极其复杂，它有很大的自调能力，但这种能力是有一定限度的。例如视觉器官可以在很大的强度范围内感受光的刺激，但却有一个最低的限度，当低于这一限度时，视觉器官就不再能引起对光的感觉了。将能引起光觉的最低限度的光量称为视觉的阈限，一般用亮度来度量，故又称为亮度阈限。

视觉的亮度阈限与目标物的大小有关。目标物的大小一般用目标物对眼睛所张的角度表示，称为视角。视角越小，则亮度阈限越高；视角越大，亮度阈限就越低。但当视角超过 30°时，亮度阈限不再降低。

视觉的亮度阈限与目标物发出的光的颜色有关。在相同的视角下，对波长较长的光，如红光、黄光，其亮度阈限就高；对于波长较短的光，如蓝光，则亮度阈限值要低一些。这是因为在暗视觉条件下，光谱光效率向短波方向偏移的缘故。

视觉的亮度阈限还与观察目标物的时间有关。目标物呈现的时间越长，亮度阈限值就越低；呈现时间越短，亮度阈限值就越高。

通常情况下，将背景亮度近似为零，观察的目标足够大，即该目标所形成的视角不小于 30°时，眼睛能识别目标的最低亮度值称为绝对亮度阈限。视觉的绝对亮度阈限的倒数称为视觉的绝对感受性。人眼的绝对感受性是很大的。实验证明，在充分适应黑暗的条件下，人眼的绝对感受性非常之高，即人眼的视觉阈限是很小的。当长时间观察发出具有连续光谱的白光的目标时，则视觉的绝对阈限大约为 $10^{-6}cd/m^2$。

一般来说，亮度越高，越有利于视觉。但当视野亮度值超过 $10^6cd/m^2$ 时，视网膜可能被灼伤，所以人们只能忍受不超过 $10^6cd/m^2$ 的亮度。

3. 明适应和暗适应

明适应和暗适应是指视觉对视场亮度变化的适应过程。对于眼睛来说适应是一个生理过程，也是一个光化学过程。当视场亮度有较大幅度变化时，为了能进行正常的视觉工作，开始是瞳孔大小的变化，但仅仅依靠瞳孔的调节是远远不够的，更主要的是依靠视网膜上的光化学过程（视紫质的变化），使两种视细胞的工作状态能根据环境明暗的变化而发生转化，即锥状视觉和杆状视觉，视觉才能适应这种亮度的变化。

（1）明适应。从黑暗处进入明亮的环境时，人们最初会感到非常刺眼，甚至睁不开眼，因此无法看清周围的景物。大约经过 1min 后才能恢复正常的视觉工作。眼睛的这种由暗（视野亮度低于 10^{-3} cd/m^2）到亮（高于几个 cd/m^2）的视觉适应过程就是明适应。

人在暗处时，属于杆状视觉，即杆状细胞工作。此时在微弱的光的作用下，杆状细胞的视紫质不断分解，而在维生素 A 的作用下又不断还原，形成了持续的视觉——暗视觉。

从暗处刚到明亮的环境时，光刺激突然加强，使大量杆状细胞的视紫质分解，形成强的生物电脉冲，并传到大脑皮层，引起刺眼的感觉。此时，人们会立刻将眼睛眯起来，同时瞳孔在虹膜的控制下会自动变小，以减小强光的刺激。但由于这期间绝大部分杆状细胞的视紫质被分解，且很少被还原，因此无法维持杆状视觉。这个过程约需 0.5min。

0.5min 后，因杆状细胞退出工作状态，而锥状细胞已有足够的光能使其视紫质分解，因此，锥状细胞逐步进入工作状态，并逐步进入了锥状视觉。约再过 0.5min，眼睛就能恢复正常视觉——明视觉。

可见，在明适应过程中，杆状细胞和锥状细胞的替换工作大约需要经过 1min 多的时间才能完成。

（2）暗适应。人们从明亮的环境走入暗处时，在最初阶段将什么也看不见，只有逐步适应了黑暗环境后，才能区分出周围物体的轮廓。眼睛的这种由明（视野亮度高于几个 cd/m^2）到暗（视野亮度低于 10^{-3} cd/m^2）的视觉适应过程就是暗适应。

正如前文所述，人在明视觉条件下，几乎所有的杆状细胞的视紫质都被分解，却又很少还原，而锥状细胞在吸收了足够的光能使视紫质分解后，能在维生素 A 的作用下被还原，因此只有锥状视觉而无杆状视觉。但在暗视觉条件下，由于视网膜吸收的光能过于微弱，锥状细胞不能使视紫质分解，而杆状细胞可以分解并还原视紫质，因此只有杆状视觉而无锥状视觉。

人们刚从明亮处进入黑暗处时，若环境亮度低于眼睛能分辨目标物所需要的最小亮度（视觉阈限），则工作着的锥状细胞所获得的光能不足以分解视紫质，大约需要 7min 的时间，锥状细胞将逐渐退出工作状态。而此时杆状细胞吸收微弱的光能就可以部分地分解和还原视紫质，逐步形成杆状视觉。随着眼睛对暗环境的逐步适应，其感光能力逐步提高。

一般来说，暗适应所需要的时间较长，且随着时间的增长，亮度阈限将逐渐下降，也就是说分辨目标物所需的亮度值将逐渐降低。上述现象在最初的十多分钟里尤为明显，在此之后视觉亮度阈限的下降逐渐减慢。当人们在黑处逗留 30～40min 后，视觉阈限将稳定在一定水平上。暗适应过程的长短与适应前后的光环境有关。适应前后两种光环境的亮度之差越大，则适应的时间也就越长。同时还与一些生理因素有关，例如维生素 A 是否缺乏、有无夜盲症、年龄大小、营养状况及是否缺氧等。

综上所述，当视场内明暗急剧变化时，人们会因眼睛不能很快适应而视力下降。所以在照明工程中，有些场合要考虑明暗适应的过渡照明，以满足眼睛适应性的要求。例如隧道入口处、地下通道或车道等的入口处的亮度高一些，然后逐渐降低亮度，以保证一定的视力要求。

4. 眩光

在视野内由于亮度分布或亮度范围不适宜，或存在着极端的亮度对比，以致于引起不舒适感觉或降低观察细部或目标的能力的视觉现象，统称为眩光。在这里，可见度是指人眼辨认物体存在或物体形状的难易程度。通常将眩光分为不舒适眩光和失能眩光。

（1）不舒适眩光：产生不舒适感觉，但并不一定是降低视觉功效或可见度的眩光。

（2）失能眩光：降低视觉功效和可见度的眩光。

5. 个人差别

上述视觉特性，人与人的感觉是不同的，这就是视觉的个人差别。引起个人差别的原因主要与年龄有关。一般来说，年轻人的眼睛透光能力最强，而老年人因眼球中玻璃体逐渐混浊使视力逐步衰退。对瞳孔和晶状体的调节也有类似的情况，即年轻人调节功能强，而随着年龄的增长，调节功能逐渐衰退。因此年轻人的视觉最敏锐，对观察目标的光照要求不高；而老年人就差一些，为了保证正常的视觉工作，对光照的要求也高一些。上述因素在照明设计中应加以考虑。

三、视觉功效

人们完成视觉工作的功效称为视觉功效，用来定量评价视觉器官完成给定视觉作业的能力。其主要的评价指标有以下几个方面。

1. 对比敏感度和可见度

眼睛要辨认目标物，实际上总是在把它同与之直接相邻的背景作比较后才能实现。目标物与背景之间要有一定的差异，才容易被辨认。这种差异主要有两类，一类是目标物与背景有不同的颜色，另一类是目标物与背景具有不同的亮度。也就是说，目标物与背景之间要有一定的颜色对比和亮度对比。

（1）亮度差。设背景亮度为 L_b，被观察目标的亮度为 L_0，它们的亮度差用 ΔL 表示，即

$$\Delta L = L_0 - L_b \tag{1-20}$$

人眼开始能识别目标物与背景的最小亮度差称为临界亮度差，用 ΔL_t 表示，即

$$\Delta L_t = L_b - L_0 \tag{1-21}$$

（2）亮度对比。被观察目标和背景亮度差与背景亮度之比称为亮度对比，用符号 C 表示，即

$$C = \frac{L_0 - L_b}{L_b} = \frac{\Delta L}{L_b} \tag{1-22}$$

临界亮度差与背景亮度之比称为临界亮度对比，用符号 C_t 表示，即

$$C_t = \frac{\Delta L_t}{L_b} = \frac{L_b - L_0}{L_b} \tag{1-23}$$

一般情况下，以面积较大的部分为背景，以面积较小的部分为目标。当目标亮度大于背景亮度时，目标物的亮度对比 C 值在 $0\sim\infty$ 范围内。但实际上目标物亮度超过 $10^6\,cd/m^2$ 时就会灼伤眼睛；而背景亮度为零时，一般只在考虑亮度阈限时使用，故正常视觉时亮度对比均小于 ∞。当目标物亮度小于背景亮度时，它们的亮度差应取绝对值，而亮度对比的 C 值在 $0\sim1$ 范围内。

（3）对比敏感度。在给定的眼睛适应状态下，可知觉的临界对比的倒数称为对比敏感度，用 S_c 表示，即

$$S_c = \frac{1}{C_t} = \frac{L_b}{\Delta L_t} \tag{1-24}$$

具有较大对比敏感度的人，在亮度对比较小的情况下就能辨别所观察的目标，或者说在一定的对比度下，对比敏感度较大的人能够更清楚地辨别所观察的目标。

（4）可见度。人眼辨认物体存在或确定物体形状的难易程度称为可见度。在室外是以人眼恰好可以看到标准目标的距离来定义。而在室内是以目标与背景的实际亮度对比与临界对比的比值来描述，用 V 表示，即

$$V = \frac{C}{C_t} = \frac{\Delta L}{\Delta L_t} \tag{1-25}$$

由定义看，可见度似乎只与亮度对比有关，但实际上可见度将取决于视角、背景亮度和亮度对比三个因素。前已叙述，临界亮度对比是随背景亮度的增加而减小，也随着目标物尺寸（视角）的增大而减小。由于可见度与临界亮度对比成反比，所以可见度是随背景亮度的增加而增大，随视角的增大而提高的。只有当目标物的视角和背景亮度一定时，该目标物的临界亮度对比才是确定的。也只有在这种情况下，目标物的实际亮度对比越大，则可见度就越大。反之，目标物的实际亮度对比越小则可见度就越小。当实际亮度对比等于临界亮度对比时，可见度刚好等于 1，即达到临界可见条件。

2. 视觉敏锐度

人眼辨别物体轮廓和细节的能力可以用眼睛能辨认的两个相邻物体（点或线）的最小视角的倒数表示，称为视觉敏锐度，临床医学上称为视力。

影响视力的因素很多，首先取决于生理因素，其次还与背景亮度 L_b 和亮度对比 C 密切相关。当亮度对比增加时或背景亮度增加时，都有利于提高视力，但要注意，在亮度对比值较小时或背景亮度较小时，它们的增大对提高视力是很有益的；随着亮度对比值或背景亮度值的提高，它们对视力的影响逐渐减小。实际上，当亮度对比过大或背景亮度过大时，不仅不会再对提高视力起积极作用，反而会影响视力，甚至损伤眼睛。

3. 视觉感受速度

光线进入眼睛，作用于视网膜并形成视觉，是需要一定时间的。从物体出现到形成视觉所需要的时间的倒数称为视觉感受速度，简称视觉速度，用 v 表示，即

$$v = \frac{1}{t} \tag{1-26}$$

视觉感受速度与背景亮度、背景与目标的亮度对比以及目标物的尺寸（视角）有关，背景亮度、亮度对比及视角增大，都可以提高视觉感受速度。可见，视觉感受速度与照明有直接的关系，良好的照明条件可以缩短形成视觉的时间，即提高了视觉感受速度，从而提高了工作效率。

第三节　光　与　颜　色

在人体的各种感觉中，视觉是最重要的感觉，人的眼睛可获得外界信息量的 87%。而人眼只有通过光作用在物体上造成的色彩才能获得印象。所以色彩是唤起人的第一视觉作用的重要媒体。现实生活中，为了增强环境对人的物理的、生理的和心理的作用，人们越来越重视色彩所引起的人的联想和情感的效果，以创造富有性格、层次、美感的环境。因此对照明质量的评价不只考虑光的强度，还要考虑光源和环境的颜色。

一、颜色的形成

颜色起源于光。波长不同的单色光，会使人有不同的色觉，即具有不同的颜色。

1. 光源色

因发光体发出的光而引起人们色觉的颜色称为光源色。光源色的颜色完全取决于光的波长成分。

当发光体发出的是单色光，那么其光源色称为光谱色，它将完全取决于单色光的波长。波长不同，单色光的颜色也不同（如表1-4所示）。

表1-4　　　　　　　　　　　　　　光谱色的波长和波长范围

颜　色	波长（nm）	波长范围（nm）	颜　色	波长（nm）	波长范围（nm）
红	700	640～780	绿	510	480～550
橙	620	600～640	蓝	470	450～480
黄	580	550～600	紫	420	380～450

当发光体发出的是复合光，即光源发出的光是由许多不同波长的辐射组成，其中各个波长的辐射能量（功率）也不相同。复合光光源的颜色将取决于它的光谱能量分布。

2. 物体表面色

非发光体（即一般物体）表面的颜色称为物体表面色，可以简称为物体色或表面色。这是物体在光源的照射下产生反射光所引起的色觉，其颜色取决于入射光源的光谱能量分布和该物体表面的光谱反射比。

由于有色彩的表面在与它色彩相同的光谱区域内，光谱的反射系数最大，即其表面对与它色彩相同波长的光的反射能力最强，当与彩色表面相同的光照射到物体表面时，表面色主要是从入射光中被该表面反射出来的一些波长的光而产生的。注意，当入射光线和反射光线的强度变化时，所看到的物体表面的颜色也随之有所变化，一般情况下，当光线的强度增加时，各种颜色都向红色或蓝色变化。

二、颜色的基本特性

颜色可以分为两大类：非彩色和彩色。

（1）非彩色是指黑色、白色和介于两者之间的深浅不同的灰色。非彩色可以排成一个系列，称作黑白系列或无色系列：从黑色开始，依次逐渐地到深灰色、中灰色、浅灰色，直到白色。

（2）彩色是指黑白系列以外的各种颜色。根据波长不同，彩色可以依次排成一个系列，称为彩色系列或有色系列：紫、蓝、绿、黄、橙、红。

颜色具有三个基本特性：色调、彩度和明度。

1. 色调

可见光谱不同波长的光在视觉上的表现称为色调，又称色相。我们知道，波长不同的光在视觉上的表现就是颜色不同。因为可见光的波长有无数种，即光谱色有无数种，所以颜色的色调也可以认为有无数种。但实际上，相近波长的单色光用肉眼是很难区分它们的颜色差别的。为了能用文字描述不同的颜色，通常把各种光谱色归纳成有限种色调，以表示色刺激的主观属性，以红、橙、黄、绿、蓝、紫等区分。

2. 彩度

彩度是指颜色的深浅程度，或者说是颜色的丰富程度。若说某种颜色的彩度高，则表示这种颜色深，例如深红、深绿等。反之，若彩度低，则表示这种颜色浅，例如浅红、浅绿等。

实际上，彩度是色调的表现程度，它可以反映光线波长范围的大小。波长范围越窄，说明颜色越纯，彩度越高。

3. 明度

明度是指颜色的明暗程度。

物体表面色的明度主要取决于物体表面的反射比。若物体表面为彩色，反射比越高则颜色越明亮，反射比越低则颜色发暗，反射比中等时则颜色发灰。若物体表面为黑白色，当物体表面的反射比在 0～0.05 之间时，物体呈黑色；当反射比高于 0.8 时，物体就呈白色；而反射比处于 0.05～0.8 时，物体呈灰色，且反射比越低，灰色越暗，即反射比增加时，灰色就会由深到浅变化。

光源色的明度反映的是光的强弱，光线越强则明度越高，光线越弱则明度越低。

各种颜色都可以用上述三个基本特性来表征，但只有彩色系列具有完整的三个特性；而黑白系列只有明度；彩度为零，没有色调。

三、表色系统

在现代照明技术中，对颜色效果的要求越来越高，如果只是用日常语言（如红、大红、朱红、紫红等等）来描述颜色，往往会因人们感受上的差别而造成不确切的结论，更不能说明相近颜色之间的细小差别。为了能精确地标定颜色，通常借助于表色系统。常用的表色系统有孟塞尔表色系统和 CIE 表色系统。

1. 孟塞尔表色系统

孟塞尔表色系统把颜色看作是一个三维量，以颜色的三个基本特性为依据，将颜色的三个基本特性量化后，通过一个颜色立体图来形象地表征物体表面的颜色，如图 1 - 19 所示。

颜色立体图的中央轴表示的是无彩色黑白系列的中性色，它的刻度表示明度等级。其中 0 表示理想黑色（反射比为 0，吸收比为 1），10 表示理想白色（反射比为 1），5 是中灰色，5 以下灰色逐渐加深，5 以上灰色逐渐变浅。每一明度值都对应于在标准光源照射下颜色样品的反射比。明度越高，样品就越亮，其反射比也越大。

颜色立体图中包含中央轴线的垂直面可以表示颜色的彩度和色调（如图 1 - 20 所示）。每一个垂直面从中央轴向外可分成若干等分，表征颜色的彩度等级。中央轴处的彩度为 0，即为中性色（黑白系列），离中央轴越远则彩度越高。色调则是围绕中央轴依次按红（5R）、黄红（5YR）、黄（5Y）、黄绿（5GY）、绿（5G）、蓝绿（5BG）、蓝（5B）、蓝紫（5PB）、紫（5P）、红紫（5RP）分成 10 个主色调。每一主色调又等分成 10 个相近色调。共有 40 个不同的色调。

孟塞尔表色系统按颜色的三个基本特性的组合来表征颜色，其彩色系列的表示形式为 HV/C，其中 H 表示色调，V 表示明度，C 表示彩度。例如某颜色样品的孟塞尔表示式为 5YR8/4，表示该颜色的孟塞尔色调是黄红色（$H=5YR$），孟塞尔明度 $V=8$，表示颜色较亮（或反射比较高），孟塞尔彩度 $C=4$，说明颜色的彩度不高（或颜色较淡）。综合评价该颜色应该是淡黄粉色。

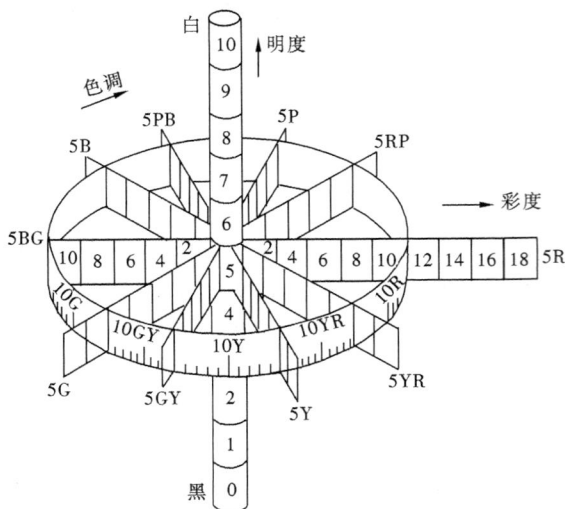

图 1-19　孟塞尔表色系统颜色立体图

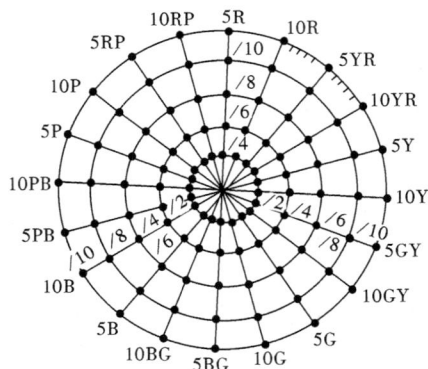

图 1-20　孟塞尔颜色图册中一定明度的色调与彩度

对于黑白系列，由于其彩度为 0，没有色调，所以只需标定颜色的明度。表示形式为 NV，其中 N 表示中性色，V 为明度。例如，$N5$ 即为明度为 5 的中灰色。

2. CIE 表色系统

CIE 表色系统是以三原色学说为依据，由色刺激表示的系统。它能够定量地分析光源色的相加混合，也可以用于物体表面色，是比较完善和精确的系统，在多种用途不同的 CIE 色度系统中，1931CIE－RGB 系统较为直观，而 1931CIE－XYZ 系统是应用最广泛的系统。

（1）三色原理。三原色学说认为，任一给定颜色可以用三种原色（红、绿、蓝）按一定比例混合而成，或者说各种颜色的光都可以分解成红、绿、蓝三种波长的单色光。同时还认为：人眼视网膜上的锥状细胞包含着红、绿、蓝三种反映色素，它们分别对不同波长的光发生反应，视觉神经中枢综合这三种刺激的相对强度而产生一种颜色感觉，三种刺激的相对强度不同时，就产生不同的颜色视觉。所以，当眼睛受到单一波长的光刺激时产生一种视觉，而当受到一束包含各种波长的复合光刺激时也只产生一种视觉。

三原色是否能混合成各种不同的颜色，与三原色的选取有很大关系。三原色的选取主要遵循了以下原则，其一是三原色中任意一种原色不能由另外两种原色混合而成；其二是应该使三原色按不同比例混合时能产生尽量多种颜色。为此，CIE 规定的三原色为 700nm 的红色、546.1nm 的绿色和 435.8nm 的蓝色。

根据三色原理，任意颜色可以用下式表示，即

$$[C] = R[R] + G[G] + B[B] \qquad (1-27)$$

式中　　　　$[C]$——某一特定的混合色，即被匹配的颜色；

$[R]$、$[G]$、$[B]$——红、绿、蓝的单位三原色；

R、G、B——混合色中所含红、绿、蓝三原色的量值，称为色的三刺激值。

三原色虽然能混合成所有不同色调的颜色，但当要求混合成高彩度的颜色时就很难实现了。这时需将三原色之一加到被匹配的颜色一方。假设将红原色 $R[R]$ 加到被匹配的颜色

一方，则其颜色方程可表示为

$$[C] + R[R] = G[G] + B[B] \qquad (1-28)$$

或

$$[C] = -R[R] + G[G] + B[B] \qquad (1-29)$$

　　（2）光谱三刺激值。理论上，任意一种光谱色也都可以用三原色混合而成，若用 $\overline{r}(\lambda)$、$\overline{g}(\lambda)$、$\overline{b}(\lambda)$ 表示波长为 λ 的光谱色用三原色混合时各原色的量值，则称 $\overline{r}(\lambda)$、$\overline{g}(\lambda)$、$\overline{b}(\lambda)$ 是波长为 λ 的光谱色的三刺激值，简称光谱三刺激值。1931CIE－RGB标准色度系统的标准色度观察者光谱三刺激值曲线如图1-21所示。

　　若想获得某一波长为 λ 的光谱色，可以从曲线中查得相应的 $\overline{r}(\lambda)$、$\overline{g}(\lambda)$、$\overline{b}(\lambda)$ 三刺激值，按 $\overline{r}(\lambda)$、$\overline{g}(\lambda)$、$\overline{b}(\lambda)$ 数量的红、绿、蓝原色相加，便可得到该光谱色。

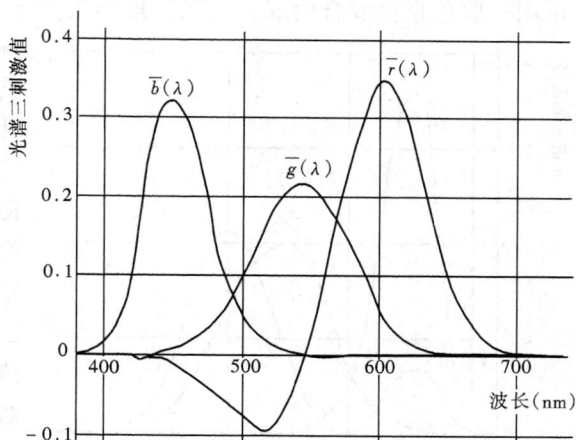

图1-21　1931CIE－RGB系统标准色度观察者光谱三刺激值曲线

　　（3）1931CIE－RGB 系统色度图。色度图是指在色度直角坐标上画出的光谱轨迹。CIE 色度图将颜色看作是三原色的三维量，与孟塞尔颜色立体图一样，也可以用三原色的空间直角坐标来表示颜色，其中 R、G、B 是颜色的色坐标值，即颜色的三刺激值；r、g、b 是颜色的色度坐标值。则任意被匹配的颜色 $[C]$ 就成了 RGB 三维坐标上的一个点。由于

$$R + G + B = 1 \qquad (1-30)$$

即

$$r + g + b = 1 \qquad (1-31)$$

　　三个色度坐标中，只要已知 r 和 g 的值，就能得到 b 的值，于是把原来的三维空间坐标问题简化为二维平面问题，即可把研究颜色的三维空间直角坐标，改用二维直角坐标。1931CIE－RGB 系统色度图如图1-22所示。

　　1931CIE－RGB 系统色度图是在色度直角坐标上求得的光谱色色度轨迹，由于其形状呈马蹄形，故又称之为马蹄形轨迹。凡在马蹄形轨迹上的点都表示光谱色的色度坐标。或者说，各种不同波长可见单色光的颜色色度坐标都落在该轨迹上。因此，轨迹上的每一点代表的颜色必然是高彩度的单一波长的可见光颜色，色度点不同，表示光谱色的波长也不同，也就是色调不同。

　　马蹄形轨迹两端的连线称为底线，它是380nm 和780nm 色度坐标的连接线。底线代表的是紫与红的混合色。凡是在底线上的点所代表的

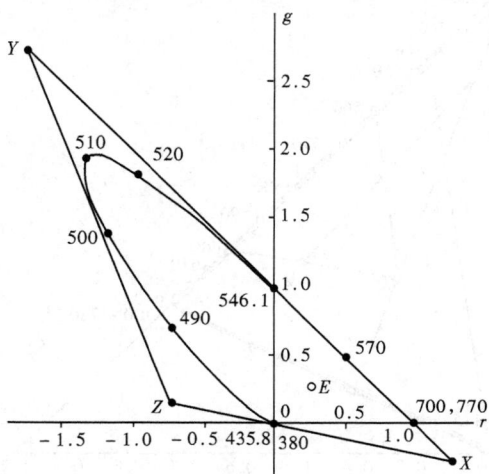

图1-22　1931CIE－RGB系统色度图

颜色也是高彩度，但它们的色调无法用波长来表示。这说明它们不是光谱色，而是混合色。

在马蹄形轨迹和底线包围内，任意点都有相应的颜色与之对应，而该范围之外的各点将不再有任何彩色与之对应。此外，图 1-22 画出了以 435.8、546.1、700nm 光谱色的色度坐标为顶点的三角形，称为颜色三角形。凡在三角形内（包括三条边）的各点所对应的颜色均可用三原色直接混合而成，而在三角形之外与光谱轨迹和底线包围范围之内的各点所对应的颜色，将无法用三原色直接混合而成，必须将其中的一种原色加到被匹配的颜色中，才能与其它两种原色相混合而成。

（4）1931CIE－XYZ 系统色度图。由于 RGB 系统的色刺激值、光谱三刺激值和色度坐标均会出现负值，这会给计算、分析带来诸多不便。故 CIE 虚构了三个假像的原色 X、Y、Z，用 $\overline{x}(\lambda)$、$\overline{y}(\lambda)$、$\overline{z}(\lambda)$ 分别表示光谱三刺激值，用 x、y、z 表示颜色的色度坐标值，通过数学变换的方法将 RGB 系统改造成了 XYZ 系统。

1931CIE－XYZ 系统标准色度观察者光谱三刺激值曲线和 1931CIE－XYZ 系统色度图分别示于图 1-23 和图 1-24。由曲线和色度图可

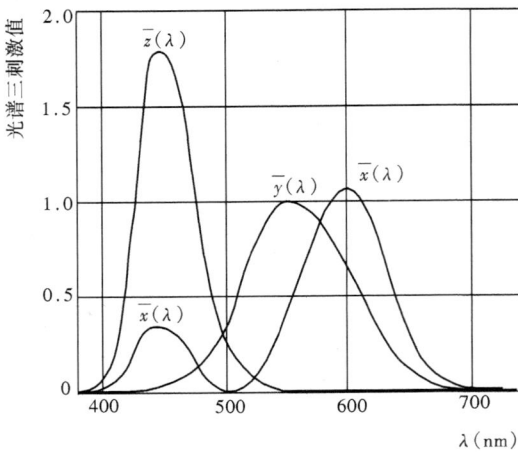

图 1-23　1931CIE－XYZ 系统标准
色度观察者光谱三刺激值曲线

见，光谱三刺激值和色度坐标值不再出现负值。

1931CIE－XYZ 系统色度图中所包含的内容与 RGB 系统色度图是类似的，光谱色色度轨迹仍呈马蹄形，马蹄形轨迹上每一点表示的均是光谱色的色度坐标，其色调由波长决定，彩度最高；380nm 和 780nm 的连线仍称为底线，线上各点表示的是紫与红色相加混合的各种混合色，没有一种光谱与之相同，因此，色调无法用波长来表示，但彩度仍为最高；马蹄形轨迹和底线包围的范围内任意一点都有相应的颜色与之对应，但均属于混合色；以 435.8、546.1、700nm 光谱色的色度坐标为顶点的等边三角形是真正的颜色三角形，只有在此三角形范围内的颜色才能用三原色直接混合而成，而在该三角形之外的颜色，虽然在 XYZ 系统中它们的色度坐标值等不再出现负值，但并不能改变无法用三原色直接混合而成的现实。

应当注意，各种颜色在 CIE 色度图上都有一个对应的点，但对视觉来说，当这种颜色的坐标位置变化很小

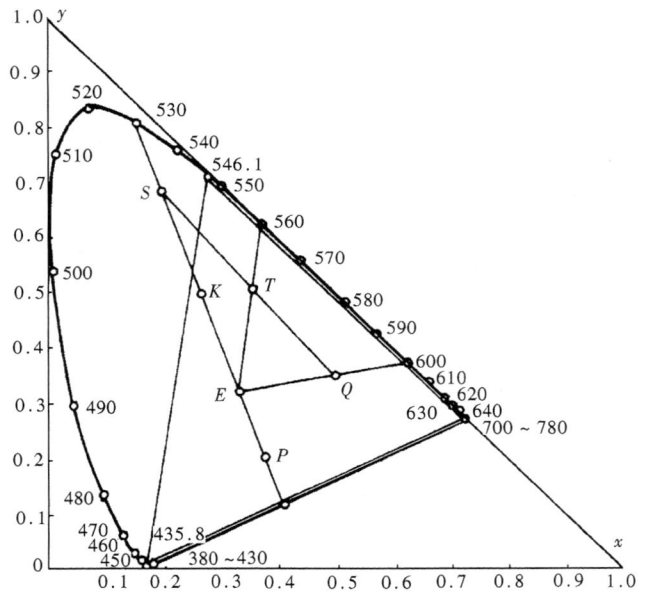

图 1-24　1931CIE－XYZ 系统色度图

时，人眼是感觉不出它的变化的，仍认为它是原来的颜色。可见，每一种颜色在色度图上虽然占有一个点的位置，而对视觉来说，它实际上是一个范围。

四、光源的颜色

光源的颜色取决于光源的光谱能量分布。在研究和使用电光源时，除了要考虑光源光通量和发光效率等特性外，还要考虑光源的颜色特性。

1. 常用光源的光谱能量（功率）分布

光源的光谱能量分布通常是指作为波长的光源光度量（光通量、发光强度等）的光谱密集度。而用任意值表示的光谱能量分布则称为相对光谱能量分布。

（1）黑体的光谱能量分布。当温度连续变化时，黑体的辐射具有连续变化的光谱，即在宽广的波长范围内具有不间断功率分布的光谱。不同温度的光色变化，在CIE1931色度图上形成一个弧形轨迹，称为黑体轨迹或普朗克轨迹，如图 1-25 所示。

黑体是理想辐射体，自然界中很难找到这种物质，但往往用黑体在不同温度下的光谱能量分布和色度的变化作为参照，以分析其它光源的光谱能量变化和颜色特性。

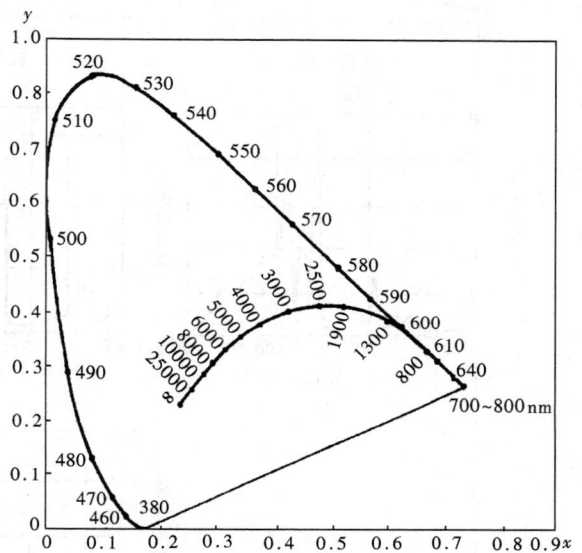

图 1-25　黑体轨迹

（2）日光的光谱能量分布。日光是由红、橙、黄、绿、青、蓝、紫等多种颜色的光按一定的比例混合而成的，日光的光谱能量分布曲线与 6500K 的黑体光谱能量分布曲线相接近，即太阳辐射也具有连续的光谱。

（3）常用照明电光源的光谱能量分布。图 1-26 是几种常用照明电光源的相对光谱能量分布。

热辐射光源（白炽灯和卤钨灯）是辐射连续光谱的光源，所以其辐射特性与黑体的辐射特性很相似。而各种气体放电光源是辐射线光谱的光源，其辐射特性与黑体的辐射特性差别较大。气体放电灯的光谱能量分布可以看作由两部分组成，一部分是连续光谱成分，这部分光的光谱辐射通量虽然不大，但由于它分布在整个可见光波段内，所以对气体放电灯的性能影响较大。另一部分是线光谱成分，虽然线光谱只出现在有限几个波长上，但却有很大的光谱辐射通量值，对灯的性能起着决定性的作用。

2. 光源的色温

（1）色温。当某一光源的颜色与某一温度下黑体的颜色完全相同时，黑体的温度即为这种光源的颜色温度，简称色温，单位为开尔文，记作 K。

热辐射光源（如白炽灯和卤钨灯）具有连续的光谱，其辐射特性与黑体的辐射特性很相似，其颜色的变化也基本上符合黑体轨迹，所以可以直接用色温来描述这类光源的颜色特性。只要把实际光源的色度坐标与黑体轨迹相比较，就能确定该光源的色温。

例如，某一光源的色度坐标与黑体 3000K 时的色度坐标相同，则该光源的色温即为 3000K。

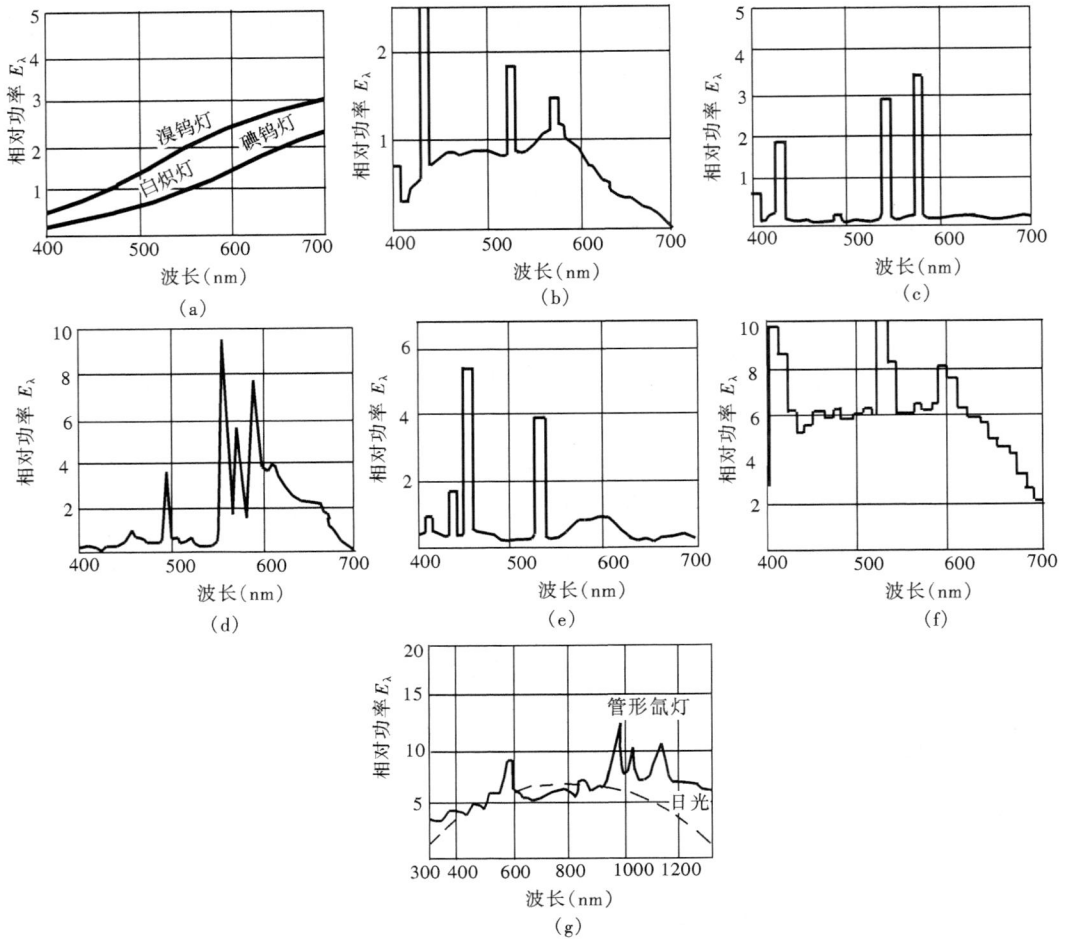

图 1-26　常用照明电光源的相对光谱能量分布
(a) 白炽灯、卤钨灯；(b) 荧光灯；(c) 荧光高压汞灯；
(d) 高压钠灯；(e) 钠铊铟灯；(f) 管形镝灯；(g) 管形氙灯，日光

（2）相关色温（气体放电光源）。除热辐射光源以外的其它光源具有线状光谱，其辐射特性与黑体的辐射特性差别较大，所以这些光源的光色在色度图上不一定准确地落在黑体轨迹上，对这样一类光源，通常用相关色温来描述光源的颜色特性。当某一种光源的颜色与黑体在某一温度下的颜色最接近时，完全辐射体的温度即为这种光源的相关色温。

3. 光源的色表

光源的色表是指光源的表观颜色，它与光源的色温有关。所以在照明技术中，一般用色温或相关色温来表示光源的色表。CIE 将电光源的色表按其色温或相关色温的高低分为三种，如表 1-5 所示。

表 1 - 5　　　　　　　　　　　　　　　　　光源的颜色分类

光源颜色分类	色　　表	相关色温（K）	光源颜色分类	色　　表	相关色温（K）
Ⅰ	暖	＜3300	Ⅲ	冷	＞5300
Ⅱ	中间	3300～5300			

由于色温不同的光源在视觉上会呈现出不同的颜色，所以光源色温的高低对室内环境的气氛形成的影响极大。通常，色温低的暖色调灯光会呈现出红或橙黄色，给人以温暖的感觉，而色温高的冷色调灯光会呈现出蓝白色，给人以寒冷、清凉的感觉。但是，光源的外观颜色或相关色温并不能说明或表示光源显示物体颜色的性能。

4. 显色性

光源的显色性是指在该光源照射下物体表面显示的颜色与在标准光源照射下显示的颜色相符合的程度，即光源显现物体颜色的特性。光源的显色性表明照明光源对物体色表的影响，该影响是由于观察者有意识或无意识地将它与标准光源下的色表相比较而产生的。

（1）标准光源。由于人类长期在日光下生活，习惯了以日光的光谱能量分布为基准来分辨颜色，所以，在对光源的显色性进行评价时，可以将北向天空光看作是一种标准光源，但事实上天空光将受到天气、季节和昼时的影响，很难有统一的标准，因此 CIE 规定了一系列接近日光的标准光源。常用的标准光源有四种，即 A、B、C、D_{65}。当被测光源的色温在5000K 以下时，标准光源为黑体辐射；在 5000K 以上时，标准光源为特定光谱功率分布的日光。

（2）颜色样品。为了对光源的显色性进行评价，CIE 规定了 8 种基本试验色样，它们在孟塞尔颜色立体图上几乎均匀地分布在表示色调的圆周上，明度均为 6，具有中等彩度；同时还选择了由四种饱和色的补充系列（深红、深黄、深绿和深蓝色）以及两种代表皮肤和绿叶的色调（白种女性肤色和与树叶绿相近的颜色）作为颜色样品。

（3）色差。不同的颜色，在色度图上会有不同的色度坐标，即颜色差异将引起色度图上的位置差异。色差就是用来定量描述这种差异的。

色差可以用来表示两种颜色样品在同一光源下的颜色差异，也可以用来表示一种颜色样品在不同光源下的颜色差异。在照明技术中主要是指后者，且指的是一种颜色样品在标准光源和被测光源下的颜色差异。

（4）显色指数。光源的显色性能主要取决于光谱能量分布。而光源显色性的优劣通常是用显色指数来定量评定的。光源的显色指数是指在具有合理允差的色适应状态下，待测光源照明物体的心理物理色与标准光源照明同一色样的心理物理色相符合程度的度量，符号为 R。显色指数最大值为 100，它表示色样在照明光源下与其真实颜色的色差为零，即被测光源与标准光源具有完全相同的显色性。显色指数又分为特殊显色指数 R_i 和一般显色指数 R_a 两种。

特殊显色指数 R_i 是指在具有合理允差的色适应状态下，待测光源照明 CIE 试验色样的心理物理色与标准光源照明同一色样的心理物理色符合程度的度量，即

$$R_i = 100 - 4.6\Delta E_i \qquad (1 - 32)$$

其中，下标 i 表示第几号色样，ΔE_i 表示第 i 号色样在待测光源下和在标准光源下的色差。

一般显色指数 R_a 是指待测光源对 CIE 规定的 8 种基本色样特殊显色指数的平均值，即

$$R_{\mathrm{a}} = \frac{1}{8}\sum_{i=1}^{8}R_i \tag{1-33}$$

人工电光源通常采用一般显色指数作为评价显色性的指标。根据定义，标准光源显色性为最好，其显色指数为 100，那么其它光源的显色指数都小于 100。一般认为：显色指数为 80～100 的光源其显色性较好，50～79 之间显色性一般，小于 50 为显色性较差。

CIE 和我国国家标准都采用一般显色指数作为光源显色性的指标，并根据一般显色指数的高低对光源进行分组（如表 1-6 和表 1-7 所示）。

表 1-6　光源的显色性分组（CIE1986）

显色分类		显色指数（R_{a}）
Ⅰ	Ⅰ$_{\mathrm{A}}$	≥90
	Ⅰ$_{\mathrm{B}}$	80≤R_{a}<90
Ⅱ		60≤R_{a}<80
Ⅲ		40≤R_{a}<60
Ⅳ		20≤R_{a}<40

表 1-7　光源的显色性分组（GBJ133—1990）

显色分类	显色指数（R_{a}）
Ⅰ	≥80
Ⅱ	60≤R_{a}<80
Ⅲ	40≤R_{a}<60
Ⅳ	20≤R_{a}<40

综上所述，光源的颜色有两个含义，一个是人眼观看光源所发出光的颜色——光源的色表；另一个是光源照射到物体上所显示出来的颜色——光源的显色性。色表可以由色温来表示，显色性则取决于光源的光谱能量分布，可见，光源的色表（或者色温）和显色性之间没有必然的联系，因为具有不同光谱能量分布的光源可能有相同的色温，但显色性可能差别很大，各种色温的光源都可能有较好的显色性，也可能有较差的显色性。例如，荧光高压汞灯从远处看，它发出的光又白又亮，说明它具有较好的色表；但它的光谱中青、蓝、绿光多而红光很少，当它的光照在人的脸上时，脸色显得发青，显色性差（R_{a}=30～40）；钨丝白炽灯的光谱能量分布是偏重于长波的连续曲线，所以它的色表偏黄红色，但它照射有色物体时，物体的颜色与受日光照射时差不多，说明它的色表较差而显色性较好（R_{a}=95～99）。

第四节　绿　色　照　明

绿色照明是节约能源、保护环境，有益于提高人们的生产、工作、学习效率和生活质量，并且保护身心健康的照明，是 20 世纪 90 年代初国际上对采用节约电能、保护环境照明系统的形象说法。绿色照明的宗旨是提高照明质量，节约资源，保护环境，以获得显著的经济效益、社会效益和环境效益。本节主要介绍绿色照明的目的和绿色照明计划等。

一、实施绿色照明的目的

实施绿色照明的目的是节约能源、保护环境和提高照明质量。

1. 节约能源

在文明高度发达的现代化社会，人类一切活动都离不开照明。伴随着人们对工作和生活居住环境的要求越来越高，照明的数量和质量将不断提高，照明用电量会不断增加。国际照明委员会的报告中，关于欧美 16 个发达国家 1960～2000 年的一组数字很能说明问题：由于照明能量效率由 26lm/W 增加至 65lm/W（呈上升趋势），致使平均照明用电占总用电的比例从 13%降至 11%（呈下降趋势），但人均照明用电量却从 246kWh 增加至 1200kWh（逐年增加）。随着照明需求的增加，能源的消耗必然会不断增加，可见照明节能是一项长期的战略方针，对地球资源的保存将起到非常重要的作用。

2. 保护环境

在现代社会中，照明主要来源于电能转换的光能，而电能又主要来源于石化燃料的燃烧。由于石化燃料所产生的二氧化碳（CO_2）、氮氧化物（NO_x）等有害气体会带来地球臭氧层的破坏、气候变暖、酸雨等问题，严重污染着人类的居住环境。尤其 20 世纪 90 年代以来，全球温升问题逐步成为世人瞩目的焦点。人们开始对追求舒适、效益而消耗地球资源、破坏环境的做法进行反思，许多国家都将保护地球的可持续发展上升到了前所未有的高度，通过制定节电措施来减少温室气体的排放。绿色照明就是节约能源、保护环境的重要措施之一。据有关资料显示，每节约 1kWh 的电能，就可以明显地减少空气污染物（每节约 1kWh 的电能可减少的空气污染物的传播量见如表 1 - 8 所示），进而改善了环境。由此可见，实施绿色照明、节约照明用电对于保护环境将具有重要的意义。

表 1 - 8　　　　　　　　　每节约 1kWh 的电能可减少的空气污染物的传播量

燃料种类　　　　空气污染物	SO_2（g）	NO_x（g）	CO_2（g）
燃煤	9.0	4.4	1100
燃油	3.7	1.5	860
燃气	—	2.4	640

3. 提高照明质量

绿色照明所倡导的节约能源和保护环境，不是以取消或减少照明来获得的，而是要以尽可能小的能量来造成所需要的视觉环境或照明效果，为此，在照明应用中必须推广使用高效节能、寿命长、安全和性能稳定的电光源、照明电器附件以及调光控制附件组成的照明系统，在节约照明用电，减少发电对环境污染的同时，提高人们的工作和生活质量。

二、绿色照明计划

绿色照明计划最早于 1991 年由美国环保署提出，至今实施已 10 多年了。该计划一出台，就在美国得到了迅速推广，随后得到国际社会众多国家的响应，取得了显著的效果。

1. 美国绿色照明计划简介

美国照明用电量一般为总用电量的 20％～25％，而美国环保署实施绿色照明的目标是通过提高照明效率，减少一半照明用电量及 5％的空气污染。美国绿色照明计划提出了一个全新的概念，即政府和私营部门之间相互合作，通过采用高效照明来提高需求侧的能源利用率（即终端节电），以节约电能、减少大气污染。

美国绿色照明计划首先吸收了 500 家大企业和国家单位为成员，取得成功后，在第一个五年间成员单位增加到 2000 多家。在实施绿色照明计划的过程中，每个成员单位必须与国家环保署签订实施备忘录，并承担以下的任务：

（1）允许调查成员单位的照明设施现状，包括总耗电量和照明质量（照度、照度均匀度、显色性、眩光等）。

（2）在 5 年内至少对该单位 90％可能改造的照明设施进行改造，改造投资费用能在 5 年内的节约电费中回收，改造不得牺牲照明质量。

（3）在改造工程中，采用最新的照明节能标准。

（4）每个成员单位有专门的负责人负责此项工作，并每年向国家环保署汇报进展情况。

美国在实施绿色照明计划的过程中，对照明设施进行改造的主要内容如下：

（1）将白炽灯泡换成紧凑型荧光灯。

（2）将 T12 荧光灯换成三基色 T8 荧光灯。

（3）将电感镇流器换成电子镇流器。

（4）在灯具中采用新的镜面反射器。

（5）采用控制器件，如光电管、光传感器、调光器等，对照明设施进行合理的控制。

美国实施绿色照明计划的第一个五年间取得了以下显著成果：

（1）2000 多个成员单位的 5 亿 m² 的场所安装了高效节能产品（相当于在美国每 14 座商业建筑就有 1 座已改造）。

（2）每年减少 160 万 t 温室气体的排放。

（3）每年节电 23 亿 kWh（相当于 1300 栋近万 m² 大楼的一年用电量）。

（4）节省电费 1.9 亿美元。

2. "中国绿色照明工程"简介

中国是世界上第二大能源消费国，也是世界上第二大温室气体排放国。近年来，中国的经济平均以每年近 10%的速度发展，每年的照明用电量也以每年近 15%的速度不断递增，照明用电约占全国总用电量的 11%～14%，这个比例还有可能继续上升。中国电力的生产有 75%以燃煤为基础，这种局面在未来的十几年里还很难改变。为此，中国政府对节能工作非常重视，于 1996 年正式启动了"中国绿色照明工程"。

"中国绿色照明工程"是国家经贸委会同国家计委、科技部、建设部、国家质量技术监督局等 13 个部门，在"九五"期间共同组织实施的一项重点节能示范工程，旨在我国发展和推广高效照明器具，逐步代替传统的低效照明电光源，节约照明用电，建立优质高效、经济舒适、安全可靠、有益环境和改善人们生活质量，提高工作效率，保护人民身心健康的照明环境，以满足国民经济各部门和人民群众日益增长的对照明质量、照明环境和减少环境污染的需要。

"中国绿色照明工程"的预期目标：

（1）节约电力。经专家测算，"九五"期间推广紧凑型荧光灯、细管荧光灯 3 亿只以及其他高效照明产品，可形成终端节电 220 亿 kWh，削减电网峰荷 720 万 kW，相当于少建 978 万 kW 装机容量的电站，节约电力建设资金 490 亿～630 亿元。

（2）减少环境污染。以电站节电 268 亿 kWh 计，截止到 2000 年减少 SO_2 排放 20 万 t，CO_2 排放 740 万 t。

（3）逐步建立起节电照明器具的市场推广体系，使照明节电纳入正常的市场运行轨道。

（4）大力提高节电照明器具的产品质量，完善质量标准和认证体系。

"中国绿色照明工程"自 1996 年实施以来，政府及社会各界给予了高度重视，也得到国际国内各方面的技术和经费支持。1996 年 10 月，"联合国计划开发署（UNDP）中国绿色照明工程能力开发"项目获批准，该项目向中国政府提供 99.5 万美元的技术援助，用以支持和推动"中国绿色照明工程"的启动。1996～1998 年间，国家经贸委向国内照明生产企业投入低息技术改造资金 2.2 亿元，还拨款 400 万元用于照明企业的技术升级和新产品的开发，与此同时，各地方财政也给予照明生产厂商以大力支持。1998 年 5 月，国家通过联合国计划开发署向全球环境基金（GEF）申请"国家经贸委/UNDP/GEF 中国绿色照明工程促进项目"，项目于 2000 年 8 月批准，获全球环境基金 813 万美元赠款。2000 年 3 月，国家经贸委、建设部、国家质量技术监督局以国经贸资（2000）223 号联合印发了《关于进一步推进"中国绿色照明工程"的意见》，要求对中国的绿色照明工程进一步提高认识，加强领导；完善标准，制定办法，规范市场，强化监督和管理；采取有效措施，加快高效照明电器产品的推广应用。

在国家有关部门和社会各界的大力支持和积极配合下，"中国绿色照明工程"在第一个五年间取得了明显的成效：

（1）完成用户照明节电意识和照明电器产品、元器件产品生产企业基础状况调查，摸清了照明电器行业发展及照明节能潜力的基本情况。

（2）制定并发布 4 项高效照明电器产品国家标准（GB 16843—1997《单端荧光灯的安全要求》，GB 16844—1997《普通照明用自镇流灯的安全要求》，GBT 17262—1998《单端荧光灯性能要求》和 GBT 17262—1998《普通照明用自镇流灯性能要求》），并组织高效照明电器产品的监督抽查及质量分析会议，引导照明电器产品市场有序发展。

（3）组织高效照明电器产品的技术开发、项目示范及应用推广，促进了生产企业的技术进步。

（4）广泛开展照明节电的科普宣传、培训教育、国际交流与合作，使绿色照明工程逐步得到社会的认同和支持。

三、绿色照明与照明节能的关系

绿色照明是一项系统工程，主要是在提高系统（光源、灯具、启动设备）总效率的基础上，综合考虑照明方式、照明控制、天然光利用以及加强维护管理等因素，坚持以人为本，通过科学的照明设计，来为人们创造一个高效、舒适、安全、经济、有效的工作和生活环境。

照明节能所倡导的理念是在满足所需要的视觉环境或所要达到的照明效果的前提下实施终端节电。因此，当前国际上认为，在考虑和制定照明节能政策、法规和措施时，所遵循的唯一正确的原则是：必须在保证有足够的照明数量和质量的前提下，尽可能节能。

由此可见，绿色照明和照明节能两者的目的是相同的，内容是完全统一的。

思 考 题 与 习 题

1. 光的本质是什么？可见光的波长范围是多少？

2. 什么是光谱光效能？什么是光谱光效率？什么是光谱能量（功率）分布？

3. 试述下列常用光度量的定义及其单位：

（1）光通量；

（2）光强（发光强度）；

（3）照度；

（4）亮度。

4. 试述吸收比、透射比和反射比的定义及其关系。

5. 试述吸收比与光谱吸收比的异同。

6. 试述全反射的原理。

7. 什么是视觉阈限？人的视觉绝对亮度阈限是多少？

8. 什么是明视觉？什么是暗视觉？

9. 什么是明适应？什么是暗适应？

10. 什么是眩光、不舒适眩光和失能眩光？

11. 试述可见度、最大可见度和相对可见度的含义和区别。

12. 简述颜色的三个基本特性。

13. 什么是色温和相关色温？

14. 如何表示光源的色表？

15. 什么是光源的显色性？如何表示？

16. 绿色照明的宗旨是什么？

17. 绿色照明与照明节能的关系如何？

第二章　照　明　电　光　源

电光源泛指各种通电后能发光的器件，而用作照明的电光源则称作照明电光源。电光源问世已 100 多年了，产品至今已经历了多次重大发明，目前电光源主要有白炽灯和卤钨灯、荧光灯和高强度气体放电灯以及场致发光灯和半导体灯，其中白炽灯和卤钨灯、荧光灯和高强度气体放电灯是重要的照明电光源，主要用于照明领域；而场致发光灯和半导体灯则主要用于指示照明灯或作为显示器件。本章主要介绍电光源的种类、性能指标以及常用照明电光源的结构特点、光电参数及其特性。

第一节　照明电光源的分类及性能指标

照明电光源是照明灯具的核心部分，光源的种类不同，其主要性能也不相同。了解电光源的种类及相应的性能指标是合理选择和使用电光源必不可少的基础知识。

一、电光源的分类

电光源按其工作原理可分为固体发光光源和气体放电光源两大类。

1. 固体发光光源

固体发光光源主要包括热辐射光源和电致发光光源两类。

热辐射光源是以热辐射作为光辐射的电光源，包括白炽灯和卤钨灯，它们都是以钨丝为辐射体，通电后达到白炽温度，产生光辐射。

电致发光光源是直接把电能转换成光能的电光源，包括场致发光灯和半导体灯。

2. 气体放电光源

气体放电光源是利用电流通过气体（或蒸气）而发光的光源，它们主要以原子辐射形式产生光辐射。

按放电形式的不同，气体放电光源可分为辉光放电灯和弧光放电灯。辉光放电灯的特点是工作时需要很高的电压，但放电电流较小，一般在 $10^{-6} \sim 10^{-1}$ A，霓虹灯属于辉光放电灯。弧光放电灯的特点是放电电流较大，一般在 10^{-1} A 以上。照明工程广泛应用的是弧光放电灯。

弧光放电灯按管内气体（或蒸气）压力的不同，又可分为低气压弧光放电灯和高气压弧光放电灯。低气压弧光放电灯主要包括荧光灯和低压钠灯。高气压弧光放电灯包括高压汞灯、高压钠灯和金属卤化物灯等。相比之下，高气压弧光放电灯的表面积较小，但其功率却较大，致使管壁的负荷比低气压弧光放电灯要高得多（往往超过 $3W/cm^2$），因此又称高气压弧光放电灯为高强度气体放电灯，简称 HID 灯。

(1) 气体放电的全伏安特性。

图 2-1 为气体放电灯工作线路，通过改变电源电压 U_0 来测量在不同放电电流 I 时的灯管电压，就可以得到气体放电灯的全伏安特性，其特性曲线如图 2-2 所示。

图 2-2 中曲线的 OC 段是非自持放电，即如果除去外致电离则电流立即停止，电流约在

10^{-6}A 以下。当放电电流增加到有足够的电荷积累后，达到着火点 D 便可以自持放电，但稳定的自持放电是从 E 点开始的，自持放电包括辉光放电和弧光放电。大多数弧光放电灯都具有相似的伏安特性，即放电电流增大时，因电子和离子的密度增大，导电率增大，维持放电所必须的电压反而降低，致使伏安特性曲线的斜率变负（G 点之后的特性），或者说具有负的伏安特性。弧光放电的负伏安特性是一种不稳定的工作特性，若将其单独接到电源上，将会导致电流无限制的减小或增加，直到灯管熄灭或被电流击穿而损坏为止。所以，必须用具有正伏安特性的限流装置来抵消这种负伏安特性，才能保证其稳定工作。

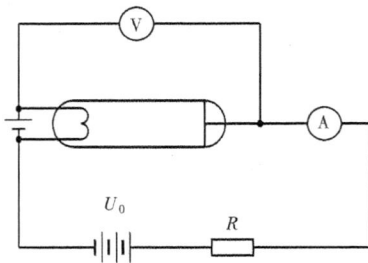

图 2-1　气体放电灯工作线路

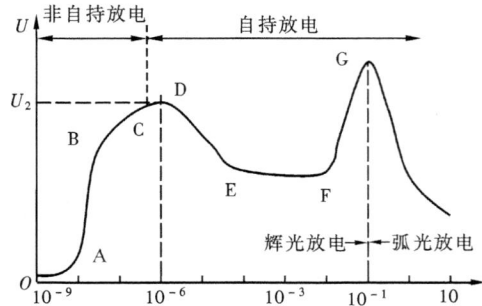

图 2-2　气体放电灯的全伏安特性曲线

（2）气体放电光源的主要附件。

各种气体放电灯一般都配备相应的电气附件，以保证光源的启动和工作特性。放电灯常用的附件有镇流器、启辉器和补偿电容等。

1）镇流器。防止电流失控、保证放电灯在其正常的电特性下工作是镇流器的基本功能。由于镇流器具有上升的伏安特性，当回路电流增大时，镇流器的电压降增大，作用于灯管上的电压减小，因此电流便能够稳定。镇流器的种类主要有电阻镇流器、电感镇流器、电容镇流器和电子镇流器等。

电阻镇流器可用于直流电源供电的气体放电灯，但会引起较大的功率损耗，使灯的总效率降低。所以，在交流供电的情况下一般不使用电阻镇流器。

电感镇流器用于工频交流供电的气体放电灯，它不但起限流的作用，而且在启动时能产生一个高压脉冲，使灯管顺利启动；设计正确的电感镇流器能使电源电压和灯管电流之间产生 55°～65°的相位差，以减少工作电流波形的畸变，从而保证放电灯能更稳定地工作。电感镇流器在工作中消耗的功率比电阻镇流器小很多，一般为灯管功率的 10%～30%（功率越小，镇流器的损耗比越高），但电感镇流器会使电路的功率因数降低，一般在 0.43～0.55 之间，大大增加了供电系统的无功负荷，同时线路电流较大，不仅引起电源电流波形畸变，而且增大线路损耗，因此，建议在气体放电灯线路末端将功率因数补偿到 0.85～0.9。

电容镇流器一般用于高频交流而不适用于工频交流电源中，因为在工频交流电源每半周开始时，对电容充电的启动能量在灯中会产生持续时间很短但却很有害的强峰值脉冲电流，致使灯的光通量输出具有显著的脉冲性质。但在高频电源中，电容镇流器具有很好的性能，并且需要的电容量较小，镇流器尺寸较小。

电子镇流器是 20 世纪 80 年代引进我国的，经过多年的研究和改进，目前已经大量使用了这种环保节能产品。其优点主要有：环境适应性强，在 150～250V 状态下均可正常工作，环境温度较低的情况下都能使灯一次快速启辉,可延长灯管使用寿命;节能效率高,电子镇流器本身损耗很小,再加上灯管工作条件改善了,故发出同样的光通量所消耗的电功率也相应减少了;功率因数高,cosφ 在 0.90 以上,对电网无污染,对办公设备无干扰;外形美观新颖、结构紧凑、重量轻、安装方便;安全可靠性高、无闪烁、无噪声。

2) 启辉器。在热阴极气体放电灯中灯丝需要加热,因此在一般的接线中用一个启辉器来自动接通和断开灯丝的加热电路。常用的启辉器是采用膨胀系数不同的双金属电极自动通断灯丝加热电路(如图 2-3 所示)。接通电源后,启辉器内在双金属片和静触头之间的气隙产生辉光放电,外壳内温度急剧升高,把弯曲的双金属片加热到 800～1000℃,使其变形触点闭合,接通电路对灯丝进行预热。启辉器触点闭合后,辉光放电停止,双金属片冷却,触点断开,为下一次启动做好准备。

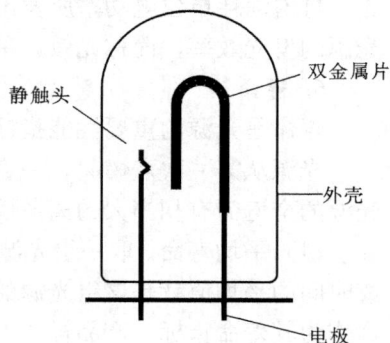

图 2-3 启辉器结构示意图

3) 补偿电容。气体放电灯电流和电压间有相位差,若串接的镇流器为电感性的,照明线路的总功率因数就会降得很低,一般为 0.33～0.52。为减少线路损耗,提高线路的功率因数,有效的措施是在镇流器的输入端接入一个适当的电容,即把它并联跨接在交流电源上,这样,电容器取得了相位超前的电流,就部分抵消了灯管电路中的滞后电流,利用电容器可方便地使功率因数得到校正,通常可将总功率因数提高到 0.85 以上。

注意高强度气体放电灯一般都需要针对各生产厂家的光源配备适合的电气附件,不宜随意选用,也不宜相互代用(如把荧光高压汞灯的镇流器用到钠灯上),否则,将会大大影响光源的启动特性、工作特性和使用寿命。

二、照明电光源的主要性能指标

电光源的性能指标通常是用参数表示光源的光电特性,这些参数由制造厂家提供给用户,作为选择和使用光源的依据。

1. 额定电压

光源的额定电压是指光源及其附件所组成的回路所需电源电压的额定值。光源只有在额定电压下工作时才具有最好的效果,才能获得各种规定的特性。因此在进行照明电气设计时,应保证供电电源的质量。

2. 灯泡(灯管)功率

灯泡(灯管)在工作时所消耗的功率,是灯泡(灯管)的设计功率值。通常灯泡(灯管)按一定的额定功率等级制造,额定功率指灯泡(灯管)在额定电流下所消耗的功率。

3. 光通量输出

光通量输出是指灯泡在工作时所发出的光通量,是光源的重要性能指标。通常以额定光通量来表明光源的发光能力,光源在额定电压、额定功率条件下工作时的光通量输出即为额定光通量。

光源的光通量输出与许多因素有关,但在正常使用下,光通量输出主要与点燃时间有关,点燃时间愈长其光通量输出愈低。大部分光源在点燃初期(100h 以内)光通量的衰减较多,随着点燃时间的增加(100h 以后)光通量的衰减速度相对减慢,因此,光源的额定光通量有两种定义方法：一种是指光源的初始光通量，即新光源刚开始点燃时的光通量输出，一般用于在整个使用过程中光通量衰减不大的光源，如卤钨灯；另一种是指光源点燃了100h后的光通量输出，一般用于光通量衰减较大的光源，如白炽灯和荧光灯。

4. 发光效率

灯泡消耗单位电功率所发出的光通量，即灯泡的光通量输出与它取用的电功率之比称为光源的发光效率，简称光效，单位是 lm/W。光效是表征光源经济效果的参数之一。

5. 寿命

寿命是光源的重要性能指标，通常用点燃的小时数表示。

光源从第一次点燃起，一直到损坏熄灭为止，累计点燃的小时数称为光源的全寿命。电光源的全寿命有相当大的离散性，因此常用平均寿命和有效寿命来定义光源的寿命。

（1）平均寿命。取一组光源作试样，从一同点燃起到 50% 的光源试样损坏为止的累计点燃时间的平均值就是该组光源的平均寿命。一般情况下，光通量衰减较小的光源常用平均寿命作为其寿命指标，产品样本上给出的就是平均寿命，例如卤钨灯。

（2）有效寿命。有些光源（如荧光灯）的光通量在其全寿命中衰减相当显著，当光源的光通量衰减到一定程度时，虽然光源尚未损坏，但它的光效明显下降，继续使用极不经济。所以这类光源通常用有效寿命作为其寿命指标。光源从点燃起一直到光通量衰减为额定值的某一百分数（一般取 70%～80%）所累计点燃小时数就称为光源的有效寿命。

6. 颜色特性

光源的颜色特性包含色表和显色性，是光源的重要性能指标。

光源的色表取决于光源的色温（或相关色温），CIE 将其分为三类，即暖色调光源、中间色调光源和冷色调光源；光源的显色性取决于光源的光谱功率分布，用显色指数表示，显色指数越大，表明光源的显色性越好。

7. 启燃与再启燃时间

（1）启燃时间。光源接通电源到光源的光通量输出达到额定值所需要的时间就是光源的启燃时间。热辐射光源的启燃时间一般不足 1s，可以认为是瞬时启燃的；气体放电光源的启燃时间从几秒钟到几分钟不等，取决于放电光源的种类。

（2）再启燃时间。正常工作着的光源熄灭后再将其点燃所需要的时间就是光源的再启燃时间。大部分高压气体放电灯的再启燃时间比启燃时间更长，这是因为再启燃时要求这类灯冷却到一定的温度后才能正常启燃，即增加了冷却所需要的时间。

启燃与再启燃时间影响着光源的应用范围。例如，频繁开关光源的场所一般不用启燃和再启燃时间长的光源，应急照明用的光源一般应选用瞬时启燃或启燃时间短的光源。

8. 闪烁与频闪效应

（1）闪烁。用交流电点燃电光源时，在各半个周期内，光源的光通量随着电流的增减发生周期性的明暗变化的现象称为闪烁。闪烁的频率较高，通常与电流频率成倍数关系。一般情况下，肉眼不宜觉察到由交流电引起的光源闪烁。

（2）频闪效应。在以一定频率变化的光线照射下，观察到的物体运动呈现静止或不同于实际运动状态的现象称为频闪效应。具有频闪效应的光源照射周期性运动的物体时会降低视觉分辨能力，严重时会诱发各种事故，所以，具有明显闪烁和频闪的光源其使用范围将受到限制。

三、光源型号命名

我国的国家标准 GB 2796—1981 规定了各种光源的型号命名方法。白炽光源的型号命名一般由三部分组成，气体放电光源的型号命名一般由两部分组成。两类光源的第一部分皆为字母部分，由表征光源名称特征的汉语拼音首字母组成；第二部分和第三部分一般都由数字组成，主要表征光源的光电特性。有些名称、参数相同，但结构形式不同的灯泡（或灯管），则需要增加第四部分，表示不同结构形式的顺序号。型号的各部分应直接连写，但当相邻的两部分同为字母或数字时，则需用一短横线"—"分开。照明设计中常用的白炽光源和气体放电光源的型号命名如表 2-1 和表 2-2 所示。

表 2-1　　　　　　　　　　　　常用白炽光源型号命名表

电光源名称	第一部分	第二部分	第三部分	电光源名称	第一部分	第二部分	第三部分
	型号的组成				型号的组成		
普通照明灯泡	PZ			跑道灯泡	PD		
反射型普通照明灯泡	PZF			聚光灯泡	JG		
装饰灯泡	ZS			摄影灯泡	SY		
局部照明灯泡	JZ	额定电压（V）	额定功率（W）	幻灯灯泡	HD	额定电压（V）	额定功率（W）
铁路信号灯泡	TX			无影灯泡	WY		
船用照明灯泡	CY			小型指示灯泡	XZ		
船用指示灯泡	CZ			水下灯泡	SX		
飞机灯泡	FJ			管型照明卤钨灯	LZG		

表 2-2　　　　　　　　　　常用气体放电光源型号命名表

电光源名称		第一部分	第二部分	第三部分
		型号的组成		
低压汞灯	直管型荧光灯	YZ		颜色特征①
	U 形荧光灯	YU		
	环形荧光灯	YH		
	自镇流荧光灯管	YZZ		
	黑光荧光灯管	YHG		
	紫外线灯管	ZW		
	直管形石英紫外线低压汞灯	ZSZ		不同结构形式的顺序号
	U 形石英紫外线低压汞灯	ZSU		
	白炽荧光灯泡	ZY	额定功率（W）	
高压汞灯	高压汞灯泡	GG		
	荧光高压汞灯泡	GGY		
	自镇流荧光高压汞灯泡	GYZ		
	反射型高压汞灯泡	GGF		
	反射型荧光高压汞灯泡	GYF		
钠灯	低压钠灯	ND		
	高压钠灯	NG		
金属卤化物灯	管形镝灯	DDC		

① 日光色（6500K）为 RR，冷白色（4300K）为 RL，暖白色（2900K）为 RN。

例如，型号 PZ220—100 表示为一只 220V、100W 的普通照明白炽灯泡，P—"普（pu）"的第一个字母；Z—"照（zhao）"的第一个字母；220—灯泡的额定电压，V；100—灯泡的额定功率，W。而型号 YZ36RR 表示为一只 36W 日光色的直管形荧光灯，Y—"荧（ying）"的第一个字母；Z—"直（zhi）"的第一个字母；36—灯管的额定功率，W；RR—光源的颜色特征为日光色。

第二节　白　炽　灯

白炽灯是最早出现的热辐射光源，因而被称作是第一代电光源。它发明于 19 世纪 60 年代，经历了 100 多年的发展历程，随着科学技术的不断进步，尽管相继出现了多种性能优良的其它电光源，但由于白炽灯结构简单、成本低廉、使用方便、显色性能好、点燃迅速、容易调光，因此在工业与民用建筑照明工程中得到了广泛的应用。

一、构造特点

白炽灯一般是由玻壳、灯丝、支架、引线和灯头等几部分组成，其结构如图 2-4 所示。白炽灯依靠电流通过灯丝时产生大量的热，使灯丝温度升高到白炽的程度（2400～3000K）而发光。

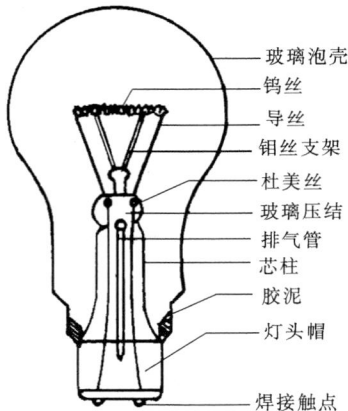

图 2-4　白炽灯结构图

灯丝（钨丝）是白炽灯的关键组成部分，是灯的发光体。通常情况下，灯丝的形状和尺寸对于灯的寿命、光效和光利用率都有直接的影响。要提高普通白炽灯的光效，就必须提高灯丝的工作温度，尽可能地减少热损耗。所以，一般都将普通白炽灯丝绕制成单螺旋、双螺旋甚至三螺旋的形状，以减少灯丝的长度。例如双螺旋灯丝能使 40W 普通灯丝长度缩短近一半，并在同样寿命的情况下，使灯的光效提高 20% 左右。

普通白炽灯的玻壳用一般玻璃制造，根据不同的用途做成各种不同的形状。大部分普通白炽灯的玻壳是透明的，但为了降低光源表面的亮度，有时采用磨砂玻璃或乳白玻璃，有些灯泡则做成反射型的，即玻壳的上半部分（靠灯头部分）蒸镀一层反光铝膜。

普通白炽灯工作时灯丝温度很高，钨很容易被蒸发。从灯丝上蒸发出来的钨沉积在灯泡壁上而使玻壳黑化，透光性降低，使灯泡光效率降低；同时钨蒸发还会使灯丝变细，灯丝容易熔断而使灯的使用寿命降低。为了防止钨丝氧化燃烧，降低钨丝的蒸发速度，通常把玻壳抽成真空后，再在玻壳中充入对钨丝不起化学作用、热传导小、具有足够的电气绝缘强度的惰性气体。灯泡充以惰性气体后，钨的蒸发因遇到惰性气体的阻拦而被有效地加以抑制，从而可以提高灯泡的使用寿命；同时由于气体的对流作用，蒸发出来的钨粉末将被气体的规则运动带到灯泡的顶部，而不致沉积在灯泡上，能够保持灯泡的透光性以减少光通量的衰减。由于成本因素，一般白炽灯广泛采用的是成本较低的氩和氮混合气体，只有特殊灯泡才采用成本较高的氪和氙混合气体，而且只对大功率（60W 以上）白炽灯充气。

普通白炽灯的灯头起着固定灯泡和接通电源的作用，也是白炽灯的重要组成部分。按形式和用途可分为螺口灯头、插（卡）式灯头、聚焦灯头及各种特种灯头（如图 2-5 所示），常用的灯头是螺口和插口两种形式。螺口灯头接触面积大，适用于功率较大的灯泡；插口灯头接触面小，灯功率大时接触处温度过高，故用于功率较小的灯泡。此外，插口灯头与插口灯座配合使用时具有防震性能，因而有震动的场合以及飞机、汽车、火车等运输工具中多采用插口灯头的灯泡。

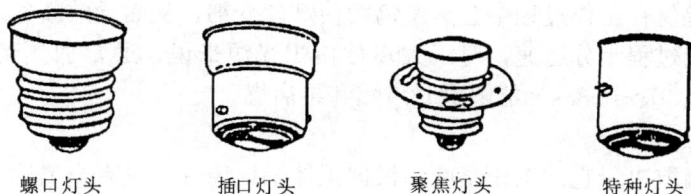

图 2-5　几种白炽灯头外形

（螺口灯头　插口灯头　聚焦灯头　特种灯头）

二、主要类别

白炽灯在照明工程中应用广泛，种类繁多。根据其结构的不同可分为以下几种类别。

1. 普通照明用白炽灯

这类白炽灯主要用于工业和民用建筑，供住宅、宾馆、商店等场所的普通照明使用。应用最多的形式是梨形透明玻璃灯泡，其特点是结构简单、价格低廉，但亮度大、易产生眩光。这种白炽灯的派生系列包括：磨砂玻璃或乳白玻璃灯泡，它能使灯光柔和；制成蘑菇形等异型玻壳，增强其装饰性。目前，采用乳白色灯泡已成为白炽灯的主要发展趋势。

2. 装饰白炽灯

装饰白炽灯的玻壳外形千姿百态，彩色多变，与建筑灯具相配，形成多种艺术风格。目前国内生产最多的装饰灯是烛光形灯泡与采用彩色玻璃制作的节日彩泡，或能承受较高大气压力的水下用彩色玻壳白炽灯。

3. 反射型灯泡

反射型灯泡采用内壁镀有反射层的玻壳制成，能使光束定向发射，主要应用于灯光广告、橱窗、体育设施、展览馆等需要光线集中的场合。

4. 局部照明灯泡（俗称低压灯泡）

局部照明灯泡的结构外形与普通白炽灯泡相似，仅是所设计的额定电压较低。这类灯泡主要用于必须采用安全电压（36、12、6V）的场所，如便携式手提灯、机床照明灯和工厂车间或维修车间的台灯等。

三、白炽灯的光电参数及其特性

白炽灯的光电参数及其特性主要取决于灯泡的结构。

1. 额定电压和额定功率

普通照明和反射型白炽灯的额定电压一般为 220V 和 110V；局部照明灯泡的额定电压多为 36、12、6V；船用灯泡的额定电压等级有 24、110、220V 几种。

普通照明灯泡的额定功率一般在 15～1000W；局部照明灯泡和船用灯泡的额定功率一般较小，多为 10～100W。反射型灯泡的额定功率一般为几十至几百瓦。

2. 光通量和发光效率

白炽灯的额定光通量一般是指点燃 100h 以后的光通量输出。白炽灯根据不同的功率，其输出的光通量一般在几十到 1100lm 之间。

白炽灯总功率的 75％ 以上都以红外线的方式辐射掉（产生热能），仅有小部分能量产生可见光，因而普通白炽灯的光效不高，约为 10～15lm/W。

3. 寿命和启燃时间

白炽灯的平均寿命一般为 1000h，使用寿命较短。影响白炽灯使用寿命的主要原因是：在额定状态下，钨丝在工作过程中会蒸发钨而使灯丝变细，从而导致断丝。

钨丝通电加热过程十分迅速，对于大多数白炽光源来说，通常加热到输出 90％ 光通量所需的时间只有 0.07～0.38s，能够瞬时启燃和再启燃。

4. 色温、显色指数

白炽灯的色温取决于它的工作温度。根据黑体辐射原理，只有当黑体的温度达到 5000K 左右时才呈白炽色，钨的熔点约为 3680K，无法达到白炽温度。理论上钨丝加热后可以发出色温为 3500K 的光，但实际使用的普通白炽灯能达到的色温不超过 3000K，一般多为 2400～2900K，所以白炽灯属于低色温、暖色调光源。

白炽灯的显色性取决于它的光谱能量分布。白炽灯属于热辐射光源，具有与黑体一样的连续光谱，因而其显色性很好，显色指数 R_a 平均可达 99。

5. 光电参数与电源电压的关系

当电源电压发生变化时，对白炽灯性能的影响极大，将改变白炽灯的电阻、电流、功率、效率、光通量和寿命。白炽灯的光电参数与电源电压的关系可以用图 2-6 所示的曲线表示。

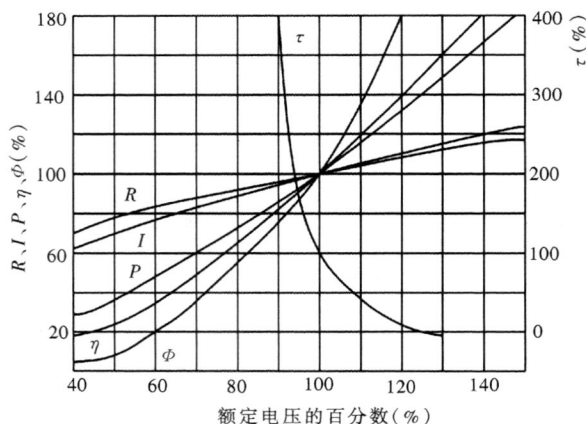

图 2-6　白炽灯光电参数与电源电压的关系曲线

作为照明电光源，通常注重的是光通量和寿命受电源电压变化的影响。当电源电压高于光源要求的额定电压时，将会大大降低白炽灯的使用寿命；当电源电压低于额定电压时，将会使白炽灯的光通量输出大大降低；当电源电压产生波动时，即电源电压忽高忽低时，白炽灯因输出光通量波动较大而闪烁，从而会影响照明的视觉效果；但是，由于灯丝的热惯性，用于工频电源的白炽灯光通量的波动（指随交流电频率而变化）是不大的。

显然，白炽灯对电压的要求是很高的，对于一般照明场所要求电压偏移量不超过其额定值的 ±5％，如对照明要求较高时不得超过其额定值的 ±2.5％。

无论是哪种类型的白炽灯，当电源电压突然以较大的幅度下降时，虽然光通量输出也较大幅度地降低，但却不至于猝然熄灭，由于白炽灯泡具有良好的可调光性能，其光通量可以在 0～100％ 范围内即时连续均匀反复调节。因此常采用调压方式对白炽灯进行调光控制，如局部照明用的调光灯和影剧院用的调光灯一般均用白炽灯。此外，某些重要场合的照明往往采用白炽灯，就是利用白炽灯瞬时点燃和在电压波动中不致猝然熄灭的特点来保证其照明的连续性的。

第三节　卤　钨　灯

普通白炽灯在使用过程中，由于灯丝加热使钨原子从灯丝表面蒸发出来，使灯丝变细和玻壳黑化，最终导致寿命降低、输出光通量衰减。在灯泡内充入惰性气体后，虽然可以抑制钨的蒸发速度，但并不能获得满意的效果。于是，人们从 19 世纪后期就开始了对卤钨灯的研究，1881 年就有理论说明通过卤素（氟、氯、溴、碘）的再生循环可以将蒸发出来的钨再回到钨丝上，但是由于受当时工艺和材料的限制无法将这一原理变为现实，直到 1959 年才制成了第一只实用的充碘钨丝灯，从此，便产生了一种崭新的白炽光源。

卤钨灯与普通白炽灯的发光原理相同，都是利用电流通过钨丝将之加热至炽热状态而产生光辐射。二者虽然都属于热辐射光源，但在结构上却有较大的差别，卤钨灯泡内除了充入惰性气体外，还充有少量的卤族元素或与其相应的卤化物，在满足一定温度的条件下，钨和卤族元素之间就会发生可逆的化学反应使灯泡内建立起卤钨再生循环，防止钨沉积在玻壳上，使灯泡在整个寿命期间保持良好的透明度，光通量输出降低很少。

一、卤钨循环

在适当的温度条件下，从灯丝蒸发出来的钨蒸气朝泡壁方向扩散，并与卤素反应形成挥发性的卤钨化合物，当卤钨化合物扩散到灯丝周围时遇到高温又重新分解成卤素和钨，释放出来的钨又沉积在灯丝上，而分解后的卤素再扩散到温度较低的泡壁区域与钨化合，参加下一轮的循环反应。这一过程称为卤钨循环。

理论上所有卤素都能在灯泡内产生卤钨循环，根据灯内所充入的微量卤族元素不同，可制成氟钨灯、氯钨灯、碘钨灯和溴钨灯。这些灯的区别在于产生卤钨循环时发生化学反应所需的温度不同。碘钨灯是卤钨灯中最先取得商业用途的一种，目前技术比较成熟而广泛使用的是碘钨灯和溴钨灯两种。

碘钨灯再生循环的简化机理和过程分别如图 2-7 和图 2-8 所示。碘钨灯接通电源后，钨丝被电流加热，其工作温度一般

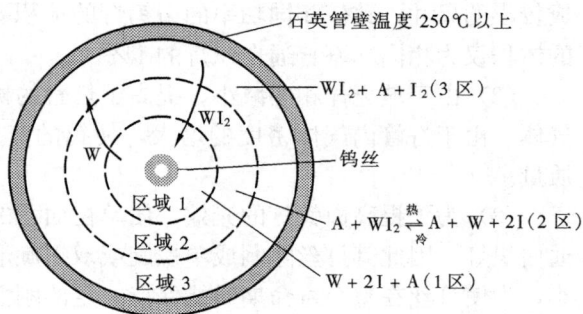

图 2-7　碘钨灯再生循环示意图
W—钨；A—惰性气体；I—碘原子

在 2359～3150℃ 之间，灯管温度不低于 250℃。这样，灯丝与玻壳之间的惰性气体就存在着温度梯度，按温度高低从灯丝径向延伸到泡壁可分为三个温度区域。区域 1 是围绕灯丝的无化学反应区，该区域内的惰性气体 A、蒸发的钨 W、碘原子 I 都以分离的成分存在；区域 2 是钨和碘 I 的可逆反应区，靠近泡壁一边（温度较低）碘 I 与从灯丝蒸发出来的钨化合生成碘化钨 WI_2，靠近灯丝的一边（温度较高）碘化钨会分解成碘 I 和钨 W；区域 3 内没有热分解，只发生碘原子的继续复合，并完成碘化钨的形成。

二、卤钨灯的结构特点

为了保证卤钨循环的正常进行，使管壁处生成的卤化钨处于气态，卤钨灯的管壁温度要比普通白炽灯高得多（碘钨灯不低于 250℃，溴钨灯不低于 200℃），因而其结构与普通白炽

图 2-8 中各标注：

灯管壁最低温度为 250℃

焊泥

钼箔处最高温度为 350℃

$WI_2 + A + I_2$

$A + WI_2 \rightleftharpoons W + 2I + A$

$W + 2I + A$

灯丝支撑架

区域 1　区域 2　区域 3

钨灯丝

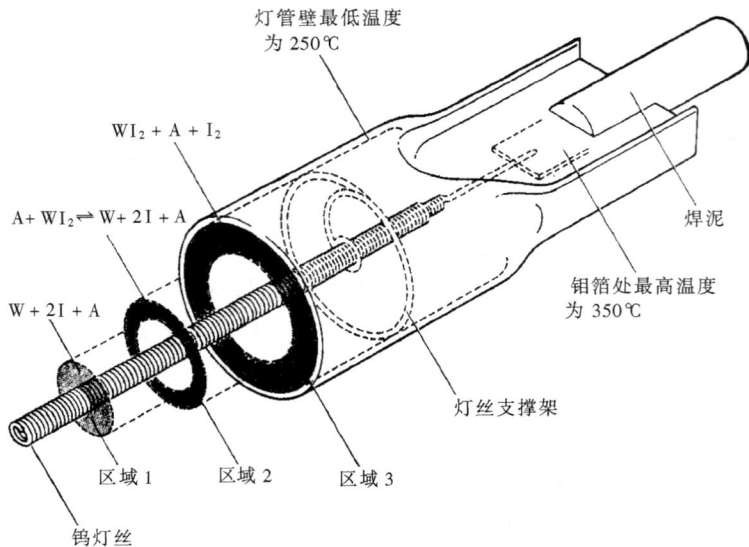

图 2-8　碘钨灯再生循环的简化机理

灯差别较大。其主要特点如下：

（1）为了保持较高的玻壳温度，减少灯内因气体的对流而产生的热损失，提高灯泡的发光效率，卤钨灯的玻壳通常采用耐高温而热膨胀系数小的材料（石英玻璃或硬质玻璃等）做成较小的尺寸，致使相同功率的卤钨灯的体积要比普通白炽灯小得多。例如，500W 卤钨灯的体积仅为相同功率普通白炽灯的 1%。

（2）由于玻壳体积的减小，提高了灯管的机械强度，因而灯管内可充入较大压力的惰性气体。由于灯管内气体密度的增大，使钨的蒸发得到了进一步的抑制，从而提高了灯泡的质量。

（3）为了提高卤钨灯的光效，使单位面积的光通量增大，卤钨灯丝的工作温度要高于普通白炽灯，因此其灯丝除制成单螺旋或双螺旋形状外，一般绕得很密且细长。由于玻壳体积小，为使灯丝在整个寿命期间能保持一定的刚性，不致产生下垂，所以在灯管内设有一些钨质支架圈，以固定灯丝。

（4）由于工作温度高，卤钨灯的引出端与灯管封接时，只能采用高稳定性的钼箔作为导电体。

可见，卤钨灯的结构比较复杂，其制造工艺和材料要求均高于普通白炽灯，因此，卤钨灯成本和价格比普通白炽灯高几倍至几十倍。

三、主要类型及其光电参数

卤钨灯可设计成双端引出（每端各有一个密封）和单端引出（两个密封在同一端）两种型式，分别称为管形卤钨灯和单端卤钨灯。

1. 管形卤钨灯

一般情况下，较大功率的卤钨灯（多为 500W 以上）一般制成管状，图 2-9 是管形卤钨灯的外形结构简图。玻壳制成管状，沿灯管轴线安装单螺旋或双螺旋钨丝。管形卤钨灯的管径一般为 8~10mm 左右，长度为 80~330mm 左右，相应的功率是 100~2000W，色温约为 2700～3200K，光效约为 15～22lm/W，寿命一般为 1500h。管形卤钨灯常用于体育场馆、建筑工地广场、厂房车间、大型会场和歌舞厅的照明。

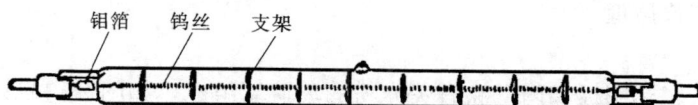

图 2-9　管形卤钨灯外形结构简图

管形卤钨灯在使用过程中要注意以下问题：

（1）管形卤钨灯工作时需水平安装，倾角不得大于±4°，否则卤化物会向一端集中，破坏了卤钨循环，寿命也就大大地缩短。

（2）由于管形卤钨灯正常工作时管壁温度高达 200℃以上，因此不能与易燃物接近，且灯脚引入线应采用耐高温导线。

（3）卤钨灯的引线封口处是全灯最薄弱的环节，使用时要特别小心，避免弯折、扭曲或过大的压力，否则极易造成玻管爆裂漏气或引线在根部折断而使整支灯报废。

（4）卤钨灯灯丝细长又脆，要避免震动和撞击。

2. 单端卤钨灯

单端卤钨灯的引脚与普通白炽灯的相似，从同一方向引出，其外形结构如图 2-10 所示。

单端卤钨灯与管形卤钨灯相比具有体积小、定向性好、装饰性强、安装简便等优点，因此广泛应用于仪器、电影、电视、摄影、柜台、舞台及歌舞厅等商业及艺术装饰照明。近年开始进入家庭住宅照明领域，常见于新型的台灯、落地灯、小型射灯和聚光卤钨灯等。其功率从 10W 到几千瓦都有，色温 3000K 左右，额定电压主要有 6、12、24、36、110、220V 几种，选择和使用方便。

综上所述，卤钨灯由于卤钨循环利用，加上灯管内被充入较高压力的惰性气体而进一步抑制了钨的蒸发，有效地避免了玻壳黑化，卤钨灯在整个寿命期间能始终保持光通量基本不变，使灯的寿命长达 1500～2000h，是普通白炽灯的 1.5 倍；灯管的光效提高到 10～30lm/W，接近白炽灯的两倍；由于灯丝工作温度高，光色得到了改善，其高显色性和色温特别适于电视播放照明以及歌舞厅、剧场、绘画、摄影和建筑物投光照明等。此外它还具有体积小、功率集中等优点，因而可使照明灯具尺寸缩小、便于光的控制。其缺点是价格高、灯丝耐震性差、玻壳温度高，因而不宜用于振动环境及易燃易爆和灰尘较多的场所，也不宜作为移动式局部照明光源。

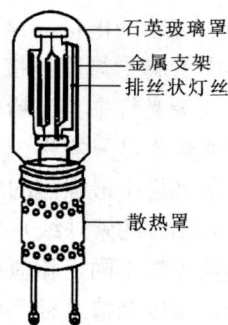

图 2-10　单端卤钨灯外形结构图

第四节　荧　光　灯

荧光灯俗称日光灯，出现于 20 世纪 30 年代的一种新型光源（通常称其为第二代电光源），它的发光原理与白炽灯完全不同，属于低气压汞蒸气弧光放电灯。荧光灯与白炽灯相比，其最突出的优点是发光效率高（约为白炽灯光效的 4 倍）、使用寿命长（约为白炽灯寿命的 2～3 倍）和光色好。所以，从 1936 年产生至今，荧光灯光源业已经形成一个庞大的工业体系，产品种类繁多，仍在不断的发展之中。目前，荧光灯的应用十分广泛，已成为主要的一般照明光源。

一、结构及工作原理

1. 结构特点

荧光灯由灯头、热阴极和内壁涂有荧光粉的玻璃管组成，如图 2-11 所示。

灯管由玻璃制成，内壁涂有荧光粉，两端装有钨丝电极，为了减少电极的蒸发和帮助灯管启燃，灯管抽成真空后封装气压很低的汞蒸气和惰性气体（如氩、氪、氖等）。

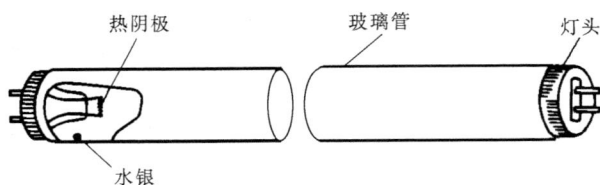

图 2-11 荧光灯管的构造

在交流电源下，灯管两端的电极交替起阴极（供给电子）和阳极（吸收电子）的作用，故有时将电极统称为阴极。阴极通常用钨丝绕成螺旋形状，并在上面涂有电子发射物质（以钡、锶、钙等金属为主的氧化物），这些金属氧化物具有较低的溢出功，以便使阴极在较低的温度下就能产生热电子发射。

灯管的电极与两根引入线焊接并固定在玻璃芯柱上，引入线与灯的两根管脚连接，在灯具中管脚与灯座连接以引入电流。

荧光灯中荧光粉的作用是把它所吸收的紫外辐射转换成可见光。因为在最佳辐射条件下，普通荧光灯只能将 3% 左右的输入功率通过放电直接转变为可见光，63% 以上转变为紫外辐射。在荧光灯中最强烈的原子辐射谱线为 253.7nm 和 185.0nm 的紫外线光，这些紫外线（尤其是 253.7nm 的紫外线）射向灯管内壁的荧光粉时，将发生光致发光，产生可见光辐射。管内壁涂的荧光粉不同，相应的荧光灯的光色（色温）和显色指数也不同。如果单独使用一种荧光物质，可以制造某种色彩的荧光灯，如蓝、绿、黄、白、淡红和金白等彩色荧光灯。有些荧光粉只要改变其构成物质的含量，即可得到一系列的光色，如日光色、冷白色、白色、暖白色等荧光灯。若把几种荧光物质混合使用，可得到其它的光色，如三基色荧光灯等。

多年来使用最广泛的荧光粉是卤磷酸钙荧光粉，它的价格比较低，发光效率较高，易于大量生产，但显色性稍差，显色指数一般为 50~70 左右。近年来，随着电光源技术的发展，针对卤磷酸钙荧光灯显色性不够理想这一缺点，在日本最先开发了使用三基色荧光粉制成的色温为 5000K 的三基色荧光灯。三基色荧光粉含有钇（Y）、铕（Eu）、铈（Ce）等稀土元素，并由红粉、绿粉（其主要作用是提高光源的光效）和蓝粉三种荧光粉按一定的比例制成，其发光效率和显色性均比卤磷酸钙荧光粉大为提高，光效可达 100lm/W 以上，显色指数在 80 以上甚至达到 90。后来，在对 5000K 三基色荧光灯进行深入研究的过程中发现，若改变这三种荧光粉的混合比例，还会制造出其它不同光色的新型高效光源，如有类似灯泡暖光效果的三基色荧光灯（2700~3000K）、有春意盎然的中性白色光的三基色荧光灯（4000~5000K）、有清爽明亮的日光色三基色荧光灯（6200~6700K）。但是由于其价格昂贵，一般情况下，同样规格的三基色荧光灯的价格约为卤粉荧光灯的 2~3 倍甚至更高，所以三基色荧光灯尚未能广泛推广使用。

2. 工作原理

热阴极荧光灯的工作电路由灯管、镇流器和启辉器组成，如图 2-12 所示。

其工作原理如下：当合上开关 S1 后，电源电压全部加在启辉器 S2 上，启辉器 S2 产生辉光放电而发热，其中的双金属片受热膨胀变形，使触点闭合，接通阴极电路预热灯丝。双金属片触点闭合后，辉光放电停止，经 1～2s 的时间后，双金属片冷却收缩将触点弹开分离，就在这一瞬间，串联在电路中的镇流器 L（为一电感线圈）产生较高的自感电动势，加在灯管两端，因阴极被预热后已发射了大量的电子，就使管内气体和汞蒸气电离而导电。汞蒸气放电时产生的紫外线激发灯管内壁的荧光物质发出可见光。灯管启燃后，电源电压就分布在镇流器和灯管上，灯管两端的电压降远远低于电源电压，致使启辉器上的电压达不到启辉电压而不再启辉。镇流器在灯管预热和启燃后，都起着限制和在一定程度上稳定预热及工作电流的作用。

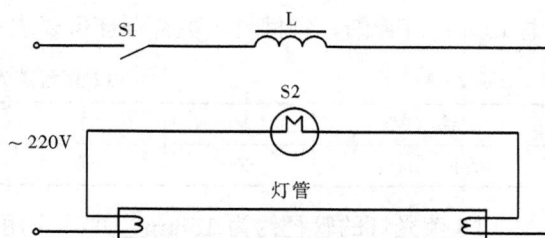

图 2-12　荧光灯的工作电路

二、荧光灯的主要类型

荧光灯种类很多，分类方法也很多，这里只介绍工程中常用的分类方法。

1. 按启动线路方式分类

（1）预热式：这种灯多采用启辉器预热阴极，并施加反冲电压使灯管点燃。

（2）快速启动式：灯管经特殊设计，镇流器内附加灯丝预热回路，提高镇流器的工作电压（高于启动电压），灯管在施加电源电压后约 1s 就可启动。

（3）冷阴极瞬时启动式：这种灯是利用漏磁变压器产生的高压瞬时启动，因此电极不需要预热，灯管可瞬时启动。

2. 按灯管工作电源的频率分类

（1）工频灯管：工作在电源频率为 50Hz 或 60Hz 回路的灯管，一般与电感镇流器配套使用。目前市场以此灯为主。

（2）高频灯管：工作在电源频率为 20～100kHz 高频状态下的灯管，高频电流是与其配套的电子镇流器产生的。

（3）直流灯管：工作在直流状态下的灯管。点灯回路从市电取用工频（50Hz 或 60Hz）交流电源经整流成直流后向灯管供电。

3. 按灯管形状和结构分类

（1）直管荧光灯。直管荧光灯是产量和使用量最大的一般照明光源，而且品种繁多。工程上常按其管径（灯管直径）的大小进行分类，早期的荧光灯采用 T12 玻管，之后逐渐减小为 T10、T8、T5，目前使用的产品主要有 T8、T5 两种，其中 T 代表 1/8in，即 3.175mm，而 T12、T8 和 T5 三种荧光灯管的直径约为 T 后面的数字乘以 3.175mm。

T12 荧光灯的管径约为 38mm，T8 荧光灯的管径约为 25mm，T8 荧光灯是 T12 的改良型。二者的共同特点主要有两个：一是灯的镇流器、灯座和灯头完全匹配，因而其主要规格大致相同（如表 2-3 所示）；二是两者都采用卤磷酸钙荧光粉，只要改变荧光粉中的锑（Sb）和锰（Mn）的比例，都可以制成色温为 6500K 的日光色至 3000K 的暖白色之间多种光色的荧光灯。但是 T8 荧光灯与 T12 相比却具有以下显著优点：光效更高，一般情况下，光效在 60lm/W 以上；更省电，例如 T8 系列 36W 日光灯相当于 T12 系列 40W 荧光灯，省电 10%；灯管细，省材料，更符合环保要求；使用寿命长，寿命高达 8000h。

表 2 - 3　　　　　　　　　　　**T12 直管荧光灯的主要规格**

功率（W）	20	30	40	65	75/85	125
管长（mm）	600	900	1200	1500	1800	2400

　　T5 荧光灯的管径约为 15mm，并且采用三基色荧光粉。T5 荧光灯与 T8 荧光灯相比，其特点主要有以下几个方面：显色性好，显色指数一般在 85 以上；光效高，一般可达 85～96lm/W；节约电能约为 20%；寿命长，达 7500h（国内产品）和 9000h（国外产品）。

　　但需要说明的是，T5 荧光灯属于高科技产品，是 21 世纪荧光灯的发展方向，国内外电光源生产企业的工程技术专家都在积极开发和推广应用 T5 荧光灯。问题是 T5 灯与 T8 灯的电子镇流器、灯座和灯头不能匹配。目前，我国的 T5 荧光灯的镇流器、灯座、灯具产品还处在研究开发阶段，技术不成熟，因而价格昂贵，这就限制了它的推广使用。

　　（2）高光通单端荧光灯。在灯管的一端有 4 个插脚，与直管荧光灯相比具有结构紧凑、光通输出高、光通维持好、灯具内布线简单等优点，其灯具主要用于室内有吊顶装饰的场所，主要规格如表 2-4 所示。

表 2 - 4　　　　　　　　　　**高光通单端荧光灯的主要规格**

功率（W）	18	24	36	40	55
管长（mm）	255	320	415	535	535

　　（3）环形荧光灯。环形荧光灯是针对直管荧光灯安装不便和装饰性差的缺点，在近些年开始出现的一种荧光灯，其外形如图 2-13 所示。图 2-13（a）为普通环形荧光灯，使用时须外接配套镇流器和启辉器；图 2-13（b）为一体化电子节能环形荧光灯，它是将配套使用的镇流器和启辉器与灯一体化了。环形荧光灯与直管荧光灯相比，其优点是光源集中、照度均匀及造型美观，可用于民用建筑、机车车厢及家庭居室照明。

（a）　　　　　　　　　　　　　　　　（b）

图 2 - 13　环形荧光灯外形图

（a）普通环形荧光灯；（b）一体化电子节能环形荧光灯

　　（4）紧凑型荧光灯。紧凑型荧光灯又称为异形荧光灯。它是针对直管荧光灯结构复杂（需配套镇流器和启辉器）、灯管尺寸较大等缺点，研制开发出来的新一代电子节能灯，其外形独特款式多样，利用细管灯管 9～16mm 弯曲或拼结成一定的形状，缩短放电管的线形长度，以获得结构紧凑的优势；配以小型电子镇流器和启辉器，将美观的外形设计与现代电子科技结合起来，使整灯外观协调、灵巧。荷兰飞利浦公司早在 1974 年就率先开始研制紧凑型荧光灯，

1979 年试制成功。紧凑型荧光灯是一种整体形的小功率荧光灯,它把白炽灯和荧光灯的优点集于一身,并将灯与镇流器、启辉器一体化,所以,其外形类似普通照明白炽灯泡,体积比普通照明白炽灯泡略大。该灯具有寿命长(国外产品的使用寿命已达 8000~10000h)、光效高和节能(同样光输出的前提下,耗电仅为白炽灯的 1/4)及光色温暖、显色性好、使用方便等特点,可直接装在普通螺口或插口灯座中替代白炽灯。紧凑型荧光灯主要形式如图 2-14 所示。

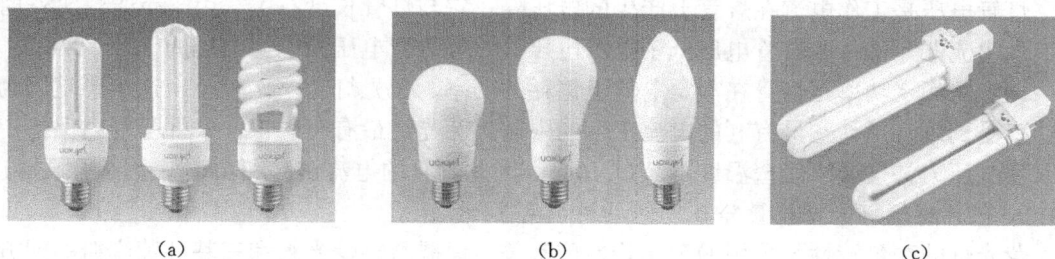

图 2-14 几种紧凑型荧光灯
(a) 一体化系列荧光灯;(b) 灯泡型、烛光型和球泡型荧光灯;(c) 插拔系列荧光灯

图 2-14(a)为一体化系列荧光灯,将镇流器等全套控制电路封闭在灯的外壳内,主要有 2U、3U、2D、螺旋等外形,是新一代一体化电子节能灯,其显著特点是外形独特、款式多样、功效高、寿命长。

图 2-14(b)为灯泡型、烛光型和球泡型荧光灯,是在原 2U、3U 外露型系列的基础上形成的,表面采用乳白玻璃磨砂处理,使光线更加柔和舒适。利用细管径(9mm)灯管紧凑优势,配以小型电子镇流器,将美观的外形设计与现代电子科技结合起来,使整灯外观协调、灵巧,并保证高功效、长寿命。

图 2-14(c)为插拔系列荧光灯,灯管与控制电路分离,需用特制灯头,主要形式有 U 形、2U 形、H 形、2H 形、2D 形等。

由于紧凑型荧光灯品种多样化、规格系列化(如表 2-5 所示),并且能与各种类型的灯具配套,可制成造型新颖别致的台灯、壁灯、吊灯、吸顶灯和装饰灯,日益广泛用于商场、写字楼、饭店及许多公共场所的照明,并开始进入家庭照明的领域。

表 2-5 　　　　　　　　　　　　　　　　　紧凑型荧光灯类型

型　号	功　率　(W)	型　号	功　率　(W)
H 形	5、7、9、11、18、24、35	2π 形	10、13、18、26
环形	15、22、35、40	四边形	13、16、28、38
2H 形	10、13、18、26	U 形	5、7、9、11、18、24、35
球形	16、20	2U 形	10、13、18、26
双曲形	9、13、18、25	UH 形	9、13、16
W 形	11、13、16	3U 形	16、28
II 形	5、7、9、11、18、24、36	2D 形	16、28、38
六边形	13、16、28、38	Y 形	13、16

由于紧凑型荧光灯的管径小(管径只有 9mm),单位荧光粉层面积受到的紫外辐射强度很大,若仍然使用卤磷酸钙荧光粉,则灯的光通量衰减很大,即灯的有效寿命短,所以必须采用三基色荧光粉。这样一来就导致其成本高、价格较昂贵,从而制约了这种节能优质电光源在家庭照明领域的进一步推广。

三、荧光灯的参数及其工作特性

1. 额定电流、灯管电压和灯管功率

荧光灯的额定电流分额定工作电流和额定启动电流。额定工作电流是根据灯管功率、灯管结构和最有利的电流密度而决定的。额定启动电流一般比灯管额定工作电流大，其作用是在启动时将灯丝预热，以保证在短时间内将灯丝预热到一定的温度。

灯管电压是工作电流在灯管上产生的电压降，它与灯管长度有关。由于荧光灯工作时必须串入镇流器元件，故灯管电压低于电源电压，一般灯管电压为电源电压的 1/2～2/3。

灯管的额定功率是灯管在额定电流下消耗的功率。荧光灯功率比较小，这主要是因为灯管功率受到灯管尺寸和最有利的电流密度的限制。荧光灯最有利的工作条件是管内保持一定的汞蒸气压力，这要求管壁温度不超过 40℃。因此灯管的电流密度和功率就受到了限制。

2. 颜色特性（光谱能量分布、色温和显色性）

荧光灯的颜色特性与采用的荧光粉性质有关，卤磷酸钙荧光粉和三基色荧光粉的配方不同，其光谱能量分布不同，因而得到的光色、色温和显色指数也不相同，其中最典型的是三种标准的白色，即暖白色（2900K）、冷白色（4300K）、日光色（6500K），无论哪种荧光粉都可以调配出这三种标准的白色。

图 2-15 为涂有卤磷酸钙荧光粉的荧光灯的光谱能量分布，三种标准白色的荧光灯均具有较多的连续光谱，一般显色指数 R_a 为 50～70。

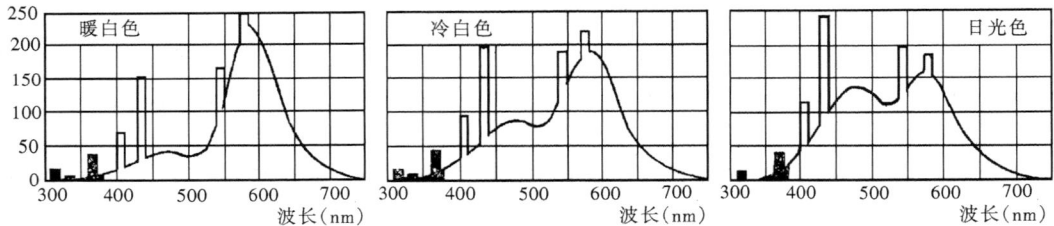

图 2-15 卤粉荧光灯的光谱能量分布

图 2-16 为涂有三基色荧光粉的荧光灯的光谱能量分布，其特点是线光谱较多，一般显色指数 R_a 为 80～85。

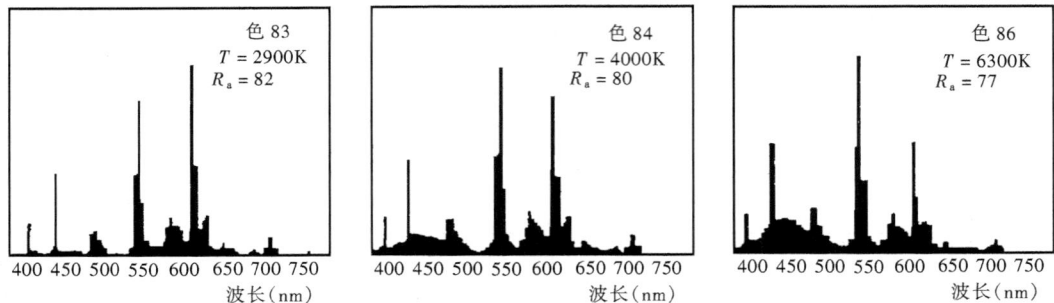

图 2-16 三基色荧光灯的光谱能量分布

图 2-17 为涂有三基色多光谱带荧光粉的荧光灯的光谱能量分布，其一般显色指数 R_a 则可超过 90。

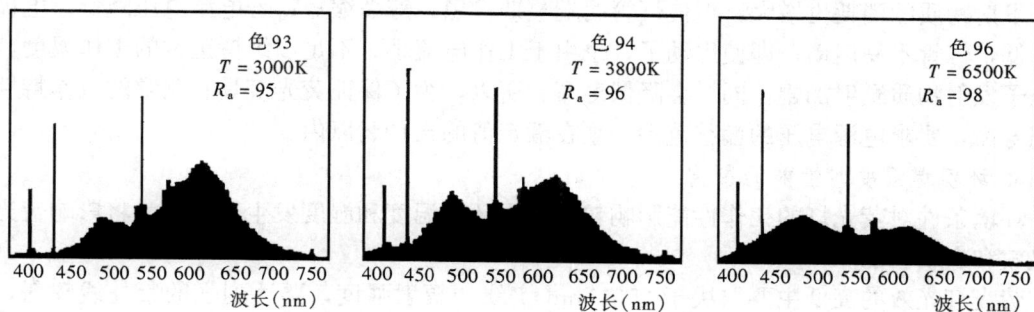

图 2-17 三基色多光谱带荧光灯的光谱能量分布

3. 光通量与发光效率

荧光灯在使用过程中光通量会有明显的衰减现象，点燃 100h 后光通量输出比初始光通量输出下降 2%～4%，以后光通量下降就比较缓慢。因此荧光灯的额定光通量一般是指点燃了 100h 时的光通量输出值，对照明要求极高的场所有时甚至取点燃了 2000h 后的光通量输出作为计算依据。荧光灯光通量衰减的主要原因有：由于荧光粉的老化而影响光致发光的效率；由于管内残留不纯气体的作用使荧光粉黑化；由于电极电子物质的溅射使管端黑化；灯管老化使之透光比下降等。

荧光灯的发光效率很高，一般为 27～82lm/W。荧光灯的光效与使用的荧光粉的成分有很大关系，通常情况下，三基色荧光粉的转换效率最高，多光谱带三基色荧光粉的转换效率最低，而卤磷酸钙荧光粉的转换效率则介于二者之间，因此三基色荧光灯的光效最高，比普通荧光灯要高出 20% 左右。

4. 寿命

荧光灯的寿命一般是指有效寿命，即荧光灯使用到光通量只有其额定光通量的 70% 时为止。国产普通荧光灯的寿命约为 3000～5000h。

影响荧光灯光通量输出的一系列因素都间接地影响着荧光灯的寿命，其中主要因素是阴极电子发射物质的飞溅程度。实验表明：荧光灯启动时阴极上的电子发射物质飞溅最为剧烈，因此频繁开关荧光灯会大大增加电子发射物质的消耗，从而降低其使用寿命。通常情况下，荧光灯在进行寿命试验时规定每 3h 开关一次，若将开关次数增加，则寿命明显下降。例如每半小时开关一次，则寿命将下降一半。因此，频繁开关照明灯的场所不适宜选用荧光灯。

5. 电压特性

一般来说，荧光灯的灯管电流、灯管电功率和光通量基本上与电源电压成正比，而灯管电压和光效却与电源电压近似成反比。所以，当电源电压变化时，都会不同程度地影响到灯管的性能（如图 2-18 所示），其中倍受关注的应当是对灯管寿命的影响，因为不论电压过高或过低，都会使荧光灯的寿命下降。若电源电压过高，灯管工作电流增大，电极温度升高，

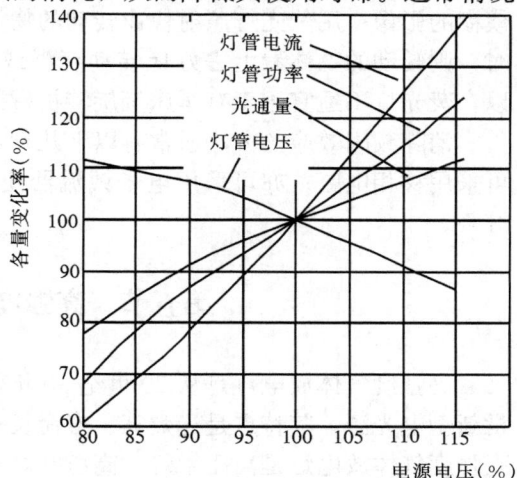

图 2-18 荧光灯光电参数随电源电压的变化

电子发射物质的消耗也增大，促使灯管两端早期发黑，寿命缩短；若电源电压降低，电极温度降低，灯管不易启动；即使启动了，也由于工作电流小，不足以维持正常的工作温度，导致电子发射物质溅射加剧，同样会降低寿命。所以，为了保证荧光灯具有正常的工作特性和使用寿命，要求电源电压的偏移范围必须在额定值的±10%以内。

6. 环境温湿度对性能的影响

环境条件对荧光灯的工作性能影响较大，当环境温度和湿度发生变化时，将影响荧光灯的光效和启动性能。

荧光灯光效的高低主要取决于253.7nm谱线的辐射强度，要达到强的紫外线辐射，就必须保持灯管内有最佳的汞蒸气压力，而环境温度却对汞蒸气压力有较大的影响。实验表明，若灯管工作时管壁最冷部分的温度约为40℃时，管内就能达到最佳汞蒸气压力，相应的环境温度约为20~35℃，此时灯管的发光效率最高。当环境温度过高时，管内汞蒸气压力会增高，253.7nm的紫外线辐射就会减弱，光效随之下降，故环境温度应低于35℃为宜；当环境温度过低时，汞蒸气压力会下降，紫外线辐射也会减弱而使光效下降。此外，环境温度过低（一般低于10℃）还会造成荧光灯启动的困难，而当环境温度低于5℃时对荧光灯的工作就极为不利了。

环境湿度过高（75%~80%）将影响荧光灯的启动和正常工作。因为环境湿度增高时，悬浮在空气中的水分子就会在灯管表面形成一层潮湿的薄膜，该薄膜相当于一个电阻跨接在灯管的两个电极之间，降低了荧光灯启动时两极间的电压，使荧光灯启动困难。一般情况下，环境相对湿度低于60%时荧光灯可以正常工作，而达到70%~80%时对荧光灯的工作就极为不利了。

由此可见，对于环境温湿度变化范围较大的场合来说，不宜使用荧光灯照明，这也是荧光灯目前主要大量用于环境条件较好的家庭、办公室、学校、医院等室内照明的原因。

7. 闪烁与频闪效应

用交流电点燃荧光灯时，在电源各半个周期内，随着电流的增减，荧光灯的光通量发生周期性的明暗变化，因此荧光灯工作时，其光通量将以两倍的电源频率闪烁。由于荧光粉的余辉作用，肉眼一般感觉不易察觉闪烁的存在，但当使用荧光灯照射快速运动的物体时，往往会降低视觉分辨能力，即产生频闪效应。例如用荧光灯照射快速移动的物体时，只能看到模糊的影像；用荧光灯照射快速转动的物体时，若该物体的转动频率是交流电频率的整数倍时，则转动的物体看上去好像转动变慢或不动了，在这两种情况下，都容易造成事故。所以，荧光灯不适宜用于有车床等旋转机械的场所照明。

消除频闪效应的方法通常有以下几种：双管、三管荧光灯可采用分相供电；单管荧光灯可采用移相电路；亦可采用电子镇流器使荧光灯工作在高频状态，或采用直流供电的荧光灯管。

第五节　高强度气体放电灯（HID灯）

高强度气体放电灯是从20世纪30年代初开始在白炽灯和荧光灯基础上发展起来的一大批新型电光源，其特点是光效高、寿命长、光色较好。目前技术比较成熟且使用比较普遍的高强度气体放电灯是高压汞灯、高压钠灯和金属卤化物灯等。由于这类光源发光管表面的负载超过$3W/cm^2$，故将它们统称为高强度气体放电灯（HID灯）。

一、荧光高压汞灯

1. 结构与原理

高压汞灯主要由灯头、放电管和玻璃外壳等组成，其核心部件是放电管。放电管由耐高温、高压的透明石英玻璃做成，管内抽去空气和杂质后，充有一定量的汞和少量的氩气，里面封装有钨丝制成的主电极和辅助电极，钨丝上涂有电子发射物质，使之具有较好的热电子发射能力。放电管工作时管内的气压可升高到 2～6 个大气压（2×10^5～6×10^5 Pa），管壁温度可达 400～600℃。为了减少热量的损失，使放电管稳定地工作，一般高压汞灯的放电管封装在硬质玻璃制成的外泡中。外泡内也要抽成真空，充入惰性气体，并在外泡的内壁涂有荧光粉，以提高高压汞灯的发光效率或改善光色，故高压汞灯又称为荧光高压汞灯。

常用的照明用高压汞灯有三种类型：普通型荧光高压汞灯、反射型荧光高压汞灯和自镇流荧光高压汞灯。普通型和反射型荧光高压汞灯须与镇流器配套使用，其结构基本相同（如图 2-19 所示），二者不同的是反射型在其外泡内壁上镀有铝反射层，然后再涂荧光粉，使其具有定向反射性能，使用时可不用灯具。自镇流荧光高压汞灯与普通型的主要区别在于，它在放电管和外泡之间装有一个与白炽灯相似的钨丝，该钨丝可以代替外接镇流器，同时也能像白炽灯那样产生可见光，因此自镇流荧光高压汞灯是一个热辐射和气体放电的混光光源。

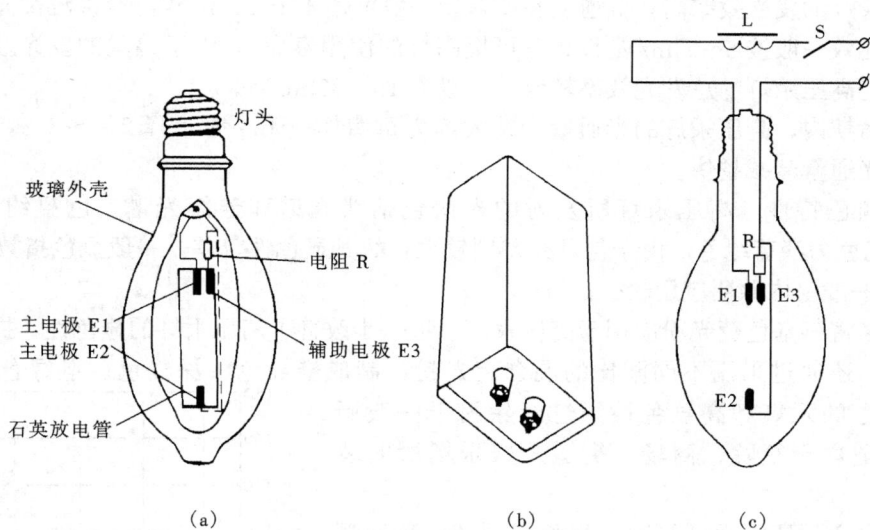

图 2-19 荧光高压汞灯
(a) 结构；(b) 镇流器；(c) 工作电路

普通型和反射型荧光高压汞灯的工作电路如图 2-19 (c) 所示。当开关 S 合上后，首先在辅助电极 E3 和主电极 E1 之间发生辉光放电，产生大量的电子和离子，从而引发两个主电极 E1 和 E2 间的弧光放电，灯管起燃。辉光放电的电流由于受到启动电阻 R（40～60kΩ）的限制，使主、辅电极之间的电压远低于辉光放电所需要的电压，所以弧光放电后辉光放电立即停止。在起燃的初始阶段，放电管内的气压较低，放电只是在氩气中进行，产生的是白色的光。随着放电时间的增加，放电管的温度不断升高，汞蒸气的压力也逐渐上升，于是放电也逐渐转移到在汞蒸气中进行，发出的光也逐渐地由白色变为更明亮的蓝绿色。

2. 基本性能

（1）启燃与再启燃。高压汞灯的启动首先从主电极和辅助电极之间的辉光放电开始，随后过渡到两个主电极之间弧光放电，从启燃到灯管稳定工作大约需要 4～8min 的启动时间，启动过程中光电参数均发生较大的变化，如图 2-20 所示。

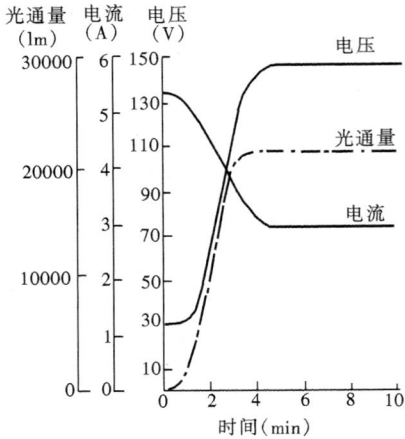

图 2-20　高压汞灯的启燃特性

此外，在低温环境中，高压汞灯的启动将较困难，甚至不能启动。

高压汞灯在工作中熄灭以后不能立即再启动，其再启动时间大约需要 5～10min。因此在运行中，为了避免灯的熄灭，最大允许电源中断时间为10～15ms。而在实际应用中，供电电源自动切换时间一般要长得多，所以在发生供电电源自动切换时高压汞灯将要熄灭。

（2）光通量输出和发光效率。高压汞灯的光通量输出和发光效率随点燃时间的增加而下降，所以通常所说的灯的光通量输出和发光效率是指点燃了 100h 以后的数值，它们主要取决于灯的设计和制造工艺。

高压汞灯的发光效率高，普通型和反射型一般可达 40～60lm/W，自镇流荧光高压汞灯内钨丝的光效一般按 5～7lm/W 设计（可提高灯的使用寿命），由于钨丝的发光效率低，故自镇流荧光高压汞灯的总发光效率较低，一般为 12～30lm/W。

在寿命期内，高压汞灯的光通量衰减大约为每增加一千小时下降 2%～3%，且灯的功率越小，光通量衰减越快。

（3）颜色特性。高压汞灯所发射的光谱包括线光谱和连续光谱，色温约为 5000～5400K，光色为淡蓝绿色，由于与日光差别较大，故其显色性较差，一般显色指数仅为 30～40 左右，一般室内照明应用较少。

近年来将三基色荧光粉应用于高压汞灯，进一步改善了高压汞灯的显色性，提高了灯的发光效率。还通过采用不同配比的混合荧光粉，制成橙红色、深红色、蓝绿色和黄绿色等不同光色的汞灯和高显色性汞灯，除用于一般照明外，还适用于庭院、商场、街道及娱乐场所的装饰照明。

（4）寿命。高压汞灯的寿命很长，国产的普通型和反射型的有效寿命可达 5000h 以上，自镇流荧光高压汞灯一般为 3000h（钨丝寿命低，钨丝烧断则整个灯就报废），而国际先进水平已达 24000h。影响高压汞灯寿命的主要原因有：管壁的黑化引起的光衰；电极电子发射物质的消耗；启燃频繁等。

（5）电源电压变化的影响。高压汞灯对电源电压的偏移非常敏感，会引起光通量、电流和电功率的较大幅度的变化，图 2-21 为 400W 荧光高压汞灯各参数随电源电压变化的曲线。灯在使用中允许电源电压有

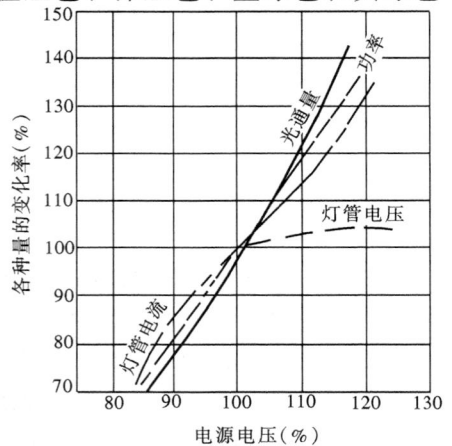

图 2-21　400W 荧光高压汞灯参数随电源电压变化的曲线

一定的变化范围，但电压过低时灯可能熄灭或不能启动，而电压过高时也会使灯因功率过高而熄灭，从而影响灯的使用寿命。

总之，高压汞灯的突出优点是光效高、亮度高、寿命长。但由于一般的高压汞灯其显色性较差，故很少用于一般室内的照明，而在广场、车站、街道、建筑工地及不需要仔细分辨颜色的高大厂房等需要大面积照明的场所得到了广泛的应用。

二、金属卤化物灯

这种灯是 20 世纪 60 年代在高压汞灯基础上发展起来的一种新型光源，由于其放电管内填充的放电物质是金属卤化物，所以称其为金属卤化物灯，充入不同的金属卤化物，可制成不同特性的光源。

1. 结构与原理

用于普通照明的金属卤化物灯其外形和结构与高压汞灯相似（如图 2-22 所示），只是在放电管中除了像高压汞灯那样充入汞和氩气外，还填充了各种不同的金属卤化物。金属卤化物灯主要靠这些金属原子的辐射发光，再加上金属卤化物的循环作用，获得了比高压汞灯更高的光效，同时还改善了光源的光色和显色性能。

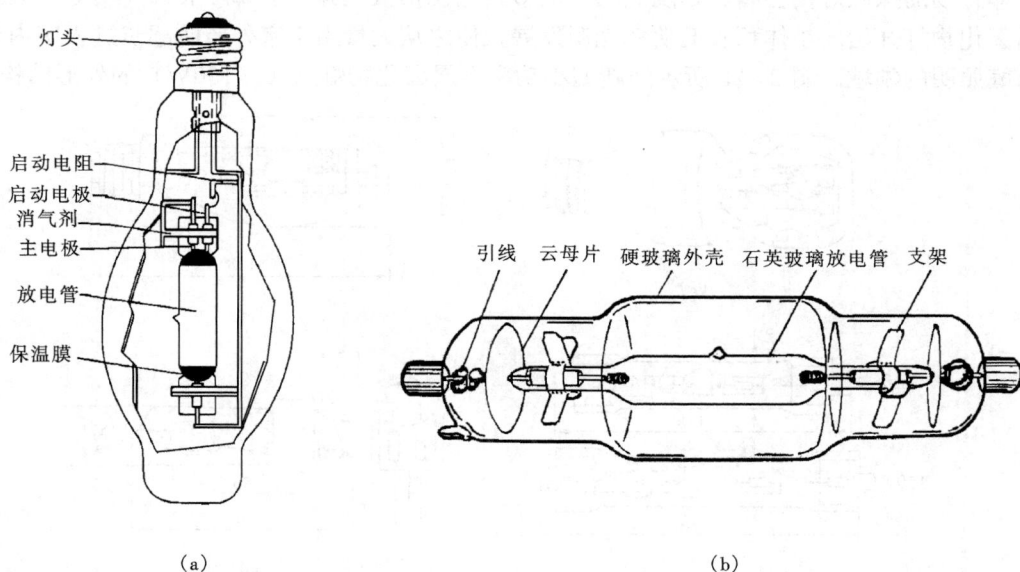

图 2-22 金属卤化物灯结构示意图

金属卤化物灯的发光原理与高压汞灯相似。灯启动点燃后，灯管放电开始在惰性气体中进行，灯只发出暗淡的光，随着放电继续进行，放电管产生的热量逐渐加热玻壳，使玻壳温度慢慢升高，汞和金属卤化物随玻壳温度的上升而迅速蒸发，并扩散到电弧中参与放电，当金属卤化物分子扩散到高温中心后分解成金属原子和卤素原子，金属原子在放电中受激发而发出该金属的特征光谱。

2. 主要种类和基本参数

目前用于照明的金属卤化物灯主要有三类，充入钠、铊、铟碘化物的钠铊铟灯，充入镝、铊、铟碘化物的镝灯和充入钪、钠碘化物的钪钠灯。

（1）钠铊铟灯。钠铊铟灯在点燃时，是由钠、铊、铟三种金属原子发出线状光谱叠加而成，其谱线是 589～589.6nm 和 535nm，都位于光谱光效率的最大值的附近，所以灯的发光效率很高，可达到 80lm/W，色温约为 5500K，平均显色指数为 60～70。

钠铊铟灯的缺点是光效和光色的一致性差，即同型号同功率的灯其光色和光效可能有较大的差别；此外，在高温工作状态下，钠会对石英管壁产生腐蚀和渗透，使灯内的钠慢慢减少，使光效和光色产生变化。

（2）镝灯。镝是稀土类金属，充入金属卤化物灯内能在可见光区域发出大量密集光谱谱线，由于其谱线间隙很小，可以认为是连续的，光谱与太阳相近，所以镝灯可以得到类似日光的光色，显色性很好，显色指数可达 90，光效达 75lm/W 以上。

（3）铊钠灯。铊钠灯在点燃时，钠发出强谱线，而铊发出许多连续的弱谱线，因而铊钠灯的发光效率也较高，可达 80lm/W，其显色性较好，显色指数为 60～70。

总之，金属卤化物灯的主要特点是发光效率高、光色好、显色指数高、体积小，适用于各种场所的一般照明、特种照明和装饰照明。但由于金属卤化物灯目前仍存在启动设备复杂、寿命较短、不适宜频繁启动和价格昂贵等不足之处，现在金属卤化物灯主要应用于机场、体育场的探照灯，公园、庭院照明，电影、电视拍摄光源和歌舞厅装饰照明等。近年来金属卤化物灯开始向小体积和低功率光源发展，使之从大量用于室外照明逐步进入室内照明及家庭照明的领域。图 2-23 所示为新型小功率金属卤化物灯（30～150W）的外形结构。

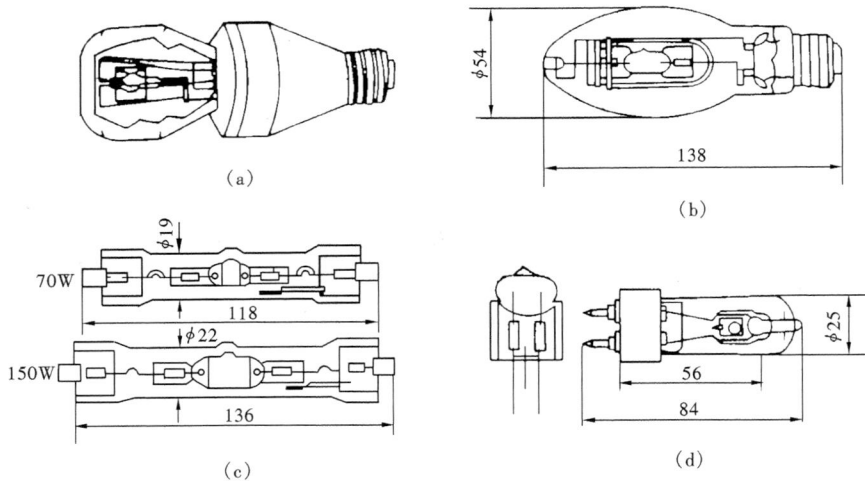

图 2-23　小功率金属卤化物灯的外形结构

3. 工作特性

（1）启燃与再启燃。与高压汞灯一样，金属卤化物灯也有一个较长的启动过程。由于金属卤化物比汞难蒸发，因此金属卤化物灯的启燃和再启燃时间要比高压汞灯略长一些，从启动到光电参数基本稳定一般需要 4min 左右，而达到完全的稳定则一般需要 15min 的时间；在关闭或熄灭后，需等待 10min 左右才能再次启动。

（2）电源电压变化的影响。电源电压发生变化时，灯的参数会发生较大的变化。图 2-24 为钠铊铟灯参数随电源电压变化的曲线。

电源电压变化还将影响灯的光效和光色，例如钠铊铟灯在电源电压变化 10% 时，色温将降低 500K 或升高 1000K。电源电压突降还可能导致灯的自熄。所以要求电源电压变化不宜超过额定值的±5%。

4. 灯的点燃位置

金属卤化物灯的点燃位置变化，将引起灯的电压、光效和光色的变化。故产品说明书上都注明灯的点燃位置，在使用过程中，应尽量保证按指定位置点灯，以获得最佳特性。

三、高压钠灯

高压钠灯是利用高压钠蒸气放电发光的一种高强度气体放电光源。

1. 构造与原理

高压钠灯的结构与高压汞灯相似，但由于钠金属对石英玻璃有较强的腐蚀作用，因此放电管采用半透明的多晶氧化铝陶瓷制作，并且管径较小以提高光效。放电管两端各装有一个工作电极，管内抽真空后充入一定量的钠、汞和氙气，放电管外套装有一个透明的玻璃外管，以使放电管保持在最佳的温度（250~300℃）下，外泡壳抽成高度真空，以减少外界环境的影响；为防止雨滴飞溅到工作中的钠灯外管上而引起炸裂，外管用耐热冲击的硼酸盐玻璃制作。高压钠灯的结构示意图如图 2-25 所示。

高压钠灯为冷启动，没有启动辅助电极，启燃时两工作电极之间要有 1000~2500V 的高压脉冲，因此必须附设启燃触发装置。触发装置可以装在高压钠灯的放电管和外管之间（如图 2-25 中的双金属片、电阻和触头），也可以外接触发器。

当高压钠灯接通电源后，启动电流通过双金属片及其触点和加热电阻。电阻发热使双金属片触点断开，在断电的一瞬间，镇流器（外接的）产生很高的脉冲电压，使其放电管击穿放电，开始放电时是通过氙气和汞进行的，所以起燃初始，灯光为很暗的红白辉光。随着放电管内温度的上升，从氙气和汞放电向高压钠蒸气放电过渡，经过 5min 左右趋于稳定，稳定工作时光色为白金色。启动后，靠灯泡放电的热量使双金属片触头保持断开状态。

高压钠灯的启燃时间一般为 4~8min，灯熄灭后不能立即再点燃，大约需要 10~20min 让双金属片冷却使其触点闭合后，才能再启动。

2. 基本性能

因为在高压钠灯发出的光中 589nm 及其附近的谱线比较强烈，因此光色呈黄色，色温只有 2000~2100K，显色性较差，一般显色指数仅为 20~25。但该谱线的光具有高的光谱光效率（集中在人眼感觉较灵敏的范围内），因此它的光效很高，光效高达 90~130lm/W。此外高压钠灯还具有体积小、亮度高、紫外线辐射量少、透雾性好、

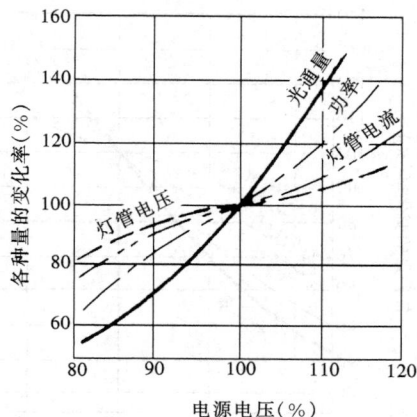

图 2-24　400W 钠铊铟灯参数随电源电压变化的曲线

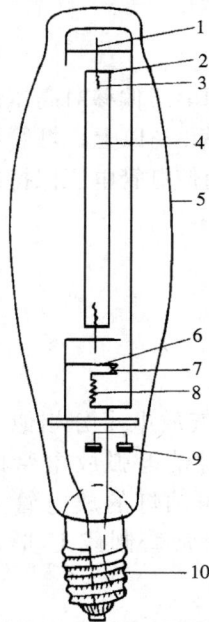

图 2-25　高压钠灯构造示意图

1—铌排气管；2—铌帽；3—钨丝电极；4—放电管；5—外泡壳；6—双金属片；7—触头；8—电阻；9—钡钛消气剂；10—灯帽

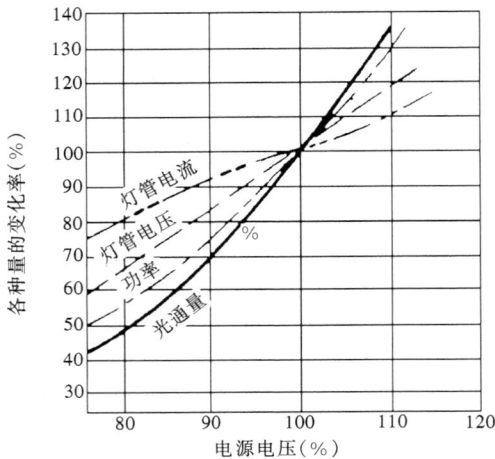

图 2-26 400W 高压钠灯参数随电源
电压变化的曲线

寿命长等优点，很适合交通照明，如主要交通道路、航道、机场跑道等需要高亮度、高效率场所的照明，室内照明领域很少使用。

针对高压钠灯显色性较差这一主要缺点，在普通高压钠灯的基础上，只要适当提高管内气压，就可以提高灯的显色性能，但光效会有所下降。例如改显型高压钠灯，其显色指数可提高到 60 左右，色温也提高到了 2300～2500K，光效与普通型相比则约下降 25%；高显型高压钠灯的色温可上升到 2500～3000K，一般显色指数可达到 80 左右，其光效将进一步下降。改显型和高显型高压钠灯可用于商业、体育场馆、娱乐场所等需要高显色性和高照度的场所的照明。

3. 电源电压变化的影响

高压钠灯参数随电源电压变化的曲线如图 2-26 所示。

高压钠灯的灯管工作电压随电源电压的变化而发生较大变化；电源电压偏移对高压钠灯的光输出影响也较为显著，大约为电压变化率的两倍；若电压突然降落 5% 以上，灯管可能自熄。为保证高压钠灯能稳定工作，对它的镇流器有特殊的要求，从而使灯管电压保持在稳定的工作范围内。

第六节　低　压　钠　灯

一、结构

低压钠灯是一种低气压钠蒸气放电灯，其放电特性与低压汞蒸气放电十分相似。低压钠灯主要由放电管、外管和灯头组成。由于钠的熔点比汞高，对钠电弧放电管的要求一是要耐高温，二是表面不会受钠金属和钠蒸气腐蚀，所以低压钠灯的放电管多由抗钠腐蚀的玻璃管制成，管径为 16mm 左右，为避免灯管太长，常常弯制成 U 形，封装在一个管状的外玻璃壳中；管内充入钠和氖氩混合气体，在 U 形管的外侧每隔一段长度吹制有一个存放钠球的凸出的小窝；放电管的每一端都封接有一个钨丝电极。套在放电管外是外管，外管通常由普通玻璃制成，管内抽成真空，管内壁涂有氧化铟等透明物质，能将红外线反射回放电管，使放电管温度保持在 270℃ 左右。其构造简图如图 2-27 所示。

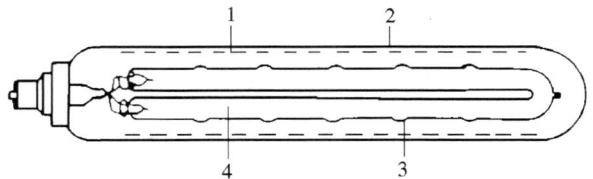

图 2-27　低压钠灯构造简图
1—氧化铟膜；2—抽真空的外玻壳；
3—储钠小凸窝；4—放电管

二、低压钠灯的特点

低压钠灯的辐射原理是低压钠蒸气中的钠原子辐射，产生的几乎是 589nm 的单色光，因此光色呈黄色，显色性能差，但由于低压钠灯发出的光集中在光谱光效率高的范围，即其波长与人眼感受最敏感的555nm光的波长最接近，因而发光效率很高，在实验室条件下可达到400lm/W，成品一般在150lm/W以上，是照明光源中发光效率最高的一种光源。

低压钠灯可以用开路电压较高的漏磁变压器直接启燃，冷态启燃时间约为8～10min；正常工作的低压钠灯电源中断6～15ms不致熄灭；再启燃时间不足1min。低压钠灯的寿命约为2000～5000h，点燃次数对灯寿命影响很大，并要求水平点燃，否则也会影响寿命。

由于低压钠灯的显色性差，一般不宜作为室内照明光源；但可利用其光色柔和、眩光小、透雾能力极强等特点，作为铁路、高架路、隧道等要求能见度高而对显色性要求不高的场所的照明光源。

第七节　场致发光灯和半导体灯

场致发光灯和半导体灯是根据电致发光原理制造的电光源。其优点是耗电省、响应快和便于控制，近年越来越多地用于室内或室外的广告牌或指示牌，组成色彩瑰丽而千变万化的文字或图案，取得了良好的视觉效果。但与其它光源相比，由于其表面较暗，所以不适宜用于一般照明的场合。

一、场致发光灯

场致发光灯通常都组合成平板状，所以又称其为场致发光屏（EL）。场致发光屏通常由玻璃板、透明导电膜、荧光粉层、高介电常数反射层、铝箔和底层的玻璃板叠合而成。发光屏与电极之间距离仅几十微米，因而在市电下，也能达到足够高的电场强度（大于10^4V/cm)，在这样强的电场作用下，自由电子被加速到具有很高的能量，从而激发荧光粉使之发光。

场致发光屏的实际光效不到15lm/W，寿命超过5000h，耗电少，发光条件要求不高，并且可以通过电极的分割使光源分开，做成图案与文字。因此，场致发光屏被用在建筑物中作指示照明或飞机、轮船仪表的夜间显示。

二、半导体灯

半导体灯又称发光二极管（LED），其发光原理是对二极管P－N结加正向电压时，N区的电子越过P－N结向P区注入，与P区的空穴复合，从而将能量以光子的形式放出。半导体P－N结的电致发光原理决定了发光二极管不可能产生具有连续谱线的白光，同样单只发光二极管也不可能产生两种以上的高亮度单色光，因而半导体光源要产生白光只能先产生蓝光，再借助于荧光物质间接产生宽带光谱，合成白光。

半导体灯具有体积小、重量轻、耗电省、寿命长、亮度高、响应快等优点，因而是电子计算机、数字化仪表理想的显示器件。几十年来，人们致力于研究和开发发光二极管，想代替目前使用的寿命不长、发光效率低、温升高的普通光源，但是一直受到半导体材料和加工工艺的限制，商用发光二极管的发光亮度低、视角狭窄、颜色简单、产品质量也很难稳定。直到近几年，随着新型半导体材料的开发和加工封装工艺技术水平的提高，才相继制造出了高亮度的红、黄、绿发光二极管，以及极为重要的高亮度蓝色发光二极管，为制造白光二极管奠定了基础，1996 年诞生了白光二极管，目前又开发了由许多个发光二极管组合成的发光二极管灯具，发光二极管较多地用于交通信号灯、标示灯（诱导灯）和景观照明灯。

交通信号灯主要有红、黄、绿三种规格。在 LED 交通信号灯中，即使损坏了某一个 LED，也仅仅降低了一点灯的亮度，不会造成整灯不亮，使交通失控。而且 11W 的 LED 信号灯相当于 150W 普通白炽灯，还具有寿命长、维护费用少等优点，目前我国一些大城市都已采用 LED 交通信号灯。

标示灯（诱导灯）主要有透射型和直接型两种形式。透射型是将传统"灯箱"型标示灯内的白炽灯或荧光灯用 LED 代替，可作为建筑物出口标志和疏散诱导。直接型是直接用 LED 组合成标示文字或图案。

景观照明灯是用 LED 做成的地埋灯、墙灯、草坪灯等各种类型的灯具，利用不同颜色的 LED 组合，在控制器控制下形成可变色的灯光，既可照明又可美化环境，且具有寿命长、节电的优点，目前在室内外环境照明中都有采用。

白色 LED 自 1996 年 9 月由日本日亚化工业株式会社推出以来，其光效不断提高，到 1999 年已达到 15lm/W，到 2001 年美国推出的 holy grail 光效已达 40～50lm/W。此外，白色 LED 几乎不含红外线与紫外成分（如图 2-28 所示），显色指数可达 85，光输出随输入电压的变化基本上呈线性（如图 2-29 所示），故调光方法简单，效果可靠。估计不远的将来，随着功率稍大的白色 LED 的出现，高光效、长寿命的发光二极管最终发展成为普通照明光源已为期不远了。

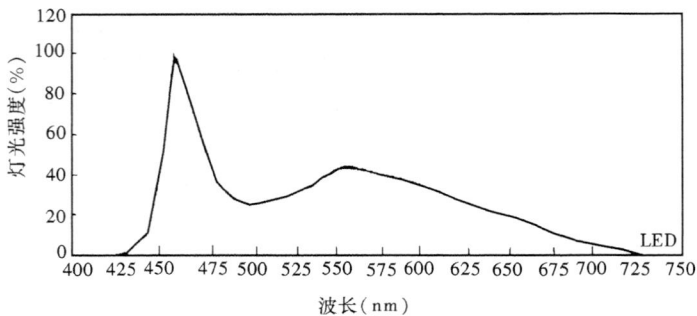

图 2-28　白色 LED 光谱能量分布示意图

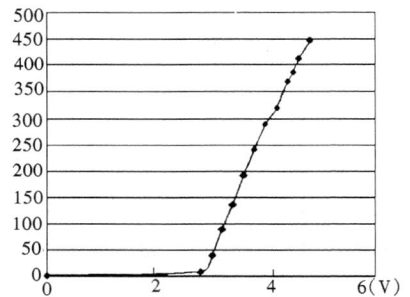

图 2-29　白色 LED 的调光特性图

第八节　照明电光源性能比较和选用

一、电光源性能比较

目前，在照明领域里还未能制造出一种在光效、光色、寿命、显色性和性能价格比等方面都十全十美的电光源，它们的特性各不相同且各有优缺点，所以在进行照明设计时应当细心对比分析，按照实际情况择优选用。表 2-6 常用照明电光源性能参数比较和表 2-7 CIE1983 年发布的在各种场所对灯性能的要求及推荐的灯，可以作为照明设计的重要依据，供设计选用光源时参考。

表 2-6　　　　　　　　　　常用照明电光源的主要特性比较

光源种类 特性参数	普通照明 白炽灯	管形、单 端卤钨灯	低压卤 钨灯	直管荧 光灯	紧凑型 荧光灯	荧光高 压汞灯	高压钠灯	金属卤 化物灯
额定功率范围（W）	10～1500	60～5000	20～75	4～200	5～55	50～1000	35～1000	35～3500
光效（lm/W）①	7.3～25	14～30		60～100	44～87	32～55	64～140	52～130
平均寿命（h）	1000～ 2000	1500～2000		8000～ 15000	5000～ 10000	10000～ 20000	12000～ 24000	3000～ 10000
相关色温（K）	2400～ 2900	2800～3300		2500～6500		4400～ 5500	1900～ 2900	3000～ 6500
一般显色指数（R_a）	95～99	95～99		70～95	＞80	30～60	23～85	60～90
启动稳定时间	瞬　时			1～4s	10s③或快速④	4～8min	4～8min	4～10min
再启动时间	瞬　时			1～4s	10s③或快速④	5～10min	10～15min	10～15min
功率因数	1.0			0.33～0.53⑤		0.44～0.67	0.44	0.4～0.61
频闪效应	不明显			明　显	明　显	明　显	明　显	明　显
表面亮度②	大			小	小	较　大	较　大	大
电压变化对光通 量输出的影响	大			较　大	较　大	较　大	大	较　大
环境温度变化对光 通量输出的影响	小			大	大	较　小	较　小	较　小
耐震性能	较　差	差		较　好	较　好	好	较　好	好
所需附件	无			镇流器、启辉器⑤		镇流器	镇流器	镇流器 触发器

注　表中所列参数为 2000 年数据，随着光源技术的发展，这些参数都会变化，选择时应以当前数据为准。

①　光效为不含镇流器损耗时的数据。

②　指发光体表面的平均亮度。

③　电感式镇流器。

④　电子式镇流器。

⑤　一体化紧凑型荧光灯可视为"无附件"。

表 2-7　　　　　　　各种场所对灯性能的要求及推荐的灯（CIE·1983）

使用场所		要求的灯性能①			推荐的灯⑤：　　　　优先选用☆　　　　可用○										
		光输出②	显色性能③	色　温④	白炽灯		荧　光　灯			汞灯	金属卤化物灯		高压钠灯		
					I	H	S	H.C	3	C	F	S	H.C	S.I.C	H.C
工业建筑	高顶棚	高	Ⅲ/Ⅳ	1/2		○	○				○	○		○	
	低顶棚	中	Ⅲ/Ⅱ	1/2			☆				○	○			
办公室、学校		中	Ⅲ/Ⅱ/I_B	1/2			☆		☆	○		○	○	○	○
商店	一般照明	高/中	Ⅱ/I_B	1/2	○	○	☆	☆	○				☆		☆
	陈列照明	中/小	I_B/I_A	1/2	☆	☆	☆	☆							☆

使用场所		要求的灯性能①			推荐的灯⑤：						优先选用☆			可用○		
		光输出②	显色性能③	色温④	白炽灯		荧光灯				汞灯	金属卤化物灯		高压钠灯		
					I	H	S	H.C	3	C	F	S	H.C	S	I.C	H.C
饭店与旅馆		中/小	I_B/I_A	1/2	☆	☆	○	○	☆	☆			○			☆
博物馆		中/小	I_A/I_B	1/2	○	☆			☆	○						
医院	诊断	中/小	I_B/I_A	1/2	☆	○			☆							
	一般	中/小	Ⅱ/I_B	1/2	○	○	○						☆			
住宅		小	Ⅱ/I_B/I_A	1/2	☆		○		☆	☆						
体育馆⑥		中	Ⅱ/Ⅲ	1/2	○							☆	☆	○	☆	

① 各种使用场合都需要高光效的灯，不但灯的光效要高，而且照明总效率要高，同时应满足显色性的要求，并适合特定应用场合的其它要求。

② 光输出值高低按以下分类：高输出值时大于10000lm；中输出值时为3000～10000lm；小输出值时小于3000lm。

③ 显色指数的分级如下：I_A 级时 $R_a \geqslant 90$；I_B 级时 $90 > R_a \geqslant 80$；Ⅱ级时 $80 > R_a \geqslant 60$；Ⅲ级时 $60 > R_a \geqslant 40$；Ⅳ级时 $40 > R_a$。

④ 色温分类如下：1类 $< 3300K$；2类 $3300 \sim 5300K$；3类 $> 5300K$。

⑤ 各种灯的符号：

白炽灯 { I：钨丝白炽灯；H：卤钨灯。

荧光灯 { S：标准型荧光灯；H.C：高显色性荧光灯；3：三基色窄谱带荧光灯；C：小型荧光灯（紧凑型）。

高压钠灯 { S：标准型；I.C：改显色型；H.C：高显色型。

汞灯　F：荧光高压汞灯。

金属卤化物灯　S：标准型；H.C：高显色型。

⑥ 需要电视转播的体育照明，应满足电视演播照明的要求。

二、电光源的选用

选用电光源时应综合考虑照明设施的要求、使用环境以及经济合理性等因素。

1. 按照明设施的目的和用途选择电光源

不同场所照明设施的目的和用途不同，对光源的性能要求也不相同。所以选用电光源时应首先满足照明设施的对光源性能的要求。一般情况下，各种使用场所都需要高效的光源，同时还应考虑显色性、色温等其它性能的要求。

一般照明场所对显色性的要求不高，选用一般显色指数 R_a 在 40～60 的光源即可满足要求；而对显色性要求较高的场所，则应选用一般显色指数 $R_a \geqslant 80$ 的光源，例如，色检查、临床检查、美术馆等场所应选用 $R_a > 90$ 的光源，印刷厂、纺织厂、饭店、酒店、医院、精密加工、写字楼、住宅等场所应选用 R_a 在 90～80 的光源。

光源色温的选择，首先应考虑照明场所光环境的舒适程度和照度水平。若环境为对舒适程度要求较高时，照度水平较低（低于100lx）的休息类场所，宜使用暖色调光源，给人以温馨、放松的感觉；照度水平在 100～200lx 的场所，宜使用中间色调光源；照度水平较高（高于200lx）的办公、阅读等场所，宜使用中间色调和冷色调光源。还应注意光源的色表与环境色彩的搭配，若要显示环境色彩固有的面貌，宜选用与日光或接近日光的光源；若要增强环境的色调，宜选用与环境色调相类似的光源，如环境色调为木质本色，则可选用橙黄色的白炽灯作为光源增强色调。另外在温暖气候条件下宜选用冷色调光源，在寒冷条件下宜选用暖色调光源，一般气候条件下宜选用中间色调光源。

此外，频繁开关灯的场所，宜选用白炽灯或卤钨灯，而不宜选用气体放电灯，因为气体放电灯开关频繁时会缩短寿命；需要连续调光的场所，宜采用热辐射光源，如白炽灯，因为除了白炽灯，其它光源要做到连续调光比较困难，成本较高；要求瞬时点燃的照明装置，如各种场所的应急照明和不能中断照明的重要场所，不能使用启动和再启动时间长的光源；美术馆展品照明不宜采用紫外线辐射量多的光源。

2. 按环境的要求选择光源

不同的环境条件往往限制一些光源的使用，必须按环境许可的条件选择。例如，低温度场所不宜采用配有电感镇流器的预热式荧光灯管，以免启动困难；空调房间不宜选用发热量大的白炽灯和卤钨灯等，以减少空调用电量；电源电压波动急剧的场所不宜采用易自熄的HID灯；机床等旋转运动设备旁的局部照明灯不宜采用具有明显频闪效应的气体放电光源；具有震动或靠近易燃物品的场所不宜采用卤钨灯。对防止电磁干扰要求严格的场所，不宜选用气体放电光源，因为气体放电光源会产生高次谐波，会产生电磁干扰。

3. 按投资与运行费选择光源

照明设施的初投资主要包含照明灯具和照明电气设备费用、材料费用和安装费用等。运行费则主要包括年电力费、年耗用灯泡费、照明装置的维护维修费（如清扫及更换灯泡费用等）以及折旧费等，其中电费和维护费占较大比重。通常照明装置的运行费用超过初投资。

由于光源的光效直接影响着照明灯具的数量，即投资费用，光源的寿命直接影响着维护费用，所以按经济合理原则选择光源时，不应单纯比较光源的价格，而应优先考虑选用高光效、长寿命的电光源。因为一些高效、长寿命光源虽然价格较高，但使用数量减少，运行维护费用降低，经济上和技术上可能是合理的。

思 考 题 与 习 题

1. 常用的照明电光源分几类？各类主要有哪几种灯？

2. 为什么气体放电灯要稳定工作必须在工作线路中串入一个镇流器？常用的镇流器有哪几种？试说明它们的特点。

3. 照明电光源有哪些性能指标？它们如何反映电光源的性能？

4. 为什么卤钨灯比普通白炽灯光效高？

5. 荧光灯的可见光是如何产生的？

6. 荧光灯的色温和显色性取决于什么？通常有哪几种色温的灯管？

7. 荧光灯与高强度气体放电灯有什么区别？

8. 高压钠灯的最大优点是什么？常用在哪些场合？

9. 频闪现象是如何形成的？频闪现象有什么缺点？应如何消除？

10. 试述选用电光源的一般原则。

第三章　照　明　灯　具（灯　具）

　　照明设计的一个重要任务就是根据照明要求和环境条件，选择合适的照明器或照明装置，并要求照明功能和装饰效果的协调和统一。照明工程中，照明器是指光源与灯具的组合，而灯具则是指除光源以外所有用于固定和保护光源的全部零件，以及与电源连接所必需的线路附件。其主要作用有：①固定光源及其控制装置，保护它们免受机械损伤，并为其供电，让电流安全地流过灯泡（管）；②控制灯泡（管）发出光线的扩散程度，实现需要的配光，防止直接眩光；③保证照明安全，如防爆等；④装饰美化环境。

　　在实际应用中，"照明器"与"灯具"却并无十分严格的定义界限，工程上又是以"照明灯具"或"灯具"较为常用。因而，在不作任何说明的情况下，本书所用的"照明灯具"或"灯具"指的就是照明器。但在做工程预算时希望不要混淆了这两个概念，否则将造成较大的错误。本章重点介绍灯具的光学特性、主要种类及选择原则。

第一节　灯具的光学特性

　　灯具的光学特性主要是指光强的空间分布特性（配光特性）、保护角和效率，这些参数一般由制造厂测试后提供给用户，作为照明计算及选择和布置灯具的重要依据。

一、光强的空间分布特性（配光特性）

　　我们知道，光源本身有配光，其光通量输出在空间的分布情况用发光强度（简称光强）I_θ 表示。当光源装入灯具后，由于灯具的作用，光源原先的光强分布将会发生变化，成为灯具的配光，其配光则用光强的空间分布特性来表示。光强的空间分布特性因光源（或灯具）的形状和尺寸不同而千差万别，在实际应用中，为了便于了解不同灯具光强分布的概貌，通常采用曲线、表格和数学解析式等方法表示灯具光强的空间分布情况，并把这些方法表示的光强分布统称为灯具的配光特性。照明工程中，室内照明灯具的配光特性主要用极坐标曲线、列表和直角坐标曲线等方法表示。

　　1. 有关配光术语（如图 3-1 所示）

　　（1）光中心：把一个具有一定尺寸的灯具看作是一个点，认为它的光就由该点发出，该点所在的位置就称为光中心。大多数情况下，发光体的光中心就是该发光体的几何中心；对具有敞口式的非透明灯罩的灯具，光中心指的是其出光口的中心。

　　（2）光轴：通过光中心的竖垂线称为光轴。

　　（3）垂直角与垂直平面：任一发光方向与光轴之间的夹角称为垂直角，常用 θ 表示。凡通过光中心且包含光轴的任何平面均为垂直平面，即垂直角所在的平面。

　　（4）水平角与水平面：如果选择某一垂直平面为基

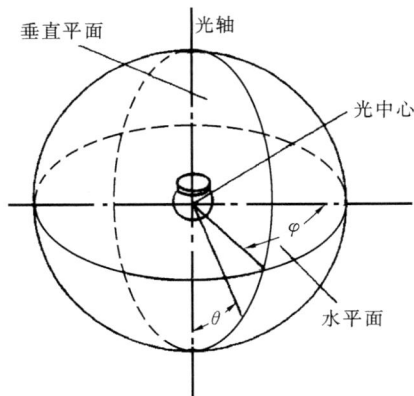

图 3-1　配光术语示意图

准面，那么观察方向所在的垂直平面与基准垂直平面之间形成的夹角就是水平角，通常用 φ 表示。垂直于光轴的任意面均为水平面。显然，观察方向所在的垂直平面与任一水平面的交线和基准垂直平面与该水平面的交线的夹角就是水平角。

（5）旋转对称配光特性：旋转对称配光特性是指灯具的光强空间分布相对于光轴呈旋转对称形式。一般情况下，只要灯具形状具有旋转对称性，则灯具的配光就具有旋转对称性，例如装有普通白炽灯、高压汞灯、高压钠灯及部分金属卤化物灯的灯具等。

（6）非旋转对称配光特性：非旋转对称配光特性是指灯具的光强空间分布相对于光轴呈非旋转对称形式。一般情况下，只要灯具的形状为非轴对称旋转体，则灯具就具有非旋转对称配光特性，非对称配光特性灯具中最典型的是由直管荧光灯、管型卤钨灯组成的灯具。

2. 极坐标配光曲线

以极坐标原点为光中心，以极坐标的角度表示灯具的垂直角 θ，以极坐标矢量的长度表示光强的大小，以一定比例的光强值为半径作一系列同心圆表示等光强线。那么，通过光中心作该灯具在一个垂直平面内不同方向上（不同垂直角 θ）的光强有向线段，只要把这些有向线段末端连接起来，即可得到一条曲线，这就是该灯具在一个垂直平面内配光的极坐标曲线。

极坐标配光曲线是应用最多的一种灯具光强空间分布的表示方法，它最适合于具有旋转对称配光特性的灯具。对于具有旋转对称配光的灯具，用一个垂直平面上的极坐标曲线就可以表示灯具在整个空间的光强分布情况（如图3-2所示）。

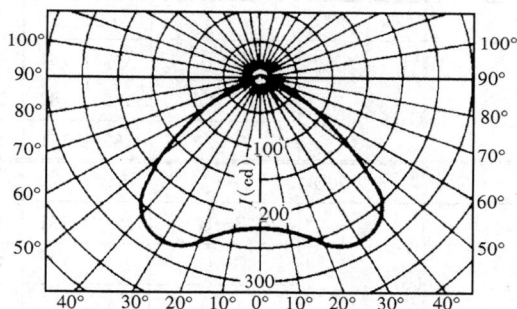

图 3-2 旋转对称灯具的极坐标配光曲线

对于非旋转对称配光的灯具，就其每一个垂直面而言，其光强分布相对于光轴可能具有对称性，但各个垂直平面上的配光特性却往往不同。显然，仅仅采用某一个垂直面上的极坐标曲线，是无法完整地表示灯具在整个空间的光强分布情况，而是需要用若干个测光垂直平面的光强分布曲线来表示灯具的配光。实际应用中，通常只取两个垂直平面的配光曲线，纵向平面（包含灯具纵轴的垂直平面，即 A—A 方向）和横向平面（与灯具纵轴垂直的垂直平面，即 B—B 方向）。若令横向垂直平面的水平角为 $0°$，则纵向垂直平面的水平角就是 $90°$，这两个平面还可以分别称作 C_0 平面和 C_{90} 平面。但也有部分资料还给出水平为 $45°$ 的垂直平面配光曲线，即 C_{45} 平面（C—C 方向）。图 3-3 表示铝型材荧光灯具的配光曲线，图中三个垂直平面的配光曲线画在一个坐标内，分别用 A、B、C 表示。应特别注意，资料不同，各垂直平面水平角的定义也可能有差异，有的资料将纵向垂直平面的水平角定为 $0°$。

用极坐标表示的光强分布与空间位置相一致，因此比较形象，便于定性分析。但在照明计算中，图解法精确度不易保证。若将极坐标曲线用表中的数值表示，即用列表形式表示配光特性，那么，在实际使用中，表中列出的垂直角下的光强值可在表中直接查得，表中未列出的垂直角则可根据前后相邻的两个垂直角下的光强值用直线内插法求得，同时参考曲线，就可获得较为精确的光强值。表 3-1 给出的是图 3-3 所示灯具的配光特性。

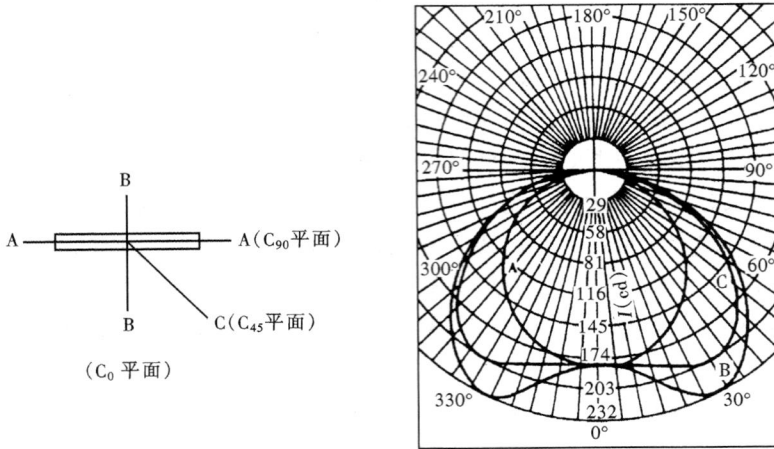

图 3-3　铝型材荧光灯具的配光曲线

A—C$_{90}$平面；B—C$_0$平面；C—C$_{45}$平面

表 3-1　　　　　　　　　　　**铝型材荧光灯具的配光特性**

$\theta(°)$		0	5	10	15	20	25	30	35	40	45	50
I_θ (cd)	B—B	182	184	189	202	219	231	230	221	207	190	173
	C—C	182	182	182	186	191	196	203	202	194	180	163
	A—A	182	181	179	174	168	160	151	140	128	115	101
$\theta(°)$		55	60	65	70	75	80	85	90	95	100	105
I_θ (cd)	B—B	154	131	109	85	65	48	29	14	6	2	1
	C—C	142	123	100	79	57	37	22	8	3	1	1
	A—A	86	71	54	39	25	13	4	0	0	0	0

3. 直角坐标配光曲线

对于某些光束集中于狭小的立体角内的灯具（如聚光型投光灯），用极坐标表示其光强读数极其困难时，可用直角坐标配光曲线表示，这时直角坐标的纵轴表示光强（I_θ），横轴则表示光束的投射角（垂直角）θ，投光灯 TG7（400W 汞灯）的直角坐标配光曲线如图3-4 所示。

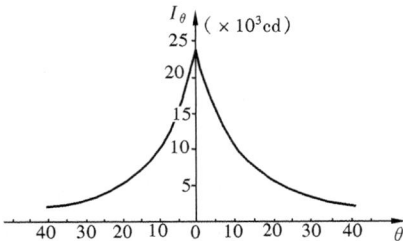

图 3-4　直角坐标配光曲线

4. 线光源的配光特性

当光源（或灯具）的宽度（或直径）b 较长度 L 小得多时，可忽略其宽度，将光源（或灯具）视为线光源。一般情况下，只要线状发光体的长度大于照射距离的1/4 就认为是线光源。

我们知道，线光源具有非旋转对称的配光特性，虽然可以用几个垂直测光面的极坐标曲线来表示其光强的分布情况，但在设计计算中不仅要确定垂直角，还应确定水平角，由此才能根据配光特性查得光强值，这样会给计算带来一定的困难。为此，常采用数学解析式来表征线光源的光强分布。

为了说明线光源光强分布的表示方法，先介绍有关线光源的一些专用术语（如图 3-5 所示）。

(1) 光中心：线光源的几何中心。

(2) 光轴：通过光中心的竖垂线。

(3) 纵轴：通过光中心且沿线光源长度方向的轴线。

(4) 纵向平面：包含纵轴的平面，也称为水平面。线光源的纵向平面有无数个，其中包含光轴的纵向平面还是一个垂直面，故称其为纵向垂直平面，用 C_{90} 平面表示；除 C_{90} 平面以外的纵向平面称为一般纵向平面。

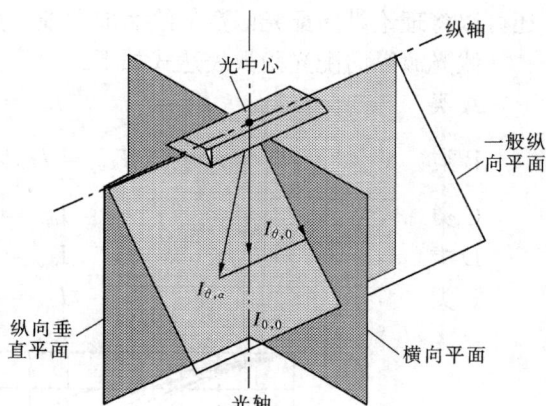

图 3-5 线光源的光强分布

(5) 横向平面：通过光中心且垂直于纵轴的平面，也称为垂直平面，习惯用 C_0 表示。

各种线光源在横向平面的光强分布可记作

$$I_{\theta,0} = I_{0,0} f(\theta) \tag{3-1}$$

式中 θ——垂直角，即 $I_{\theta,0}$ 与 $I_{0,0}$ 之间的夹角；

$I_{\theta,0}$——任意垂直角 θ 方向上的光强，cd；

$I_{0,0}$——线光源光轴方向的光强，cd。

对于任何一种线状灯具来说，由于包含纵轴的纵向平面有无数个，且不同纵向平面上的光强分布曲线可能是不一样的，所以纵向平面光强分布的表达要比横向平面复杂。

若将线光源在纵向垂直平面的光强分布记为 $I_{0,\alpha}$，即

$$I_{0,\alpha} = I_{0,0} f_1(\alpha) \tag{3-2}$$

式中 α——$I_{0,\alpha}$ 与 $I_{0,0}$ 之间的夹角，显然，α 也是线光源的垂直角。

设某个一般纵向平面与纵向垂直平面之间的夹角为 θ，则 θ 即为该纵向平面与横向平面的交线与光轴之间的夹角——垂直角。那么，线光源在该纵向平面上其它方向的光强分布可记为 $I_{\theta,\alpha}$，即

$$I_{\theta,\alpha} = I_{\theta,0} f(\alpha) \tag{3-3}$$

式中 α——光强 $I_{\theta,\alpha}$ 与 $I_{\theta,0}$ 之间的夹角。

应特别注意，这里的 α 角已不再是垂直角。而 $I_{\theta,0}$ 是纵向平面与横向平面的交线方向上的光强，显然，它的大小可由式（3-1）决定。

考虑到线光源各个不同纵向平面内的光强分布基本相似，因此近似地认为式（3-2）中的函数 $f_1(\alpha)$ 和式（3-3）中的函数 $f(\alpha)$ 近似相等，即

$$f(\alpha) = \frac{I_{\theta,\alpha}}{I_{\theta,0}} \approx \frac{I_{0,\alpha}}{I_{0,0}} \tag{3-4}$$

于是，线光源的光强分布可以由式（3-1）和式（3-3）来表示，其中式（3-1）称为线光源的横向配光特性，式（3-3）称为线光源的纵向配光特性，式（3-4）称为线光源的纵向配光函数值。

为了使线光源的光强分布和外观趋向规范化，可以把线光源的纵向配光特性归纳为五种理论配光特性，分别用 A、B、C、D、E 类理论纵向配光函数表达式表示，为了便于使用，

还可以将理论纵向配光函数值绘制成曲线（如图 3-6 所示）和表格（如表 3-2 所示）。

线光源纵向配光函数表达式如下：

A 类　　　　　　　　　　　　　$I_{\theta,\alpha} = I_{\theta,0}\cos\alpha$

B 类　　　　　　　　　　$I_{\theta,\alpha} = I_{\theta,0}\left(\dfrac{\cos\alpha + \cos^2\alpha}{2}\right)$

C 类　　　　　　　　　　　　$I_{\theta,\alpha} = I_{\theta,0}\cos^2\alpha$

D 类　　　　　　　　　　　　$I_{\theta,\alpha} = I_{\theta,0}\cos^3\alpha$

E 类　　　　　　　　　　　　$I_{\theta,\alpha} = I_{\theta,0}\cos^4\alpha$

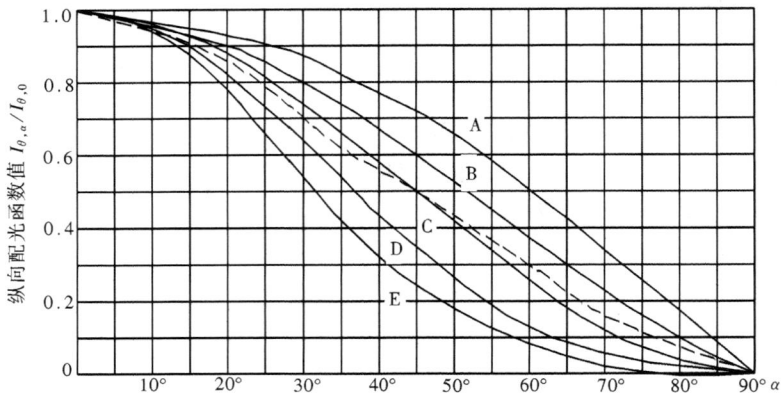

图 3-6　纵向平面光强分布的分类

表 3-2　　　　　　　　　　　　　　　　线光源理论纵向配光函数值

α \ 类别	0°	5°	15°	25°	35°	45°	55°	65°	75°	85°
A	1	0.996	0.966	0.906	0.819	0.707	0.574	0.423	0.259	0.0872
B	1	0.994	0.949	0.864	0.745	0.604	0.451	0.301	0.163	0.0474
C	1	0.992	0.933	0.821	0.671	0.500	0.329	0.179	0.0670	0.0076
D	1	0.989	0.901	0.744	0.550	0.354	0.189	0.0755	0.0173	0.00066
E	1	0.985	0.871	0.675	0.450	0.250	0.108	0.0319	0.00449	0.00006

在照度计算中，所选用灯具的横向光强可以从横向平面配光特性上获得，纵向配光的类别可以用式（3-4）来判断，即将灯具的纵向配光函数值与理论配光函数值进行比较，与实际最接近的一类就可以确定为该灯具的纵向配光特性。例如，图 3-6 中的虚线代表某灯具的纵向配光函数值，与理论配光函数值比较，它与 C 类最接近，则该灯具的纵向配光特性即可用 C 类表示。

5. 实际光强的换算

为了对各种灯具的配光效果作比较，在求取灯具的配光特性时必须有一个统一的基准。所以，无论选择哪种方法表示灯具的配光特性，都规定了灯具中光源的光通量输出为 1000lm。当实际装有的光源光通量输出不是 1000lm 时，应用下式进行换算，即

$$I_\theta = \frac{\Phi}{1000} I_{\theta(1000)} \qquad (3-5)$$

式中　I_θ——灯具在实际光源时 θ 垂直角方向的光强，cd；

　　　$I_{\theta(1000)}$——灯具中光源为 1000lm 时 θ 垂直角方向上的光强，cd；

Φ——灯具中实际光源的光通量总和, lm。

二、亮度分布和保护角

灯具的亮度分布和保护角对照明质量的影响较大, 它是评价视觉舒适感所必需的参数。

1. 亮度分布

亮度分布指的是灯具在不同观察方向 (垂直角θ) 上的平均亮度值, 用L_θ表示, 其计算公式为

$$L_\theta = \frac{I_\theta}{A_P} \tag{3-6}$$

式中 I_θ——灯具在θ方向的发光强度, cd;

　　 A_P——灯具发光面在θ方向的投影面积, 即灯具的发光部分对观察者而言所能看到的面积, m^2。

灯具发光面形状不同时, A_P的计算方法也不同。例如, 对于图3-7所示的有侧面发光的荧光灯具, 其A_P的计算为

$$A_P = A_h \cos\theta + A_v \sin\theta \tag{3-7}$$

式中 A_h——灯具下方发光面的面积, m^2;

　　 A_v——灯具侧面发光面的面积, m^2。

由式 (3-6) 和式 (3-7) 可以看出, 灯具的亮度分布是指灯具在不同观察方向上的亮度L_θ与表示观察方向的垂直角θ间的关系。工程实践证明, 对照明质量产生影响的亮度值主要发生在垂直角45°~85°的范围内 (亮度过高会产生眩光), 所以在实际应用中, 常用直角坐标画出垂直角在45°~85°范围内的亮度分布曲线, 此时, 直角坐标的纵坐标为垂直角θ (工程上常称之为眩光角, 用γ表示), 横坐标为亮度L_θ或L_γ。因为灯具在不同方向时的亮度变化较大, 所以横坐标常为对数坐标。

图3-7 侧面发光荧光
灯具A_P的计算图

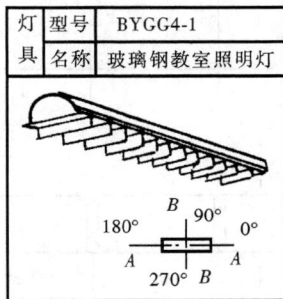

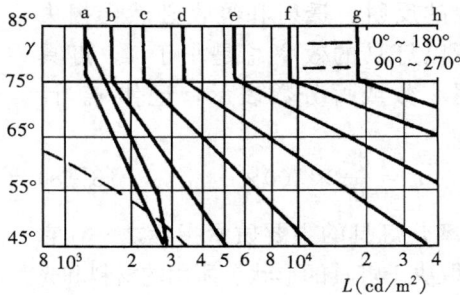

对于非旋转对称配光的灯具, 水平角不同时, 即使垂直角相同, 亮度也不一定相同, 因此在不同水平角的垂直平面上有不同的亮度分布。在实际应用中, 一般只计算横向和纵向两个方向上的亮度分布。例如, 格栅荧光灯具BYGG4—1的亮度分布曲线和亮度值分别表示于图3-8和表3-3。

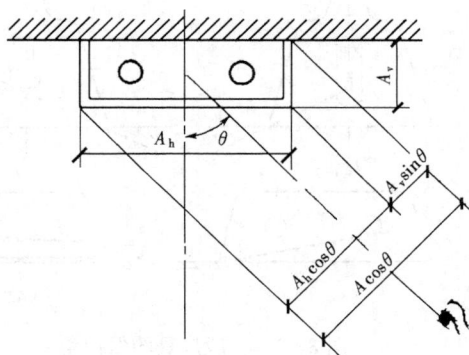

图3-8 灯具的亮度分布 (BYGG4—1灯具)

表 3 - 3   **灯具的亮度值（BYGG4－1 灯具）**

测光平面	不同垂直角 θ 方向上的亮度值（cd/m²）				
	45°	55°	65°	75°	85°
A－A（0°～180°）	2875	2440	1905	1493	1166
B－B（90°～270°）	3580	1810	578	148	153

2. 保护角

在照明技术中，为了满足视觉工作的需要，往往希望灯具发光面的平均亮度高一些，以获得较高的照度；但是，为了避免直射眩光，却希望灯具发光面的平均亮度低一些，以创造一个舒适的照明环境。显然，环境的照度和视觉舒适性对灯具表面的平均亮度值的要求是相互矛盾的。根据上文的分析，只要限制灯具垂直角在 45°～85°范围内的表面亮度，就可以适当地解决这一矛盾，实际应用中可以采取的措施之一就是选择合适的灯具保护角。灯具的保护角实际上反映的是灯具遮挡光源直射光的范围，因此又称为遮光角，通常用 α 表示。灯具的种类不同，保护角的计算方法也不同。

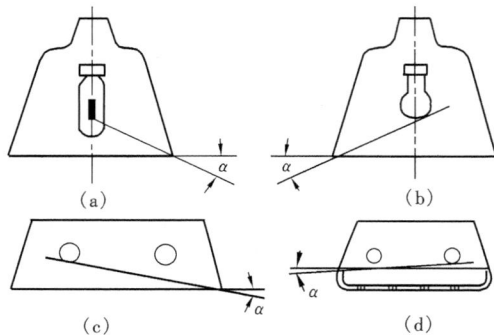

图 3 - 9 一般灯具的保护角

（a）透明灯泡；（b）乳白灯泡；（c）下方敞口的双管荧光灯具；（d）下口带透明玻璃罩的双管荧光灯具

一般灯具的保护角是指光源发光体最边缘的一点和灯具出光口的连线与水平线之间的夹角，如图 3 - 9 所示。格栅灯具保护角的计量方法与一般灯具不同，它是指一格片上沿与相邻格片下沿的连线和水平线之间的夹角，如图 3 - 10 所示。

灯具的保护角愈大，光分布就愈窄，效率也愈低。由于灯具保护角的实际意义在于限制光源的直射光，从而防止或限制直接眩光，所以为了控制灯具在 45°～85°垂直角范围内的亮度值，一般灯具应选取 15°～30°的保护角，而格栅灯应选取 25°～45°的保护角。

三、灯具的效率

灯具的效率是指在相同的使用条件下，灯具发出的总光通量 Φ_1 与灯具内所有光源发出的总光通量 Φ 之比。光源的光通量一般是指光源在无约束条件情况下的光通量输出，但当光源装入灯具后，光源辐射的光通量经过灯具光学器件的反射、透射和吸收必然会损失掉一部分，所以灯具的效率总是小于 1。灯具的效率通常用小数或百分数表示，记作 η。计算公式为

$$\eta = \frac{\Phi_1}{\Phi} \times 100\% \qquad (3 - 8)$$

灯具的效率是灯具的主要质量指标之一，它在很大程度上取决于灯具的形状、所用的材料和光源在灯具内的位置。实际应用中，在满足使用要求的前提下，应选择配光特性合理、效率高的灯具。

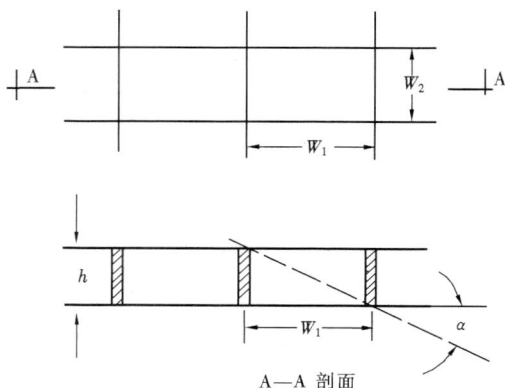

A—A 剖面

图 3 - 10 格栅灯具的保护角

第二节　灯具的分类

照明工程中所用灯具的种类很多，其分类方法也有多种，在此仅介绍几种常用的分类方法。

一、按灯具出射光线的分布分类

1. CIE 光通分类

根据 CIE 的建议，灯具按光通量在上下两个半球空间的分布比例分为 5 类，其特征如表3-4所示。

表 3-4　　　　CIE 的灯具分类

灯具类别	直接型	半直接型	全漫射（直接—间接）型	半间接型	间接型
光强分布					
光通分配（%） 上	0～10	10～40	40～60	60～90	90～100
下	100～90	90～60	60～40	40～10	10～0

（1）直接型灯具。灯具由反射性能良好的非透明材料制成，如搪瓷、抛光铝或铝合金板和镀银镜面等，下方敞口，光线通过灯罩的内壁反射和折射，将 90% 以上的光通量向下直射，工作面上可以获得充分的照度。直接型灯具的效率较高，但因上射光通量几乎没有，故顶棚很暗，与灯容易形成强烈的亮度对比，又因光线的方向性较强，易产生较重的阴影。

（2）半直接型灯具。灯具由半透明的材料制成，下方敞口灯具或简式荧光灯多属于这类灯具。它能将较多的光线直接照射到工作面上，供作业照明；上射光通量可供空间环境照明，使室内有适合各种活动的亮度比。

（3）全漫射型（直接—间接型）灯具。灯具用漫透射材料（乳白玻璃或透明塑料等）制成封闭式的灯罩，造型美观，光线柔和均匀，但光通量损失较多，光利用率较低。

（4）半间接型灯具。灯具上半部分用透光材料制成或采用敞口结构，下半部分用漫透射材料制成。由于上射光通量分布比例超过了 60%，因而增加了室内散射光的照明效果，光线更加柔和均匀，但灯具的上部很容易积尘而导致灯具效率的下降。

（5）间接型灯具。灯具上半部分用透明材料，下半部分用不透光材料，使 90% 以上的光通量照射到顶棚或其他反射器，再反射到工作面上，因此能很大限度地减少阴影和眩光，光线极其均匀柔和，但照明缺乏立体感，且光损失很大。

2. 直接型灯具按距高比分类

一般情况下，室内照明基本上都采用直接型灯具，按照灯具的允许距高比均匀布置，以确保水平工作面上获得较均匀的照度。

（1）灯具的距高比。灯具的距高比是指两个相邻灯具中心之间的距离 s 与灯具到工作面的高度（即灯具的计算高度）h 之比。

（2）灯具的允许距高比。灯具的允许距高比是指灯间距 s 与灯计算高度 h 之比的最大允许值。其意义在于只要布置灯具时保证实际距高比不大于灯具的允许距高比，那么工作面上的照度就会比较均匀。

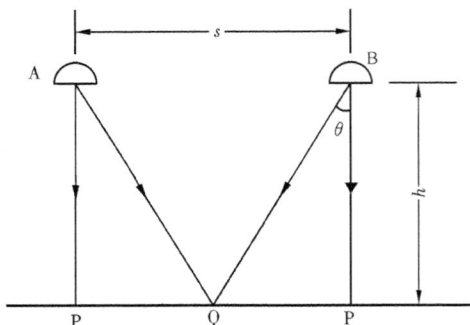

图 3-11　1/2 照度角与距高比

例如，有两个灯具 A 和 B（如图 3-11 所示），由 A（或 B）在其正下方工作面上产生的照度最大，偏离正下方越远，由它产生的照度就越小。若设各灯具在其正下方（P 点）产生的照度为 E，如果这两个灯具在 $s/2$ 处（Q 点）分别产生的照度为 $E/2$，则整个工作面上的照度就比较均匀。照明工程中，称 Q 点与光中心的连线和光轴之间的夹角为 1/2 照度角，用 θ 表示。

显然

$$\tan\theta = \frac{s}{2h} \tag{3-9}$$

$$\frac{s}{h} = 2\tan\theta \tag{3-10}$$

由式（3-10）求出的距高比 s/h 就是灯具的允许距高比。显然，允许距高比的大小由 1/2 照度角决定。灯具的配光特性不同，则 1/2 照度角不同，因而就具有不同的允许距高比。在实际应用中，灯具制造厂提供的灯具资料中应给出灯具的允许距高比。

（3）直接型灯具按允许距高比分类。根据允许距高比，直接型灯具可分为 5 类，如表3-5 所示。

表 3-5　　　　　　　　　　　　　　直接型灯具按最大允许距高比分类

分 类 名 称	距高比 s/h	1/2 照度角
特狭照型	$s/h \leqslant 0.5$	$\theta \leqslant 14°$
狭照（深照、集照）型	$0.5 < s/h \leqslant 0.7$	$14° < \theta \leqslant 19°$
中照（扩散、余弦）型	$0.7 < s/h \leqslant 1.0$	$19° < \theta \leqslant 27°$
广照型	$1.0 < s/h \leqslant 1.5$	$27° < \theta \leqslant 37°$
特广照型	$1.5 < s/h$	$37° < \theta$

一般情况下，较窄光束的投光灯用于被照面较远、照度要求较高的场所；较宽光束的投光灯用于被照面较近、照度要求低且均匀的场所。

3. 投光灯的分类

投光灯（泛光灯）均以光束角的大小进行分类。光束角指的是灯具 1/10 最大光强之间的夹角。

荷兰按光束角的大小将投光灯分为三类，如表 3-6 所示。美国按光束角的大小将投光灯分为 7 类，如表 3-7 所示。

表 3-6 荷兰对投光灯按光束角分类

光束分类	光束角 (°)	光束分类	光束角 (°)
窄光束	10~25	宽光束	>40
中光束	25~40		

表 3-7 美国对投光灯按光束角分类

光束分类	光束角 (°)	光束分类	光束角 (°)
特窄光束	10~18	中等宽光束	70~100
窄光束	18~29	宽光束	100~130
中等窄光束	29~46	特宽光束	130~180
中等光束	46~70		

4. 道路照明灯具的分类

CIE 在 1965 年制定了道路照明灯具按光强分布的分类方法, 现在许多国家仍在应用, 该方法使用 "截光"、"半截光"、"非截光" 三种类型来描述道路照明灯具的性质, 如表3-8 所示。

表 3-8 道路照明灯按光强分布分类

灯具类型	最大光强的方向	在下列方向允许的最大光强值	
		90°	80°
截 光	0°~65°	10cd/1000lm	30cd/1000lm
半截光	0°~75°	50cd/1000lm	100cd/1000lm
非截光	—	1000cd	—

截光型灯具严格限制水平光线, 给人的感觉是 "光从天上来", 几乎感觉不到眩光, 同时路面的亮度和亮度均匀度都较高; 非截光型灯具不限制水平光线, 眩光严重, 但它能把接近水平的光线射到周围的建筑物上, 看上去有一种明亮的感觉; 半截光型灯具给人一种 "光从建筑物来" 的感觉, 有眩光但不太严重。一般道路照明主要选用截光型和半截光型灯具。

二、按灯具的结构和功能分类

按这种分类方法大致可分为以下几种。

1. 按外壳防护等级分类

根据我国国家标准 GB7001—1986《灯具外壳防护等级分类》的规定, 灯具的外壳防护等级由特征字母 "IP" 和两个特征数字组成, IP 后的第一个特征数字是指防止人体触及或接近外壳内部的带电部分, 防止固体异物进入外壳内部的防护等级, 如表 3-9 所示。IP 后的第二个特征数字是指防止水进入灯具外壳内部的防护等级, 如表 3-10 所示。

表 3-9 第一位特征数字所表示的防护等级

第一位特征数字	防 护 等 级	
	简 短 说 明	含 义
0	无 防 护	没有特殊要求
1	防大于 50mm 的固体异物	人体某一大面积部分, 如手 (但对有意识的接近并无防护), 固体异物直径超过 50mm

续表

第一位特征数字	防护等级	
	简　短　说　明	含　　义
2	防大于 12mm 的固体异物	手指或类似物，长度不超过 80mm，固体异物直径超过 12mm
3	防大于 2.5mm 的固体异物	直径或厚度大于 2.5mm 的工具、电线等，固体异物直径超过 2.5mm
4	防大于 1mm 的固体异物	厚度大于 1mm 的线材或片条，固体异物直径超过 1mm
5	防　尘	不能完全防止尘埃进入，但进入量不能达到妨碍设备正常运转的程度
6	尘　密	无尘埃进入

表 3 - 10　　　　　　　　　　　　第二位特征数字所表示的防护等级

第二位特征数字	防护等级	
	简短说明	含　　义
0	无防护	没有特殊防护
1	防　滴	滴水（垂直滴水）无有害影响
2	15°防滴	当外壳从正常位置倾斜在 15°以内时，垂直滴水无有害影响
3	防淋水	与垂直成 60°范围以内的淋水无有害影响
4	防溅水	任何方向溅水无有害影响
5	防喷水	任何方向喷水无有害影响
6	防猛烈海浪	猛烈海浪或强烈喷水时，进入外壳水量不致达到有害程度
7	防浸水影响	浸入规定压力的水中经规定时间后进入外壳水量不致达到有害程度
8	防潜水影响	能按制造厂规定的条件长期潜水

注　表中第二位特征数字 7 通常指水密型，第二位特征数字 8 通常指加压水密型。水密型灯具未必适合于水下工作，而加压水密型灯具能适用于这样的场合。

　　实际应用中，灯具的防护等级低于 IP20 的灯具不需要标记，并且，如果只需要用一个特征数字表示防护等级，被省略的数字必须用字母 X 代替。例如，防喷水灯具可表示为 IPX5，无尘埃进入灯具可表示为 IP6X。

　　2. 按防触电保护分类

　　灯具的所有带电部件（包括导线、接头、灯座等）必须用绝缘物或外加遮蔽的方法将它们保护起来，以适应不同的使用方法和使用环境。我国国家标准将其分为 0 类、Ⅰ 类、Ⅱ 类和Ⅲ类。各等级的定义、说明如表 3 - 11 所示。

表 3 - 11　　　　　　　　　　　　灯具防触电保护分类

类别	定　　义	说　　明
0 类	依靠基本绝缘防触电，一旦绝缘失效，只靠周围环境提供保护，否则，易触及部件和外壳会带电	金属外壳要与带电部件隔开，绝缘材料的外壳可成为基本绝缘，内部有部分地方可以采用双重或加强绝缘
Ⅰ 类	除靠基本绝缘防触电外，可能触及的导电部件要与保护导线（地线）连接，万一基本绝缘失效时，导电部件不会带电	金属外壳要与带电部件分开，绝缘材料的外壳内有接地线；若带软线，则软线中应包括保护导线，若不使用保护导线，安全程度同 0 类
Ⅱ 类	采用双重绝缘或加强绝缘作为安全防护，无保护地线	一个完整的绝缘外罩可视作补充绝缘；金属外壳的内部一定要双重或加强绝缘；为启动而接地但不与所有可触及的金属件相连的仍为 Ⅱ 类，否则为 Ⅰ 类
Ⅲ 类	采用特低安全电压（交流有效值不超过 50V），灯内不会产生高于此电压值	不必有保护性接地

3. 按灯具的结构特点分类

（1）开启型：光源与外界空间直接接触（无罩）。

（2）闭合型：透光罩将光源包合起来，但内外空气仍能自由流通。

（3）封闭型：透光罩固定处加以一般封闭，与外界隔绝比较可靠，但内外空气仍可有限流通。

（4）密闭型：透明罩固定处加以严格封闭，与外界隔绝相当可靠，内外空气不能流通。

（5）防爆型：透明罩本身及其固定处和灯具外壳，均能承受要求的压力，符合《防爆电气设备制造检验规程》的规定，能安全使用在爆炸危险性介质的场所。防爆型又可分为隔爆型和安全型。隔爆型的代号为 B，用于正常时就有可能发生爆炸危险的场所；安全型的代号为 A，用于有可能发生爆炸危险的场所。

（6）防腐型：外壳用耐腐蚀材料，密封良好。用于含有腐蚀性气体的场所。

三、其它分类方法

1. 按使用的光源分类

（1）白炽灯具：采用白炽灯或卤钨灯作为光源的灯具。

（2）荧光灯具：采用荧光灯作为光源的灯具。直管荧光灯具的型式很多，主要有带式、简式、格栅、组合式等，各种灯具可以不同程度地改善其光学特性和装饰性，是应用最多的灯具。环形和紧凑型，由于其结构和体积都近似于白炽灯，所以多数都可以直接采用白炽灯具。具有很强的装饰性，其应用也十分广泛。

（3）高强度气体放电灯具：采用 HID 灯作为光源的灯具，多用于工厂照明和城市闹市区的装饰照明。另外 HID 灯还可制造成各种投光灯，用于城市的泛光装饰照明。

（4）混光灯具：为了改善显色性和光色，保证灯具有较高的光效率，可以将两种不同的高强度气体放电光源混光使用。例如，把高压汞灯（$R_a = 30 \sim 40$）和高压钠灯（$R_a = 20 \sim 30$）安装在一起，按适当的比例产生的混合光，其显色指数可提高到 $40 \sim 50$。因此近年来不少灯具厂生产了专门的混光灯具，有的采用两只反射罩，分别反射两种光源；有的采用一只椭圆型反射罩，把两种光源合装在一起。

2. 按安装方式分类

（1）吸顶灯：直接安装在顶棚上的灯具。常用于大厅、门厅、走廊、厕所、楼梯及办公室、会议室等场所。

（2）嵌入顶棚式（镶嵌灯）：灯具可嵌入顶棚内。近年来被广泛用于走廊、会议室、商店、计算机房、办公室、酒吧、舞厅、剧院、酒店客房、餐厅等有装饰吊顶的场所。

（3）壁灯：安装在墙壁上的灯具，主要作为室内装饰，兼作辅助性照明。广泛用于酒店、餐厅、歌舞厅、卡拉 OK 包房和居民住宅等场所。

（4）悬挂式灯具（吊灯）：用软线、链条或钢管等将灯具从顶棚吊下。一般吊灯用于装饰性要求不高的各种场所；而比较高档的装饰多采用花吊灯，这种灯具以装饰为主，花样品种十分繁多，广泛用于酒店、餐厅、会议厅和居民住宅等场所。

（5）嵌墙型灯具：将灯具嵌入墙体上。多用于应急疏散指示照明或酒店等场合作为脚灯。

（6）移动式灯具：如台灯、落地灯、床头灯、轨道灯等。它可以自由移动以获得局部高照度，同时作为装饰，可以改变室内气氛。广泛用于工厂车间、办公室、展览馆、商店橱窗、酒店和居民住宅等场所。

第三节　照明灯具的选用

照明设计中，应选择既满足使用功能和照明质量的要求，又便于安装维护、长期运行费用低的灯具，具体应考虑以下几点。

一、配光的选择

配光的选择主要应根据各类灯具的配光特点及使用场合的要求来综合考虑，在满足照明质量要求的前提下，尽可能提高光的利用率，力求达到最佳的照明节能效果。例如：

（1）在各种办公室及公共建筑中，房间的墙和顶棚均要求有一定的亮度，要求房间内各表面有较高的反射比，并需有一部分光直接射到顶棚和墙上，此时可以采用上射光通量不小于15%的半直接型灯具，从而获得舒适的视觉条件及良好的艺术效果；有吊顶的大型办公室或大厅，可以采用嵌入式格栅荧光灯具；有空调的房间内可以选用空调灯具，以有效地节约电能。

（2）工业厂房应采用效率较高的开启式直接型灯具。在高大的厂房内（6m以上），宜采用配光较窄的灯具，但对有垂直照度要求的场所则不宜采用，而应考虑有一部分光能照射到墙上和设备的垂直面上；厂房不高或要求减少阴影时，可采用中照型、广照型等配光的灯具，使工作点能受到来自各个方向的光线的照射。

（3）为了限制眩光，应采用表面亮度低、保护角符合规定的灯具，如带有格栅或漫射罩的灯具，亦可采用蝙蝠翼配光的灯具，使视线方向的反射光通量减少到最低限度，可以显著地减弱光幕反射。

（4）当要求垂直照度时，可选用不对称配光的灯具，也可采用指向型灯具（聚光灯、射灯等）。

二、按环境条件选择

按环境条件选择灯具时，应特别注意有火灾危险、爆炸危险、灰尘、潮湿、振动和化学腐蚀等特殊的环境条件，灯具的外壳防护等级应确保灯具能在特殊环境条件下安全工作。

三、按防触电保护要求选择

防触电保护0类灯具的安全程度不高，只能用于安全程度好的环境，如空气干燥、木地板的场所；防触电保护Ⅰ类灯具的金属外壳接地，安全程度有所提高，如投光灯、路灯、庭院灯等；防触电保护Ⅱ类灯具的绝缘性好，安全程度高，适用于环境差、人经常触摸的灯具如台灯、手提灯等；防触电保护Ⅲ类灯具的安全程度最高，用于恶劣环境，如机床灯、儿童用灯等。

四、经济性

在保证满足使用功能和照明质量要求的前提下，应对可供选择的灯具和照明方案进行经济合理性比较，主要考虑初投资费（灯具的净费用、安装费、灯泡的初始安装净费用）、年运行费（每年的电费、更换灯泡的年平均费）以及年维护费（换灯和清扫的年人力费）。在满足照明质量、环境条件和防触电要求的情况下，尽量选用效率高、利用系数高、安装维护方便的灯具。另外，为了利于节能，我国现行《建筑照明设计标准》（GB 50034—2004）对荧光灯灯具和高强度气体放电灯灯具的最低效率值作了明确的规定。荧光灯灯具的效率不应低于表3-12的规定，高强度气体放电灯灯具的效率不应低于表

3-13的规定。

表 3-12　　　　　　　　　　　　荧 光 灯 灯 具 的 效 率

灯具出光口形式	开敞式	保护罩 (玻璃或塑料)		格栅
		透明	磨砂、棱镜	
灯具效率	75%	65%	55%	60%

表 3-13　　　　　　　　　　高强度气体放电灯灯具的效率

灯具出光口形式	开敞式	格栅或透光罩
灯具效率	75%	60%

五、灯具外形应与建筑物相协调

灯具的造型尺寸、外表面的颜色等应与建筑物协调一致，还可以通过采用艺术灯具（壁灯、吊灯、特制的各种灯具等），来达到美化环境、烘托建筑的目的。

思 考 题 与 习 题

1. 灯具有哪些作用？它有哪些光学特性？
2. 什么是灯具的光中心、光轴、垂直角？
3. 灯具的配光特性有哪几种主要的表示方法？各有什么特点？
4. 非对称配光灯具的光强空间分布如何表示？
5. 什么是灯具的保护角？其作用是什么？
6. 什么是灯具的距高比？什么是灯具的 1/2 照度角？灯具允许的距高比如何确定？
7. 什么是灯具的效率？与光源的发光效率有何区别？
8. 灯具主要有哪些分类方法？
9. 选择灯具应主要考虑哪些因素？

第四章　照　度　计　算

照度计算是照明工程设计过程中必不可少的重要环节。照度计算的任务是：根据照度标准的要求及其它已知条件（如灯具型式及布置、室内环境条件等），来确定灯具的数量和光源的功率；或是在灯具形式及布置等都已确定的情况下，计算已知照明系统在被照面上产生的照度，用以校验被照面上的照度能否达到设计标准的要求。照明工程中，最基本的照度计算主要有点照度计算和平均照度计算两种。

点照度计算是以被照面上的一点为对象，计算不同形状、不同位置的灯具（光源）在该点产生的直射照度（不考虑反射光通量产生的照度），所以点照度计算又可称为直射照度计算。点照度计算适用于房间高大、反射光较少的场所，一般用于验算工作点的照度和被照面照度分布的均匀度。由于在验算整个被照面的照度分布时，需要对组成被照面的各点分别计算其照度，所以这种计算方法又称为逐点计算法。

平均照度是以整个被照平面为对象，按被照面所得到的光通量除以被照面面积来计算被照面上的照度平均值。平均照度计算适用于灯具布置较均匀、墙和顶棚反射系数较高，且空间无大型设备遮挡的室内一般照明。

本章重点介绍点光源和线光源的点照度以及平均照度计算的基本公式和计算方法。

第一节　点光源的点照度计算

当光源（或灯具）的几何尺寸与光源到计算点之间的距离相比小得多时，就可以忽略光源（或灯具）本身的尺寸，将光源视为点光源。实践证明，在一般照明情况下，只要圆盘型发光体的直径不大于照射距离的 1/5，线状发光体的长度不大于照射距离的 1/4，按点光源进行照度计算其误差均小于 5%。

点照度计算的基本方法是距离平方反比法（或称距离平方反比定律）。距离平方反比法不仅适用于点光源直射照度的计算，而且适用于线光源和面光源的直射照度计算。所以距离平方反比法是最基本的照度计算方法。

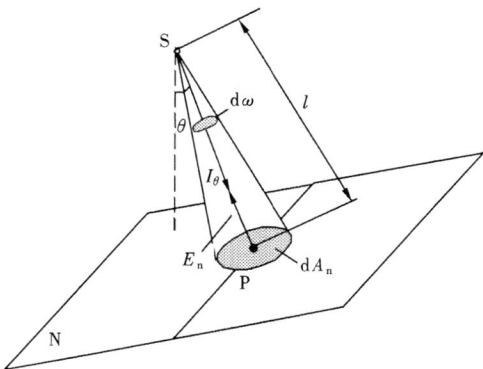

图 4-1　点光源指向平面照度

一、指向平面照度

指向平面是指与点光源某一照射方向垂直的被照面，或者说是某一入射光正对着的平面。指向平面照度则表示指向平面上某一点的法线方向照度，简称法线方向照度。

设点光源为 S，被照面 N 为指向平面。通过点光源 S 作 N 平面的垂线，垂足为 P。那么，点光源 S 在被照面 N 上的 P 点处所产生的直射照度就是点光源 S 的指向平面照度，用 E_n 表示，如图 4-1 所示。

若点光源 S 射向 N 平面上 P 点的光强为 I_θ，点光源 S 至被照面 N 的距离为 l；在被照面 N 上取一个包含 P 点的微面元，其面积为 dA_n；面元 dA_n 对点光源 S 所张的微立体角元为 $d\omega$，则 $d\omega = \dfrac{dA_n}{l^2}$。而点光源 S 在微立体角元 $d\omega$ 范围内射向被照面 N 的光通量为 $d\Phi$，由光强的定义可知

$$I_\theta = \frac{d\Phi}{d\omega}$$

那么，由照度的定义可求得点光源 S 在微面元 dA_n 上产生的照度 E_n，即

$$E_n = \frac{d\Phi}{dA_n} = \frac{I_\theta d\omega}{dA_n} = I_\theta \frac{dA_n/l^2}{dA_n} = \frac{I_\theta}{l^2} \qquad (4-1)$$

式（4-1）表明：点光源 S 在 N 平面上 P 点所产生的指向平面照度 E_n 正比于光源射向被照点的光强 I_θ，而与点光源至被照点的距离 l 的平方成反比，这一规律被称作点照度计算的距离平方反比定律，这一计算方法就是距离平方反比法。

二、水平面照度

水平面是指与点光源的光轴垂直的平面，水平面照度则表示点光源在水平面上某一点的法线方向照度，简称水平照度。

设被照点 P 位于水平面 H 上，则点光源 S 在水平面 P 点处产生的直射照度就是水平照度，用 E_h 表示，如图 4-2 所示。若 h 为点光源 S 至水平面 H 的距离（即计算高度），l 为点光源 S 至水平面 H 上被照点 P 点的距离，θ 为点光源 S 的垂直角（即 N 平面与 H 平面之间的夹角，也是 E_h 与 E_n 之间的夹角），点光源指向被照点 P 的光强为 I_θ，则点光源在被照点产生的水平面照度 E_h 等于该点光源在同一被照点产生的指向平面照度 E_n 与它在投射方向的垂直角余弦 $\cos\theta$ 的乘积，即

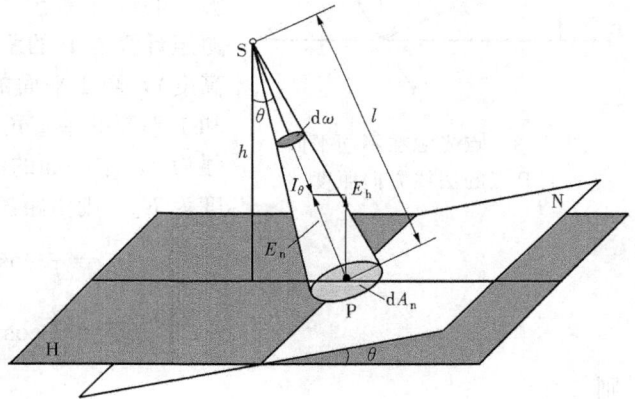

图 4-2　点光源水平面照度

$$E_h = E_n \cos\theta \qquad (4-2)$$

这就是计算直射照度的余弦定律。将式（4-1）代入，得

$$E_h = \frac{I_\theta}{l^2}\cos\theta \qquad (4-3)$$

式（4-3）表明：点光源 S 照射在水平面 H 上产生的照度 E_h 与光源的光强 I_θ 及被照面与入射光线的夹角 θ 的余弦成正比，与光源至被照面计算点 P 的距离 l 的平方成反比。

在实际照明系统中，光源至计算点的距离 l 随光源与计算点的相对位置的变化而变化，若要求某一被照点在多个点光源照射下所产生的直射照度，则需要分别求出各个光源至被照面计算点的距离 l，计算工作量较大。此时，可根据计算高度 h 求水平面照度 E_h，因为同一环境下的所有光源（或灯具）一般都具有相同的安装高度（计算高度）h。由图 4-2 可知

$$l = \frac{h}{\cos\theta}$$

代入式（4-3），得

$$E_\mathrm{h} = \frac{I_\theta}{(h/\cos\theta)^2}\cos\theta = \frac{I_\theta}{h^2}\cos^3\theta \qquad (4-4)$$

与式（4-3）相比，式（4-4）在实际照度计算中应用更为广泛。

三、倾斜面和垂直面照度

在实际工程中，被照面不一定都是水平的，有时是任意倾斜的，如商店里的橱窗和柜台、工厂里的仪表控制台、设计室里的绘图仪器等表面有时就是一些任意倾斜的或垂直的平面。所以，点照度计算还应包括任意倾斜面和垂直面的直射照度计算。

倾斜面和垂直面的照度计算较之水平面照度计算复杂、繁琐，在设计计算过程中，都是利用已知的水平照度计算公式求解。最简单的计算方法是由点照度计算的距离平方反比定律，分别求出同一计算点在水平面和任意倾斜面的法线方向照度，利用倾斜面的法线照度与水平照度之比，计算倾斜面或垂直面的照度。

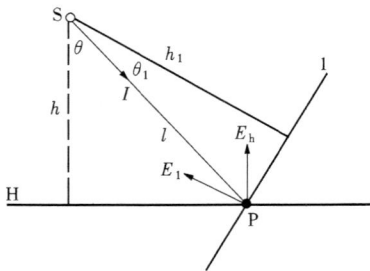

图 4-3　点光源在不同平面上 P 点的法线方向照度

1. 点光源在不同平面上 P 点的照度之比

图 4-3 中，H 为水平面，1 为任意倾斜平面，S 为点光源。假设计算点 P 是倾斜面和水平面交线上的一点，点光源至计算点 P 的距离为 l，至 H 平面的垂线长度为 h（计算高度），至 1 平面的垂线长度为 h_1；点光源相对于 H 平面和 1 平面的垂直角分别为 θ 和 θ_1；若点光源射向 P 点的光强为 I，水平面的法线方向照度为 E_h，1 平面的法线方向照度为 E_1，则由距离平方反比定律可知

$$E_\mathrm{h} = \frac{I}{l^2}\cos\theta$$

$$E_1 = \frac{I}{l^2}\cos\theta_1$$

则

$$\frac{E_1}{E_\mathrm{h}} = \frac{\cos\theta_1}{\cos\theta} = \frac{h_1/l}{h/l} = \frac{h_1}{h} \qquad (4-5)$$

即点光源 S 在两个不同平面上同一点 P 的照度之比为光源至该平面的垂线长度之比。

2. 倾斜面照度计算

在图 4-4 中，设 H 为水平面，N 为任意倾斜面的受光面，N′ 为任意倾斜面的背光面，δ 为倾斜面的背光面 N′ 与水平面 H 所形成的倾斜角（可小于或大于90°），θ 为点光源 S 的垂直角，计算点 P 位于倾斜面的受光面与水平面的交线上。

若光源至水平面 H 的垂线长度为 h（即灯具的计算高度），光

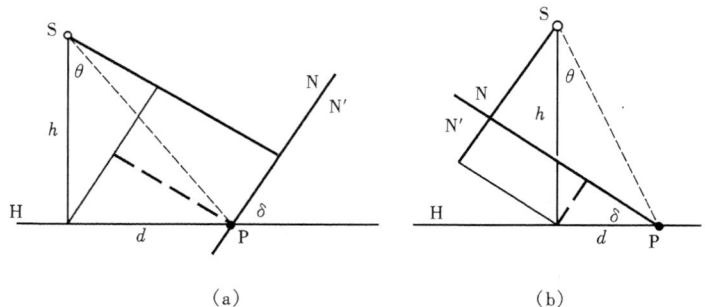

(a)　　　　　　　　　(b)

图 4-4　点光源倾斜面照度

(a) 受光面能受到光照射；(b) δ 角增大受光面变化

源至倾斜面 N 的垂线长度为 h_i。由图 4 - 4 可以看出，h_i 会随着倾斜角 δ 的变化而变化，当倾斜面以 P 点为轴逆时针旋转，且倾斜角 δ 在 0°～（90°+θ）范围内变化时，由图 4 - 4（a）得：$h_i = h\cos\delta + d\sin\delta$；当倾斜面以 P 点为轴顺时针旋转，且倾斜角 δ 在 0°～（90°-θ）范围内变化时，由图 4 - 4（b）得：$h_i = h\cos\delta - d\sin\delta$。在这两种情况下，光源至倾斜面的垂线长度就可以表示为：$h_i = h\cos\delta \pm d\sin\delta$。

被照点 P 上的倾斜面照度与水平照度之比，即

$$\frac{E_i}{E_h} = \frac{h_i}{h} = \frac{h\cos\delta \pm d\sin\delta}{h}$$

点光源倾斜面照度 E_i 可由下式计算，即

$$E_i = E_h(\cos\delta \pm \frac{d}{h}\sin\delta) = \psi E_h \tag{4 - 6}$$

$$\psi = \cos\delta \pm \frac{d}{h}\sin\delta \tag{4 - 7}$$

式中　E_i——P 点的倾斜照度，lx；

E_h——P 点的水平照度，lx；

h——点光源至水平面上的计算高度，m；

d——点光源在水平面上的投影至倾斜面与水平面交线的垂直距离，m；

ψ——倾斜照度系数，即倾斜照度与水平照度的比值。ψ 值可以按式（4 - 7）计算，也可以绘制成曲线备查。倾斜照度系数与 d/h 的关系曲线如图 4 - 5 所示，图中实线指的是逆时针旋转倾斜角 δ 的 ψ 值，虚线指的是顺时针旋转倾斜角 δ 的 ψ 值。

3. 垂直面照度

当倾斜角 δ 等于 90°时，任意倾斜面将与水平面垂直，此时的倾斜面即为垂直面，将 δ=90°代入式（4 - 6）中，即可推导出垂直面照度的计算公式，若垂直面照度用 E_v 表示，则

$$E_v = E_h \frac{d}{h} \tag{4 - 8}$$

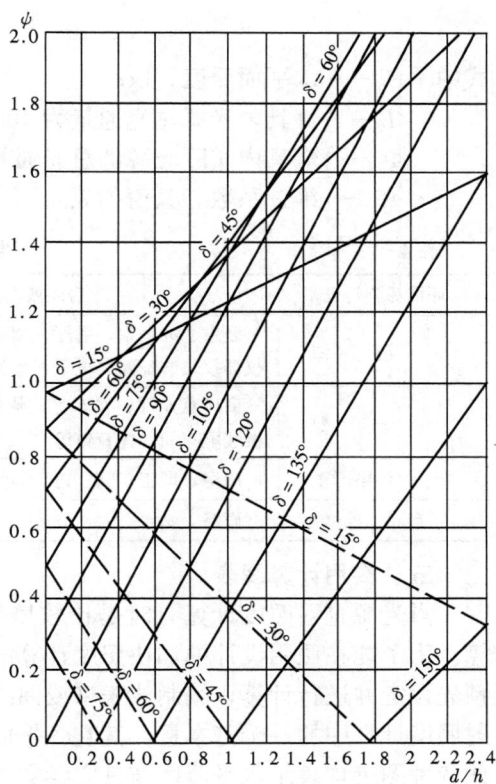

图 4 - 5　倾斜照度系数 ψ 与 d/h 关系曲线

四、实际照度计算公式

以上讨论的点光源直射照度计算公式都可以看作是理论计算公式，而实际计算时和还应考虑以下两个因素。

1. 光强换算

上述照度计算公式中用到的光强 I_θ，一般都是从灯具的配光特性上查取的，而 I_θ 通常是指灯具内光源的总光通量为 1000lm 时的光强值。若设计计算时所选用灯具的光源总光通量不是 1000lm，则必须对上述公式的计算结果进行换算。

2. 维护系数

灯具在使用过程中，它的光通量输出并不是一成不变的，随着使用时间的增加，大多数光源的光通量输出会发生衰减，灯具的老化、积尘会导致灯具输出光通量的减少，房间表面污染会引起照度的降低。因此在照度计算时就应考虑到这些减光因素，以免照度不足。在实际工程中，通常用维护系数来描述照明系统的减光问题。维护系数指照明装置在使用一定周期后，在规定表面上的平均照度或平均亮度与该装置在相同条件下新装时在同一表面上所得到的平均照度或平均亮度之比，用 K 表示。

考虑了以上两个因素后，可得到一系列的点光源直射照度的实际计算公式。由于水平面照度是最基本的计算公式，所以这里只给出水平面照度的实际计算公式，其它照度的计算公式读者可自行写出。

$$E_{\mathrm{h}} = \frac{I_\theta}{l^2}\cos\theta \, \frac{\Phi K}{1000} \tag{4-9}$$

$$E_{\mathrm{h}} = \frac{I_\theta}{h^2}\cos^3\theta \, \frac{\Phi K}{1000} \tag{4-10}$$

式中　E_{h}——水平面照度，lx；

　　I_θ——灯具内光源总光通量为 1000lm 时垂直角方向的光强，cd；

　　Φ——灯具内实际光源的总光通量，lm；

　　K——维护系数，其值如表 4-1 所示。

表 4-1 维 护 系 数

环境污染特征		房间或场所举例	维护系数	灯具最少擦拭次数（次/年）
室内	清洁	卧室、办公室、餐厅、阅览室、教室、病房、客房、仪器仪表装配间、电子元器件装配间、检验室等	0.80	2
	一般	商店营业厅、候车室、影剧院、机械加工车间、机械装配车间、体育馆等	0.70	2
	污染严重	厨房、锻工车间、铸工车间、水泥车间等	0.60	3
室外		雨篷、站台	0.65	2

五、实用计算图表

点光源直射照度计算有时是比较繁琐的，它不仅计算量大，而且常常是枯燥的重复计算。为了能在照明设计中加快照度计算的速度，减少计算工作量，常常在公式中将一些数值预先设定并进行计算，编制成表格或曲线供设计人员使用。由于水平面照度 E_{h} 是点光源直射照度计算中的一个基本量，其它各平面的照度都可以用水平面照度乘以一个系数求得，因此各种图表均表示水平照度与其它参数的关系。

1. 空间等照度曲线

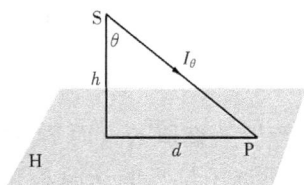

图 4-6　计算点坐标的确定

在灯具内的光源光通量为 1000lm，维护系数为 1 的条件下，点光源的水平面照度与计算点坐标（计算高度 h 和计算点 P 至灯具轴线的水平距离 d，如图 4-6 所示）之间的关系曲线，就是灯具的空间等照度曲线，如图 4-7 所示。

在设计计算时，只要已知计算点的坐标（即 h 和 d 值），就可以直接从"空间等照度曲线"图上查得该计算点的水平

照度值 e，然后再考虑所用灯具内光源的总光通量和实际的维护系数，就可以求出一盏灯具在计算点的实际水平照度 E_h，即

$$E_h = \frac{\Phi e K}{1000} \qquad (4-11)$$

当有多个相同灯具投射到同一点时，其实际水平照度可按以下公式计算，即

$$E_h = \frac{\Phi \Sigma e K}{1000} \qquad (4-12)$$

式中　e——光源光通量为 1000lm 时的水平照度，lx；

　　　Φ——每盏灯具内光源的总光通量，lm；

　　　Σe——各灯（1000lm）对计算点所产生的水平照度之和，lx；

　　　K——维护系数。

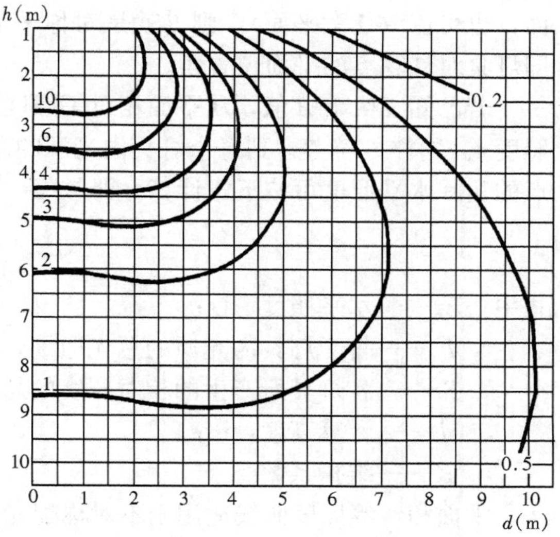

空间等照度曲线适用于对称配光灯具的照度计算。

2. 平面相对等照度曲线

在灯具内的光源光通量为 1000lm，维护系数为 1，计算高度为 1m 的条件下，不对称灯具（光源）的水平照度与计算点坐标（d/h 值和 β，如图 4-8 所示）之间的关系曲线，就是平面相对等照度曲线（如图 4-9 所示）。

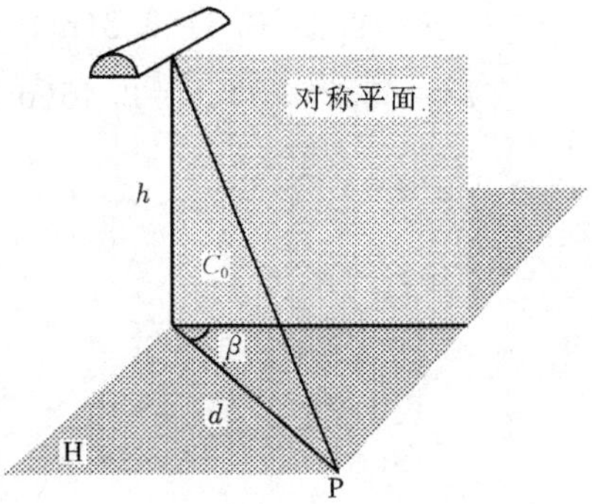

图 4-7　灯具的空间等照度曲线

图 4-8　不对称灯具计算点坐标的确定

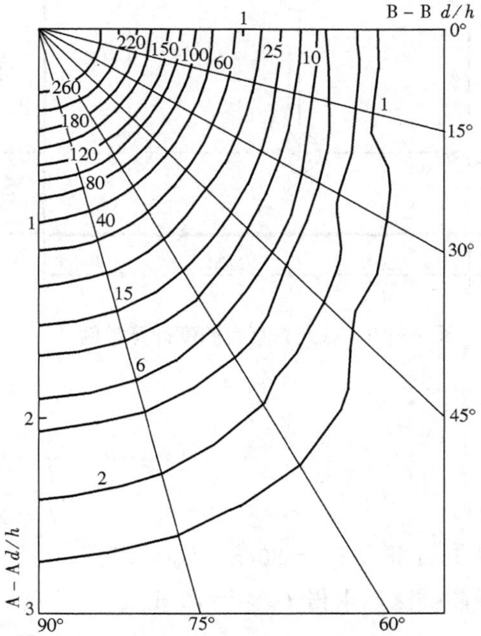

图 4-9　格栅荧光灯具（2×40W）的平面相对等照度曲线

为了确定不对称灯具计算点的坐标，在图 4-8 中取 C_0 平面为对称平面（也称起始平

面，也可以取任意平面），则 β 就是对称平面和水平面的交线与入射光投影线之间的夹角，即灯具对计算点的平面位置角。

若已知 d/h 和 β 值，从平面相对等照度曲线可直接查出光源光通量为 1000lm 时的水平照度 ε。同样，若考虑到每个灯具内光源的总光通量、实际的维护系数和计算高度，则计算点的实际水平照度可按下式计算，即

$$E_{\mathrm{h}} = \frac{\Phi \Sigma \varepsilon K}{1000h^2} \qquad (4-13)$$

式中　E_{h}——水平照度，lx；

　　　Φ——每个灯具内光源的总光通量，lm；

　　　$\Sigma\varepsilon$——各灯具所产生的相对照度的总和，lx；

　　　h——计算高度，m；

　　　K——维护系数。

平面相对等照度曲线适用于不对称配光灯具的照度计算。

六、点光源直射照度计算举例

【例 4-1】　有一接待室长 6.6m，宽 4.4m，净高 3.0m，桌面高度为 0.8m，采用 6 只 JXDS—2 平圆吸顶灯（参数见附录 1-1）照明。已知房间顶棚的反射比为 0.7，墙面的平均反射比为 0.5。求房间内 A 点桌面上的照度，如图 4-10 所示。

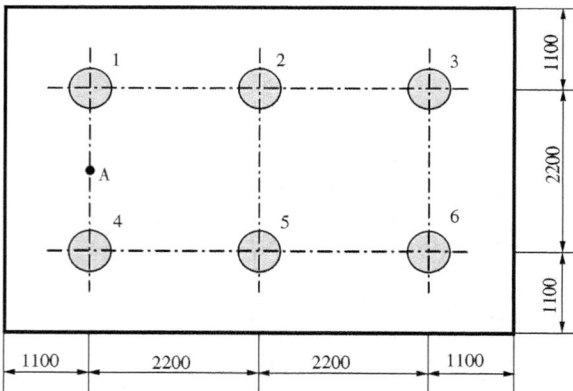

图 4-10　点光源直射照度计算举例

解　有两种解法：

解法一：按点光源水平照度计算公式计算。

由于灯 1 和 4、2 和 5、3 和 6 对于 A 点具有位置对称性，所以可分别求出 1、2、3（或 4、5、6）灯对 A 点产生的照度，然后求和。

（1）求灯 1（或灯 4）对 A 点产生的照度 $E_{1,4}$。

已知　$d = 1.1(\mathrm{m})$

　　　$h = 3.0 - 0.8 = 2.2(\mathrm{m})$

　　　$l = \sqrt{2.2^2 + 1.1^2} = 2.46(\mathrm{m})$

则

$$\cos\theta = \frac{h}{l} = \frac{2.2}{2.46} = 0.89$$

$$\theta = 26.27°$$

查附录 1-1 得：$I_{25°} = 80\mathrm{cd}$，$I_{30°} = 77\mathrm{cd}$

用直线内插法，求得 $I_{26.27°} = 79.1\mathrm{cd}$

$$E_{1,4} = \frac{I_\theta}{l^2}\cos\theta = \frac{79.1}{2.46^2} \times 0.89 = 11.64(\mathrm{lx})$$

（2）求灯 2（或灯 5）对 A 点产生的照度 $E_{2,5}$。

$$d = \sqrt{2.2^2 + 1.1^2} = 2.46(\mathrm{m})$$

$$l = \sqrt{2.2^2 + 2.46^2} = 3.3(\text{m})$$

$$\cos\theta = \frac{h}{l} = \frac{2.2}{3.3} = 0.67$$

$$\theta = 48.19°$$

查附录 1 - 1 得：$I_{45°} = 67\text{cd}$，$I_{50°} = 64\text{cd}$，$I_{48.19°} = 65.2\text{cd}$

$$E_{2,5} = \frac{I_\theta}{l^2}\cos\theta = \frac{65.2}{3.3^2} \times 0.67 = 4.01(\text{lx})$$

（3）求灯 3（或灯 6）对 A 点产生的照度 $E_{3,6}$。

$$d = \sqrt{1.1^2 + 4.4^2} = 4.54(\text{m})$$

$$l = \sqrt{2.2^2 + 4.54^2} = 5.04(\text{m})$$

$$\cos\theta = \frac{h}{l} = \frac{2.2}{5.04} = 0.44$$

$$\theta = 64.15°$$

查附录 1 - 1 得：$I_{60°} = 57\text{cd}$，$I_{65°} = 52\text{cd}$，$I_{64.15°} = 53\text{cd}$

$$E_{3,6} = \frac{I_\theta}{l^2}\cos\theta = \frac{53}{5.04^2} \times 0.44 = 0.92(\text{lx})$$

（4）求 A 点的实际照度 E_A。

$$E_A = \frac{\Phi K}{1000}(2E_{1,4} + 2E_{2,5} + 2E_{3,6})$$

$$= \frac{1250 \times 0.8}{1000} \times 2(11.6 + 4.01 + 0.92)$$

$$= 33.11(\text{lx})$$

解法二：按空间等照度曲线计算。

（1）求灯 1（或灯 4）对 A 点产生的照度 $E_{1,4}$。

$d = 1.1\text{m}$，$h = 2.2\text{m}$

查附录 1 - 1 中的空间灯照度曲线得

$e_{1,4} = 12\text{lx}$

（2）求灯 2（或灯 5）对 A 点产生的照度 $E_{2,5}$。

$d = 2.46\text{m}$，$h = 2.2\text{m}$

查附录 1 - 1 中的空间灯照度曲线得

$e_{2,5} = 4.2\text{lx}$

（3）求灯 3（或灯 6）对 A 点产生的照度 $E_{3,6}$。

$d = 4.54\text{m}$，$h = 2.2\text{m}$

查附录 1 - 1 中的空间灯照度曲线得

$e_{3,6} = 0.9\text{lx}$

（4）求 A 点的实际照度 E_A。

$$E_A = \frac{\Phi K}{1000}(2e_{1,4} + 2e_{2,5} + 2e_{3,6})$$

$$= \frac{1250 \times 0.8}{1000} \times 2(12 + 4.2 + 0.9) = 34.16(\text{lx})$$

两种解法的结果相差 1.05lx，计算误差为 3.2%，小于工程允许的 5% 的误差范围。在实际设计计算中，若有灯具的计算图表，则可以运用计算图表来简化计算过程。

第二节　线光源的点照度计算

线光源指的是那些宽度比长度小得多的光源（灯具）。线光源的点照度计算采用的是方位系数法，它也是由点光源的距离平方反比定律推导出来的。线光源的点照度计算主要有水平面的点照度计算和垂直面的点照度计算。

一、线光源在水平面的点照度计算

设线光源 AB 位于水平面 H 的上方，其长度为 L，到水平面的距离（计算高度）为 h。水平面 H 上的计算点 P 在线光源 A 端的垂直面内（即 P 点与线光源的 A 端对齐），且线光源的 A 端在水平面上投影点与计算点 P 之间的距离为 d，线光源的 A 端与计算点 P 之间的直线距离为 r，如图 4-11 所示。

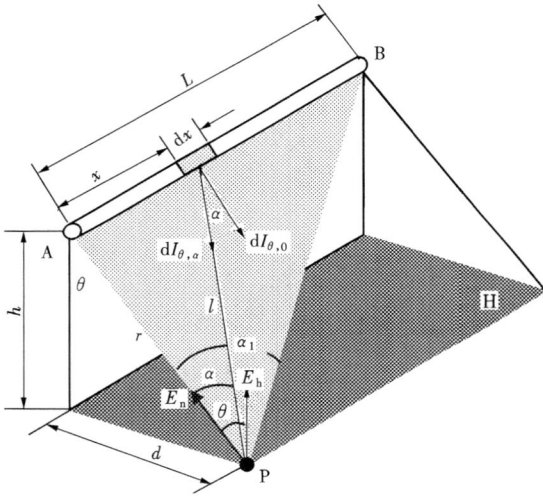

图 4-11　线光源在水平面的点照度计算

通过 A、B、P 三点作一个平面 ABP，该平面就是入射光平面，显然，它是一个纵向平面，那么，ABP 平面与纵向垂直面（C_{90} 平面）之间的夹角就是垂直角 θ，则线光源在 ABP 平面与横向平面（C_0 平面）的交线方向光强可表示为 $I_{\theta,0}$，若在同样方向上的单位长度光强用 $I'_{\theta,0}$ 表示，则

$$I'_{\theta,0} = \frac{I_{\theta,0}}{L}$$

在线光源距 A 端 x 处取一个微线元 dx，微线元 dx 至计算点 P 的距离为 l。由于 dx 比 l 小得多，所以可以将 dx 看成是一个点光源，这样就能够利用点光源水平照度的计算公式，推导出 dx 在 P 点产生的水平照度计算公式。而整个线光源 AB 在 P 点所产生的水平照度就等于若干个 dx 在 P 点所产生的直射照度之和。

设 dx 指向 P 点方向与 ABP 平面和 C_0 平面的交线方向之间的夹角为 α，则微线元 dx 在 $\alpha=0°$ 方向上的光强可表示为 $dI_{\theta,0}$，在指向计算点 P 方向上的光强可表示为 $dI_{\theta,\alpha}$，显然

$$dI_{\theta,0} = I'_{\theta,0} dx = \frac{I_{\theta,0}}{L} dx$$

根据线光源纵向配光特性的表示方法可得

$$dI_{\theta,\alpha} = dI_{\theta,0} f(\alpha) = \frac{I_{\theta,0}}{L} f(\alpha) dx$$

式中　α——$dI_{\theta,0}$ 与 $dI_{\theta,\alpha}$ 之间的夹角。

考虑到线光源在纵向平面的光强分布具有下列形式

$$I_{\theta,\alpha} = I_{\theta,0} \cos^n\alpha \quad （A、C、D、E 类）$$

或

$$I_{\theta,\alpha} = I_{\theta,0} \frac{\cos\alpha + \cos^2\alpha}{2} \qquad \text{(B 类)}$$

可将 $dI_{\theta,\alpha}$ 写成一般形式，若这里只考虑 A、C、D、E 类，纵向配光函数 $f(\alpha) = \cos^n\alpha$，则

$$dI_{\theta,\alpha} = \frac{I_{\theta,0}}{L}dx\cos^n\alpha$$

根据点光源直射照度计算中的距离平方反比定律，微线元 dx 表示的点光源在计算点 P 点产生的法线照度 dE_n' 为

$$dE_n' = \frac{dI_{\theta,\alpha}}{l^2} = \frac{I_{\theta,0}}{Ll^2}dx\cos^n\alpha$$

微线元 dx 在计算点 P 处产生的指向线光源 A 端的法线方向照度 dE_n 为

$$dE_n = dE_n'\cos\alpha = \frac{dI_{\theta,\alpha}}{l^2}\cos\alpha = \frac{I_{\theta,0}}{Ll^2}dx\cos^n\alpha\cos\alpha \qquad (4\text{-}14)$$

由于

$$l = \frac{r}{\cos\alpha}$$

则

$$dE_n = \frac{I_{\theta,0}}{L}\frac{\cos^2\alpha}{r^2}dx\cos^n\alpha\cos\alpha$$

又因为 $x = r\tan\alpha$，所以

$$dx = \frac{r}{\cos^2\alpha}d\alpha$$

代入上式可得

$$dE_n = \frac{I_{\theta,0}}{L}\frac{\cos^2\alpha}{r^2}\frac{r}{\cos^2\alpha}d\alpha\cos^n\alpha\cos\alpha = \frac{I_{\theta,0}}{rL}\cos^n\alpha\cos\alpha d\alpha$$

若线光源 AB 对计算点 P 所张的平面角用 α_1 表示，则 α_1 的大小就可以表征线光源与计算点的相对方位，故称 α_1 为方位角。在已知方位角 α_1 的情况下，对 dE_n 从 0 到 α_1 积分求和，即可求出整个线光源在 P 点产生的法线照度 E_n，即

$$E_n = \int_0^{\alpha_1} \frac{I_{\theta,0}\cos^n\alpha\cos\alpha}{rL}d\alpha = \frac{I_{\theta,0}}{rL}\int_0^{\alpha_1}\cos^n\alpha\cos\alpha d\alpha \qquad (4\text{-}15)$$

令

$$F_x = \int_0^{\alpha_1}\cos^n\alpha\cos\alpha d\alpha \qquad (4\text{-}16)$$

并称 F_x 为求线光源产生的水平照度的方位系数，简称水平方位系数。于是可得

$$E_n = \frac{I_{\theta,0}}{rL}F_x = \frac{I_{\theta,0}'}{r}F_x \qquad (4\text{-}17)$$

将 $r = \frac{h}{\cos\theta}$ 带入式（4-17），整理得

$$E_n = \frac{I_{\theta,0}}{Lh}\cos\theta F_x = \frac{I_{\theta,0}'}{h}\cos\theta F_x \qquad (4\text{-}18)$$

根据余弦定律，可得整个线光源在 P 点的水平照度 E_h，即

$$E_h = E_n\cos\theta = \frac{I_{\theta,0}'}{h}\cos^2\theta F_x$$

$$= \frac{I_{\theta,0}}{Lh}\cos^2\theta F_x \qquad (4\text{-}19)$$

考虑到灯具光源的实际光通量 Φ 和维护系数 K，则线光源在水平面上 P 点产生的实际水平照度：

$$E_{\mathrm{h}} = \frac{KI_{\theta,0}\Phi}{1000Lh}\cos^2\theta F_{\mathrm{x}} \qquad (4-20)$$

注意：水平方位系数 F_{x} 不仅是方位角的函数，还与纵向理论光强分布形式有关，即与

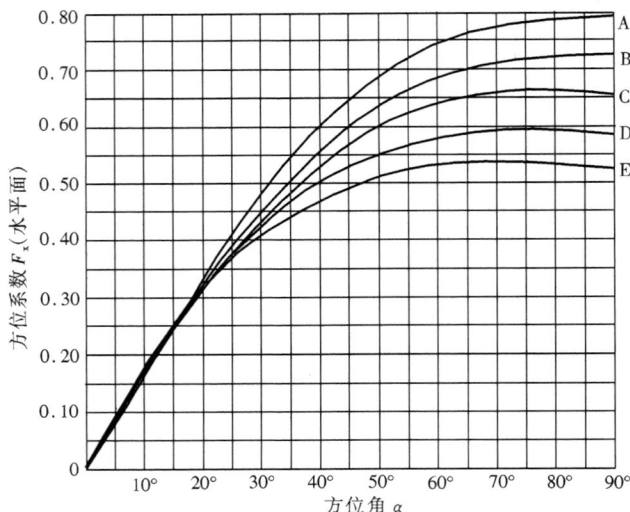

图 4-12　水平方位系数 F_{x}

$f(\alpha)$ 的形式有关。设计计算时，在已知方位角的情况下，需将 $n=1$，2，3，4 分别代入式（4-16）中，可求出 A、C、D、E 四类纵向理论光强分布的线光源的方位系数；若线光源具有 B 类理论光强分布，则采用相同的方法也能求出 B 类线光源的方位系数 F_{x}（读者可自行推导）。具有 A、B、C、D、E 五类纵向配光的线光源其方位系数可绘制成相应的表格或曲线，如图 4-12 所示，设计时在相应的曲线中查得即可。

二、线光源在垂直面的点照度计算

若图 4-11 中计算点 P 在垂直于线光源轴线的平面（垂直面）上，则 P 点的照度为 E_{x}，如图 4-13 所示。

利用推导线光源水平照度 E_{h} 的思路和方法，即可求出线光源在垂直面 P 点上的照度 E_{x}。对于 A、C、D、E 类纵向理论光强分布的线光源，有

$$E_{\mathrm{x}} = \int_0^l \frac{I_{\theta,0}\,\mathrm{d}x\cos^n\alpha}{Ll^2}\sin\alpha = \frac{I_{\theta,0}}{Lr}\int_0^{\alpha_1}\cos^n\alpha\sin\alpha\,\mathrm{d}\alpha$$

$$= \frac{I_{\theta,0}}{Lr}\left(\frac{1-\cos^{n+1}\alpha_1}{n+1}\right) = \frac{I_{\theta,0}}{Lr}f_{\mathrm{x}} \qquad (4-21)$$

其中

$$f_{\mathrm{x}} = \int_0^{\alpha_1}\cos^n\alpha\sin\alpha\,\mathrm{d}\alpha = \frac{1-\cos^{n+1}\alpha_1}{n+1} \qquad (4-22)$$

$$\alpha_1 = \arctan\frac{L}{r}$$

式中　f_{x}——横向方位系数，同样可以计算或查图 4-14 所示曲线获得。

三、特殊情况下的照度计算

在推导 E_{h}、E_{x} 时，都假设线光源的一端与计算点在同一个垂直面内，且线光源是连续的，若实际情况并非如此，则在计算过程中就需要根据实际情况对计算公式进行适当的修正。

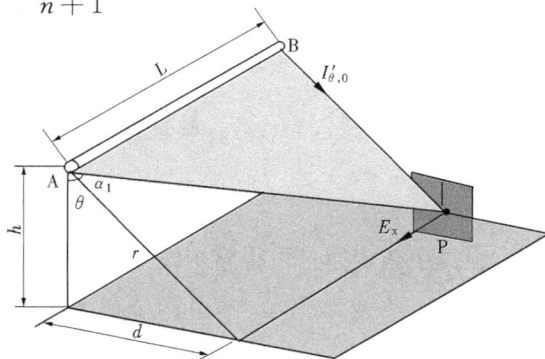

图 4-13　线光源在垂直面的点照度计算

1. 计算点不在线光源端部垂直面内

若计算点不在线光源的端部垂直面内，则可采用将线光源分段或延长的方法，使各段线光源都有一个端部与计算点在同一个垂直面内，只要分别计算各段线光源在该点所产生的照度，然后求各段线光源在该计算点照度的代数和即可。

例如，在图 4-15 中，AB 是线光源，其长度为 L，若要分别计算高度同为 h，水平距离同为 d 的两个计算点 P_1、P_2 上的水平照度，则可利用式（4-19）或式（4-20）分别求出 AC、CB、BD、AD 段线光源的水平照度，然后根据实际情况，求 P_1、P_2 点的照度代数和，即

$$E_{hP1} = E_{hAD} - E_{hBD}$$
$$E_{hP2} = E_{hAC} + E_{hCB}$$

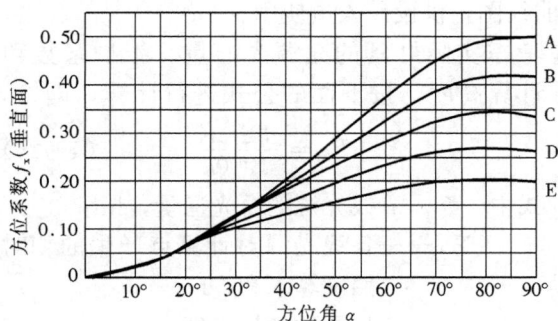

图 4-14 垂直方位系数 f_x

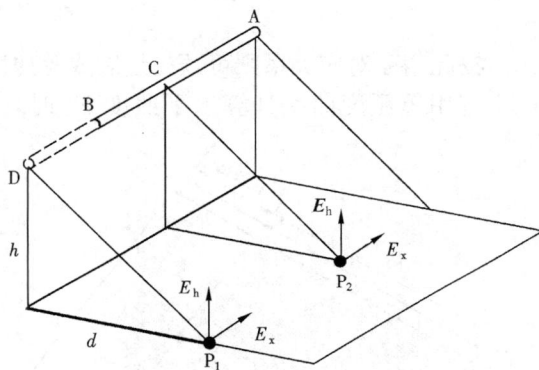

图 4-15 线光源照度的组合计算

2. 不连续线光源

当线光源由间断的各段光源构成，且各段光源的特性相同（即采用相同的灯具），并按同一轴线布置时（如图4-16所示），其照度的计算分以下两种情况来处理。

（1）当各段光源（灯具）间的距离 $s \leqslant h/4\cos\theta$ 时，不连续线光源可按连续线光源计算照度，但此时光强或单位长度光强应乘以一个修正系数 C，即

$$C = \frac{Nl'}{N(l'+s)-s} = \frac{Nl'}{L} \tag{4-23}$$

式中 l'——各段光源（灯具）长度，m；

s——各段光源（灯具）间的距离，m；

N——整列光源中的各段光源（灯具）数量。

（2）当各段光源（灯具）间的距离 $s > h/4\cos\theta$ 时，可根据不连续线光源实际的段数，分段进行计算，最后求代数和。计算公式为

$$E_h = \frac{I_{\theta,0}\Phi K}{1000Lh}\cos^2\theta[F_{\alpha1} + (F_{\alpha3} - F_{\alpha2}) + (F_{\alpha5} - F_{\alpha4})] \tag{4-24}$$

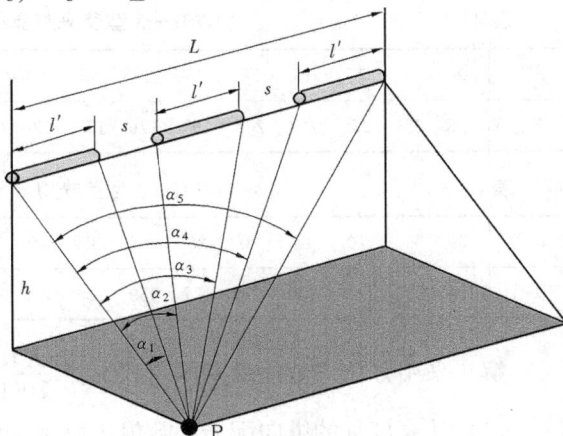

图 4-16 不连续线光源的照度计算

式中　F_{a1}、F_{a2}、F_{a3}、F_{a4}、F_{a5}——方位系数，已知方位角 α_1、α_2、α_3、α_4、α_5，可从水平面方位系数曲线中查得 F_{a1}、F_{a2}、F_{a3}、F_{a4}、F_{a5}。

四、应用线光源等照度曲线计算

在利用公式 $E_h = \dfrac{I_{\theta,0}}{Lh}\cos^2\theta F_x$ 求线光源水平照度时，如令计算高度 $h=1m$，令 $I_{\theta,0}$ 为线光源光通量是 1000lm 时的光强，则所得结果为水平面相对照度，用 ε_h 表示，其计算公式为

$$\varepsilon_h = \frac{I_{\theta,0}}{L}\cos^2\theta F_x \tag{4-25}$$

由 θ、d、h、L 之间的几何关系，式（4-25）也可用下列函数表示，即

$$\varepsilon_h = f\left(\frac{d}{h}, \frac{L}{h}\right)$$

按此相互对应关系则可预先绘制成等照度曲线图，供设计人员使用。

应用等照度曲线计算水平照度 E_h 时，应考虑实际灯具的光源光通量、维护系数和计算高度，按下面的公式进行计算，即

$$E_h = \frac{\Phi\Sigma\varepsilon_h K}{1000h} \tag{4-26}$$

式中　Φ——线光源的总光通量，lm；

$\Sigma\varepsilon_h$——各线光源对计算点产生的相对照度算术和，lx；

h——灯具的计算高度，m；

K——维护系数。

五、计算举例

【例 4-2】　由四盏 YG701－3 三管荧光灯具（$3\times36W$）组成一条连续光带，如图 4-17 所示。求 P 点的水平照度。

已知 YG701－3 的光强分布如表 4-2、表 4-3 所示。

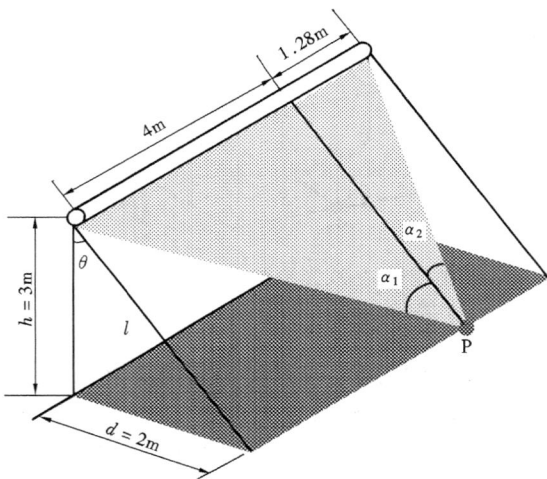

图 4-17　线光源计算举例示意图

表 4-2   YG701－3 型荧光灯具横向垂直面发光强度值

$\theta(°)$	0	5	10	15	20	25	30	35	40	45	50	55	60	65	70	75	80	85	90	95
$I_{\theta,0}$	228	236	230	224	209	191	176	159	130	108	85	62	48	37	28	19	11	4.9	0.6	0

表 4-3   YG701－3 型荧光灯具纵向垂直面发光强度值

$\alpha(°)$	0	5	10	15	20	25	30	35	40	45	50	55	60	65	70	75	80	85	90	95
$I_{0,\alpha}$	228	224	217	205	192	177	159	145	127	107	88	67	51	39	29	20	12	5.6	0.4	0

解　采用方位系数法的基本公式 $E_h = \dfrac{KI_{\theta,0}\Phi}{1000Lh}\cos^2\theta F_x$ 求解

（1）计算灯具的纵向配光函数值，以确定灯具的分类。将灯具纵向平面内的光强 $I_{0,\alpha}$ 除以该平面内的零度光强 $I_{0,0}$，其值如表 4-4 所示。

表 4 - 4　　　　　　　　　　　YG701—3 型荧光灯具纵向配光函数值

α (°)	0	10	20	30	40	50	60	70	80	90
$I_{0,\alpha}/I_{0,0}$	1	0.952	0.842	0.697	0.511	0.386	0.224	0.127	0.053	0.0018

将表 4 - 4 中数据画到图 3 - 6 上，如图 3 - 6 中虚线所示。经比较（也可以与表 3 - 2 中的 5 类理论配光函数值比较），虚线与 C 类灯具的曲线最接近，则可近似认为 YG701—3 型荧光灯具属于 C 类灯具。

（2）计算方位角 α_1 和 α_2。

$$\alpha_1 = \arctan \frac{4}{\sqrt{3^2 + 2^2}} = \arctan 1.109 = 47.97°$$

$$\alpha_2 = \arctan \frac{1.28}{\sqrt{3^2 + 2^2}} = \arctan 0.365 = 19.57°$$

（3）查方位系数 F_x。

由图 4 - 12 查水平方位系数 F_{x1} 和 F_{x2}，

$$\alpha_1 = 47.97° \quad F_{x1} = 0.606$$
$$\alpha_2 = 19.57° \quad F_{x2} = 0.323$$

（4）计算垂直角 θ 角，即

$$\theta = \arctan \frac{2}{3} = 33.69°$$

（5）求 $I_{\theta,0}$。

由垂直面的发光强度值查得（见表 4 - 2）

$$\theta = 30° \quad I_{\theta,0} = 176 \text{cd}$$
$$\theta = 35° \quad I_{\theta,0} = 159 \text{cd}$$

用直线内插法求得

$$\theta = 33.69° \quad I_{\theta,0} = 163.45 \text{cd}$$

（6）计算 P 点的水平照度 E_h。

已知光带长度 $L = 1.28 + 4 = 5.28(\text{m})$，由题意知，计算点 P 的水平照度应为长度分别为 $L_1 = 4\text{m}$、$L_2 = 1.28\text{m}$ 在 P 点产生的照度和。若 36W 荧光灯管的光通量为 3350lm，光带的总光通量用 Φ 表示，L_1 段光带的光通量用表示 Φ_1，L_2 段光带的光通量用表示 Φ_2，则

$$\Phi_1 = \frac{L_1}{L}\Phi, \Phi_2 = \frac{L_2}{L}\Phi$$

计算点 P 的水平照度计算如下

$$E_h = \frac{KI_{\theta,0}\Phi_1}{1000L_1h}\cos^2\theta F_{x1} + \frac{KI_{\theta,0}\Phi_2}{1000L_2h}\cos^2\theta F_{x2}$$

$$= \frac{KI_{\theta,0}\Phi}{1000Lh}\cos^2\theta(F_{x1} + F_{x2})$$

$$= \frac{0.8 \times 163.45 \times (3350 \times 3 \times 4)}{1000 \times 5.28 \times 2} \times (\cos 33.69°)^2 \times (0.606 + 0.323)$$

$$= 320.15(\text{lx})$$

第三节 平 均 照 度 计 算

在室内一般照明系统中，大多数场所都要求工作面上具有较均匀的照度，此时往往是以

工作面上的平均照度值为指标来评价照明的数量和质量的，因而照度标准中规定的不同场所参考面上的照度推荐值大多是指平均照度值。可见，平均照度虽然不能准确地表示某一点的照度或被照面的照度分布，但在工程实践中却具有重要的实际意义。

平均照度的计算通常采用利用系数法（也称为光通法或流明法）。由于利用系数法既考虑了由灯具直接投射到工作面上的光通量，又考虑了室内各表面（墙壁、顶棚、地板等）之间光通量的多次反射影响，因此，在符合适用条件的场合下，该方法能得到比较准确的计算结果。

一、利用系数的有关概念

利用系数（Utlization factor）表示照明光源光通量被利用的程度，它等于经灯具的照射和墙、顶棚等的反射而投射到工作面上的光通量，与房间内所有光源发射出的总光通量之比，用 U 表示，即

$$U = \frac{\Phi_f}{N\Phi} \tag{4-27}$$

式中　Φ_f——投射到计算工作面上的总光通量，lm；

　　　Φ——每只灯具内光源的总光通量，lm；

　　　N——照明灯具数。

利用系数与灯具的光强分布（配光特性）、灯具的效率、灯具的悬挂高度、房间的大小及形状和室内各反射面的反射比等因素有关，利用式（4-27）一般很难求得利用系数。在照明工程中，通常是在一定的假设条件下，利用多次相互反射的理论，事先编制出不同灯具的利用系数表。设计计算时，只要知道了房间的空间特征和各表面反射比，即可从灯具的利用系数表中求得利用系数，从而使平均照度计算得到简化。

1. 室形指数和空间系数

房间的尺寸和形状可以用室形指数或空间系数来表征。在民用建筑中，大多数房间是一个长方体的空间，上面是顶棚，下面是地板，四周围则是墙。为了避免发生耀眼的反射，室内墙面和顶棚一般都采用无光泽的饰面材料，近似具有均匀漫反射特性。

为了求室形指数和空间系数，常常把房间分成三个空间（或称为空腔），如图4-18所示。通过灯具光中心的水平面称为灯具平面，灯具平面与房间顶棚之间的空间是顶棚空间，工作面与房间地板（面）之间的空间是地板空间，灯具平面与工作面之间的空间是室空间。

对照明计算而言，三个空间中最关键的是室空间。室空间的上方是灯具平面，称之为有效顶棚或等效顶棚，下方是工作面，称为有效地板或等效地板，四周是墙（这里指的仅是室空间部分的墙），这样就可以将室空间看成是一个由墙、有效顶棚、有效地板三个漫射面组成的长方体空间。室空间上下二个平面中，最受关注的是工作面（参考面），在大多数情况下，工作面是一个离地面具有一定高度的假想水平面，设计计算时，若没有特别说明，工作面的高度可按我国《民用建筑照明设计标准》（GBJ133—1990）中的规定来选取：人们坐着工作时的参考面是离地

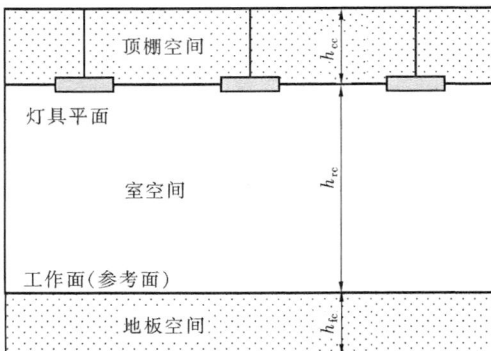

图4-18　房间空间的划分

0.75m 的水平面；当人站着工作时，可根据 CIE 推荐，把离地 0.85m 的水平面看作是参考面。

对于一个有墙、有效顶棚和有效地板三个漫射表面等效的室空间，室形指数可定义为

$$室形指数 = \frac{等效地板面积 + 等效顶棚面积}{室空间部分的墙面面积}$$

设房间的长度为 l，宽度为 w，顶棚空间高度为 h_{cc}（灯具吸顶或嵌入顶棚安装时其值为 0），地板空间高度为 h_{fc}（工作面为实际地板或楼面时其值为 0），室空间高度为 h_{rc}（即计算高度 h），若室形指数用 RI 表示，则

$$RI = \frac{2lw}{2(l+w)h_{rc}} = \frac{lw}{(l+w)h_{rc}} \tag{4-28}$$

RI 值越大，表示房间越大，而高度相对来说则较矮；反之，RI 值越小，表示房间较小，而高度相对来说则较高。

我国有关标准和 CIE 推荐采用的均是用室形指数来表征房间的尺寸和形状，而目前平均照度的计算方法中用得较多的还有美国的带域—空间法，该计算方法中用来表征房间尺寸和形状的是室空间系数（或称空间比），对于室空间、顶棚空间和地板空间来说，可分别定义为室空间系数 RCR、顶棚空间系数 CCR、地板空间系数 FCR，其计算公式为

$$RCR = \frac{5h_{rc}(l+w)}{lw} \tag{4-29}$$

$$CCR = \frac{5h_{cc}(l+w)}{lw} \tag{4-30}$$

$$FCR = \frac{5h_{fc}(l+w)}{lw} \tag{4-31}$$

比较式（4-28）和式（4-29），得 $RCR = \dfrac{5}{RI}$，即室形指数与室空间系数呈互为倒数关系。对大部分房间而言，其室形指数 RI 约在 0.6~5.0 之间，相应的室空间系数 RCR 约在 1~10 范围内。为了便于计算，一般将 RI 划分为 0.6、0.8、1.0、1.25、1.5、2.0、2.5、3.0、4.0、5.0 等 10 个等级，相应的 RCR 也可划分为 1、2、3、4、5、6、7、8、9、10 等10 个等级。

2. 有效空间反射比

（1）有效顶棚反射比。

顶棚空间由两部分表面组成，一是实际顶棚表面，二是顶棚空间部分的墙面。当光源的光通量投射到顶棚空间后，一部分被吸收，一部分在空间内经多次反射后重新射出灯具平面。将各次射出灯具平面的光通量相加，其和即为顶棚空间总的反射光通量，它与第一次射入顶棚空间的光通量之比就是顶棚空间的有效反射比。为了简化计算，常用有效顶棚反射比来代替顶棚空间的有效反射比，记作 ρ_{cc}，即

$$\rho_{cc} = \frac{\rho A_0}{A_s - \rho A_s + \rho A_0} \tag{4-32}$$

式中　A_0——顶棚空间开口面积（即实际顶棚面积或有效顶棚面积），m^2；

　　　A_s——顶棚空间的内表面面积（实际顶棚面积与顶棚空间部分墙面面积之和），m^2；

　　　ρ——顶棚空间内表面的平均反射比。

若第 i 块表面的面积为 A_i，ρ_i 是该表面的实际反射比，则

$$\rho = \frac{\Sigma \rho_i A_i}{\Sigma A_i} \qquad\qquad (4 - 33)$$

（2）有效地板反射比。

地板空间内往往放置了一些家具、机器或其它物件，因此地板空间对光的反射将受到这些物件的影响，一般会导致地板空间的有效反射比下降。由于地板空间的反射光通量较少，对房间照度的影响较小，因此在照明计算中一般不考虑家具等物件对反射光通量的影响，仍用顶棚空间的方法来表征，即用有效地板反射比 ρ_{fc} 来代替地板空间的有效反射比，同样有

$$\rho_{fc} = \frac{\rho A_0}{A_s - \rho A_s + \rho A_0} \qquad\qquad (4 - 34)$$

式中　A_0——地板空间开口面积（即实际地板面积或有效地板面积），m^2；

　　　A_s——地板空间的内表面积（实际地板面积与地板空间部分墙面面积之和），m^2；

　　　ρ——地板空间内表面的平均反射比，其值仍按式（4 - 33）计算。

3. 墙面平均反射比

室空间部分的墙面通常都开有门和窗，各部分的实际反射比大都不同，则室空间总的反射光通量就等于各表面的反射光通量之和，它与射入室空间墙面的光通量之比就是室空间的有效反射比。为了简化计算，往往把室空间墙面看成是一个具有相同反射比的均匀漫射面，其反射比可以用墙面平均反射比来表征。

一般情况下，门的面积较小且反射比较高，可忽略它对墙面平均反射比的影响；而窗的面积较大且反射比较低，对墙面平均反射比的影响较大。如果除了窗以外，其它部分的墙面均有相同的反射比 ρ，则墙面平均反射比 ρ_w，即

$$\rho_w = \frac{\rho(A - A_g) + \rho_g A_g}{A} \qquad\qquad (4 - 35)$$

式中　A——室空间部分包括门窗在内的总面积，m^2；

　　　A_g——玻璃窗的面积，m^2；

　　　ρ_g——玻璃窗的反射比，常近似地取为 0.1。

当墙面由不同反射比的几部分组成，或墙上贴、挂有大面积不同反射比的饰物时，应利用式（4 - 33）来计算墙面的平均反射比 ρ_w。

由以上的讨论可以得到平均照度计算的简化模型，房间被简化成一个长方体的空间，四周是反射比为 ρ_w 的墙面，上有反射比为 ρ_{cc} 的（等效）顶棚，下有反射比为 ρ_{fc} 的（等效）地板，房间各面都具有均匀漫反射特性。对于这样一个简化模型，就可以根据灯具的利用系数表和计算公式，方便地计算出工作面上的平均照度。

二、平均照度计算

工作面上的平均照度就是落到工作面单位面积上的光通量，计算一般照明平均照度的最主要的方法是利用系数法。

1. 基本计算公式

用利用系数法可以在已知房间特性和灯具数量的情况下，计算工作面上的平均照度；也可以在已知房间特性和照明要求的情况下，计算达到照明要求所需灯具的数量。其公式为

$$E_{av} = \frac{\Phi N U K}{A} \qquad\qquad (4 - 36)$$

$$N = \frac{E_{av}A}{\Phi UK} \qquad\qquad (4-37)$$

式中　E_{av}——工作面上的平均照度，lx；

　　　Φ——每个灯具中光源的总光通量，lm；

　　　N——灯具数量；

　　　U——利用系数；

　　　A——工作面面积，m^2；

　　　K——维护系数。

2. 计算步骤

应用利用系数法计算平均照度的步骤如下：

（1）按照灯具的布置及房间的已知数据，确定房间的空间系数，即计算空间系数 RCR、CCR、FCR 或室形指数 RI；

（2）计算有效空间反射比 ρ_{cc} 和 ρ_{fc} 以及墙面平均反射比 ρ_w；

（3）根据所选用灯具的利用系数表，确定利用系数 U；

（4）根据房间环境的污染特征，查表 4-1 确定维护系数 K；

（5）利用式（4-36）或式（4-37）进行设计计算。

3. 确定利用系数 U 时应注意的问题

（1）每一种灯具都有自己的利用系数表，由于利用系数与灯具的配光、效率及房间特征有关。当房间特征确定后，利用系数只与灯具配光和效率有关。显然，若在同一个房间内采用不同型号的灯具照明时，其利用系数是不一样的。所以为了确保计算精度，计算时不同型号灯具的利用系数表不能混用。

（2）在灯具的利用系数表中，室空间系数 RCR 一般都是整数（1～10），若实际计算得到的室空间系数 RCR 不是表中的整数时，可以用直线内插法进行计算。

（3）灯具利用系数表中的反射比都是 10 的整数倍，若计算得到的反射比 ρ_{cc}、ρ_{fc}、ρ_w 不是 10 的整数倍时，可四舍五入。

（4）灯具的利用系数表是按有效地板反射比为 20% 编制的，若计算得到的 ρ_{fc} 值不是 20% 时，则应用适当的修正系数进行修正。关于地板空间有效反射系数不等于 20% 时对利用系数的修正表见附录 1-4。

（5）灯具利用系数表中有效顶棚反射比及墙面反射比均为零的利用系数，用于室外照明设计。

三、平均照度计算举例

【例 4-3】　有一教室长 6.6m，宽 6.6m，高 3.6m，在离顶棚 0.5m 的高度内安装有 8 只 YG1-1 型 36W 荧光灯，课桌高度为 0.8m，教室内各表面的反射比如图 4-19 所示。试计算课桌面上的平均照度（36W 荧光灯光通量取 3350lm）。YG1-1 荧光灯具计算图表见附录 1-2。

解　用利用系数法求平均照度

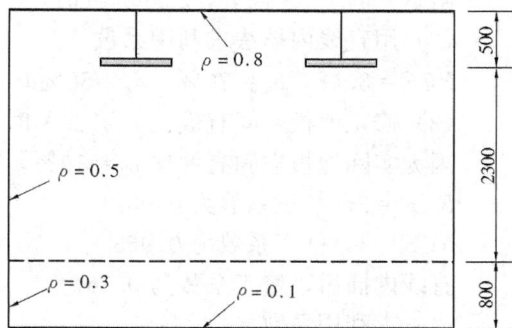

图 4-19　利用系数法举例示意图

1. 求空间系数

$h_{fc}=0.8m$，$h_{cc}=0.5m$，$h_{rc}=3.6-0.5-0.8=2.3(m)$

$$RCR = \frac{5h_{rc}(l+w)}{lw} = \frac{5\times2.3\times(6.6+6.6)}{6.6\times6.6} = 3.48$$

$$CCR = \frac{h_{cc}}{h_{rc}}RCR = \frac{0.5}{2.3}\times3.48 = 0.76$$

$$FCR = \frac{h_{fc}}{h_{rc}}RCR = \frac{0.8}{2.3}\times3.48 = 1.21$$

2. 求有效空间反射比

（1）求有效顶棚反射比 ρ_{cc}

$$A_0 = 6.6\times6.6 = 43.6(m^2)$$

$$A_s = 6.6\times6.6+6.6\times0.5\times4 = 56.8(m^2)$$

$$\rho = \frac{\Sigma\rho_i A_i}{\Sigma A_i} = \frac{0.5(0.5\times6.6)\times4+0.8\times(6.6\times6.6)}{(0.5\times6.6)\times4+(6.6\times6.6)} = 0.73$$

$$\rho_{cc} = \frac{\rho A_0}{A_s-\rho A_s+\rho A_0} = \frac{0.73\times43.6}{56.8-0.73\times56.8+0.73\times43.6} = 0.675$$

取 $\rho_{cc}=70\%$。

（2）求有效地板反射比 ρ_{fc}

$$A_0 = 6.6\times6.6 = 43.6(m^2)$$

$$A_s = 6.6\times6.6+6.6\times0.8\times4 = 64.72(m^2)$$

$$\rho = \frac{\Sigma\rho_i A_i}{\Sigma A_i} = \frac{0.3(0.8\times6.6\times4)+0.1\times6.6\times6.6}{(0.8\times6.6\times4)+(6.6\times6.6)} = 0.17$$

$$\rho_{fc} = \frac{\rho A_0}{A_s-\rho A_s+\rho A_0} = \frac{0.17\times43.6}{64.72-0.17\times64.72+0.17\times43.6} = 0.12$$

取 $\rho_{fc}=10\%$。

（3）求墙面平均反射比 ρ_w。

由图 4-19 和已知条件知：$\rho_w=0.5$，即 $\rho_w=50\%$。

3. 确定利用系数

（1）查表：由附录 1-2 查得

$RCR=3$，$\rho_{cc}=70\%$，$\rho_w=50\%$时，$U=0.53$

$RCR=4$，$\rho_{cc}=70\%$，$\rho_w=50\%$时，$U=0.46$

（2）用直线内插法求利用系数

$RCR=3.48$，$\rho_{cc}=70\%$，$\rho_w=50\%$时，$U=0.5$

（3）修正地板空间有效比 $\rho_{fc}\neq20\%$时对利用系数的影响。

因为实际地板空间有效比 $\rho_{fc}=10\%$，查附录 1-4 得

$RCR=3$，修正系数为 0.957

$RCR=4$，修正系数为 0.963

直线内插后，修正系数为 0.96

（4）求利用系数

$RCR=3.48$，$\rho_{cc}=70\%$，$\rho_w=50\%$，$\rho_{fc}=10\%$时，$U=0.96\times0.5=0.48$

4. 确定维护系数

根据房间的环境污染特征，由表 4-1 知，K 应取 0.8。

5. 求平均照度

$$E_{av} = \frac{\Phi NUK}{A} = \frac{3350 \times 8 \times 0.48 \times 0.8}{6.6 \times 6.6} = 236.3(\text{lx})$$

四、平均照度的简化计算

利用系数法可以精确地求出已知照明系统在工作面上所获得的平均照度，或求出达到规定的平均照度时所需灯具的数量，但在求利用系数时需要插值计算和修正，致使计算过程相对复杂。若对计算精度要求不高时，可利用灯具的概算曲线或单位容量计算表，使计算过程得到简化。

1. 灯具概算曲线法

灯具概算曲线是根据灯具的利用系数，经过一定计算后绘制成的曲线，它实际上是利用系数法的另一种表示方法。这些曲线可以使计算工作量大为减少，但计算精度将低于利用系数法，常作为照明初步设计时近似计算用。

对于某种灯具，已知其光源的光通量，并假定照度是 100lx，房间的长宽比和维护系数，即可在不同表面的反射比及灯具吊挂高度条件下，编制出灯数 N 与工作面面积关系曲线，这就是灯具的概算曲线，如图 4-20 所示。

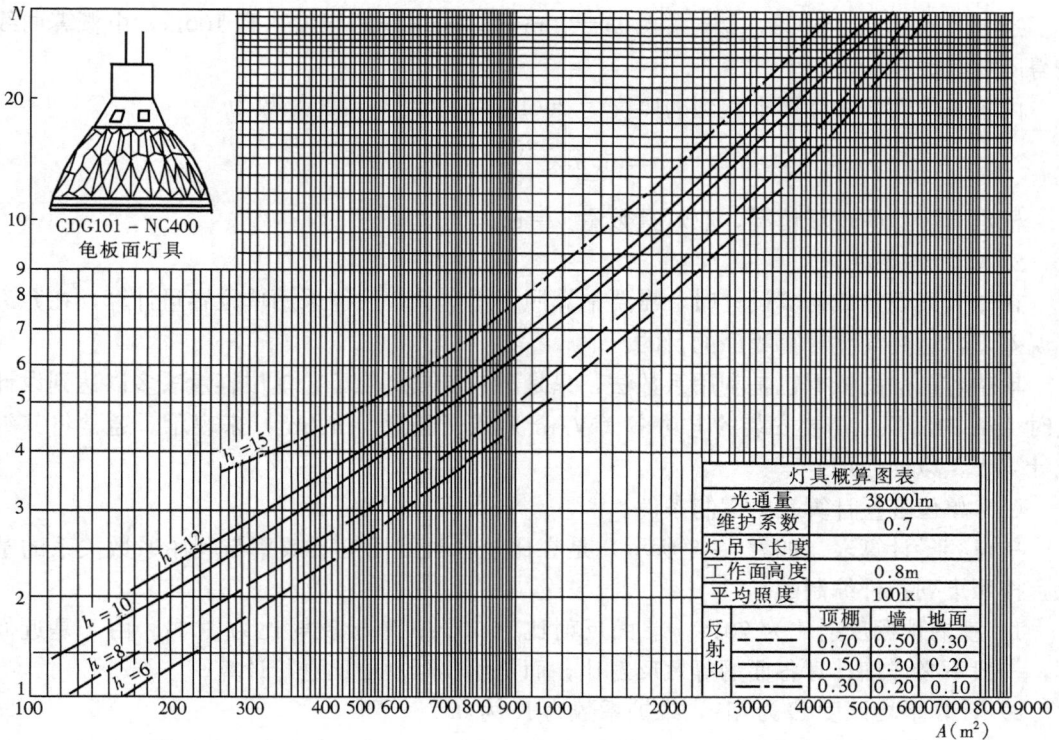

图 4-20　CDG101-NG400 型灯具概算曲线

（1）使用概算曲线时应注意的问题。

1）不同型号的灯具，其概算曲线不能混用；

2）若实际情况与灯具概算曲线的绘制条件不同时，应按下式对结果进行修正，即

$$n = \frac{EK'\Phi'}{100K\Phi}N \qquad (4-38)$$

式中　n——实际应采用的灯具数量，个；

　　　N——由概算曲线上查得的灯具数量，个；

　　　K——实际采用的维护系数；

　　　K'——概算曲线上假设的维护系数；

　　　E——设计所要求的平均照度，lx；

　　　Φ——实际灯具的光源总光通量，lm；

　　　Φ'——绘制概算曲线所用灯具的光源总光通量，lm。

（2）计算示例。

【例 4-4】　某造纸厂碱回收车间长 48m，宽 18m，工作面高 0.8m，灯具距工作面 10m；有效顶棚反射比 $\rho_{cc}=0.5$，墙面平均反射比 $\rho_w=0.3$，有效地板反射比 $\rho_{fc}=0.2$；选用 CDG101-NG400 型灯具（400W 荧光高压汞灯）照明。若工作面照度要求达到 200lx，用灯具概算曲线计算所需灯数。

解　用灯具的概算曲线计算

$$A = 48 \times 18 = 864 (\text{m}^2)$$

当 $\rho_{cc}=0.5$，$\rho_w=0.3$，$\rho_{fc}=0.2$，$h=10$m 时，若工作面照度达到 100lx，由概算曲线中查得所需灯数 $N=5.5$ 个

由于工作面上实际要求达到的照度为 200lx，则实际需要的灯数为

$$n = 5.5 \times \frac{200}{100} = 11 (\text{个})$$

根据实际照明现场情况，取灯具数量 $n=12$。

2. 单位容量法

在做方案设计或初步设计时，需要估算照明用电量，往往采用单位容量计算，在允许计算误差下，达到简化计算程序的目的。

单位容量法的依据也是利用系数法，只是进一步被简化了。单位容量法多以达到设计照度时 1m^2 的面积上需要安装的电功率（W/m^2）或光通量（lm/m^2）来表示。通常将其编制成计算表，以便使用。

（1）单位容量计算表的编制条件。

单位容量计算表（如表 4-5 所示）是在比较各类常用灯具效率与利用系数关系的基础上，按照下列条件编制的。

1）室内顶棚反射比为 70%；墙面反射比为 50%；地板反射比为 20%。由于是近似计算，一般不必详细计算各面的等效反射比，而是用实际反射比进行计算。

2）计算平均照度 E 为 1lx，维护系数为 K 为 0.7。

3）白炽灯的光效为 12.5lm/W（220V，100W），荧光灯的光效为 60lm/W（220V，40W）。

4）灯具效率不小于 70%，当装有遮光格栅时不小于 55%。

5）灯具配光分类符合国际照明委员会的规定，如表 4-6 所示。

（2）基本公式。

单位容量法的基本公式为

$$P = P_0 AE$$
$$P = P_0 AEC_1 C_2 C_3 \tag{4-39}$$

或

$$\Phi = \Phi_0 AE$$
$$\Phi = \Phi_0 AEC_1 C_2 C_3 \tag{4-40}$$

式中　P、Φ——分别为在设计照度下房间需要的最低电功率（W）和光源总光通量（lm）；

P_0——照度为 1lx 时的单位容量，$W/m^2 \cdot lx$，其值可查表；

Φ_0——照度达到 1lx 时所需的单位光通量，$lm/m^2 \cdot lx$；

A——房间面积，m^2；

E——设计照度（平均照度），lx；

C_1——当房间内各部分的光反射比不同时的修正系数，其值可查表 4-7；

C_2——当光源不是 100W 的白炽灯或 40W 的荧光灯时的调整系数，其值查表 4-8；

C_3——当灯具效率不是 70% 时的修正系数，当 $\eta = 60\%$ 时，$C_3 = 1.22$；当 $\eta = 50\%$ 时，$C_3 = 1.47$。

表 4-5　　　　　　　　　　　　　**单 位 容 量 计 算 表**

室空间比 RCR (室型指数 RI)	直接型配光灯具		半直接型配光灯具	均匀漫射型配光灯具	半间接型配光灯具	间接型配光灯具
	$s \leqslant 0.9h$	$s \leqslant 1.3h$				
8.33 (0.6)	0.4308 0.0897 5.3846	0.4000 0.0833 5.0000	0.4308 0.0897 5.3846	0.4308 0.0897 5.3846	0.6335 0.1292 7.7783	0.7001 0.1454 7.7506
6.25 (0.8)	0.3500 0.0729 4.3750	0.3111 0.648 3.8889	0.3500 0.0729 4.3750	0.3394 0.0707 4.2424	0.5094 0.1055 6.3641	0.5600 0.1163 7.0005
5.0 (1.0)	0.3111 0.0648 3.8889	0.2732 0.0569 3.4146	0.2947 0.0614 3.6842	0.2876 0.0598 3.5897	0.4308 0.0894 5.3850	0.4868 0.1012 6.0874
4.0 (1.25)	0.2732 0.0569 3.4146	0.2383 0.0496 2.9787	0.2667 0.0556 3.3333	0.2489 0.0519 3.1111	0.3694 0.0808 4.8580	0.3996 0.0829 5.0004
3.33 (1.5)	0.2489 0.0519 3.1111	0.2196 0.0458 2.7451	0.2435 0.0507 3.0435	0.2286 0.0476 2.8571	0.3500 0.0732 4.3753	0.3694 0.0808 4.8280
2.5 (2.0)	0.2240 0.0467 2.800	0.1965 0.0409 2.4561	0.2154 0.0449 2.6923	0.2000 0.0417 2.5000	0.3199 0.0668 4.0003	0.3500 0.0732 4.3753
2.0 (2.5)	0.2113 0.0440 2.6415	0.1836 0.0383 2.2951	0.2000 0.0417 2.5000	0.1836 0.0383 2.2951	0.2876 0.0603 3.5900	0.3113 0.0646 3.8892
1.67 (3.0)	0.2036 0.0424 2.5455	0.1750 0.0365 2.1875	0.1898 0.0395 2.3729	0.1750 0.0365 2.1875	0.2671 0.0560 3.3335	0.2951 0.0614 3.6845

室空间比 RCR （室型指数 RI）	直接型配光灯具		半直接型 配光灯具	均匀漫射型 配光灯具	半间接型 配光灯具	间接型 配光灯具
	$s \leqslant 0.9h$	$s \leqslant 1.3h$				
1.43 (3.5)	0.1967 0.0410 2.4592	0.1698 0.0354 2.1232	0.1838 0.0383 2.2976	0.1687 0.0351 2.1083	0.2542 0.0528 3.1820	0.2800 0.0582 3.5003
1.25 (4.0)	0.1898 0.0395 2.3729	0.1647 0.0343 2.0588	0.1778 0.0370 2.2222	0.1632 0.0338 2.0290	0.2434 0.0506 3.0436	0.2671 0.0560 3.3335
1.11 (4.5)	0.1883 0.0392 2.3531	0.1612 0.0336 2.0153	0.1738 0.0362 2.1717	0.1590 0.0331 1.9867	0.2386 0.0495 2.9804	0.2606 0.0544 3.2578
1.0 (5.0)	0.1867 0.0389 2.3333	0.1577 0.0329 1.9718	0.1697 0.0354 2.1212	0.1556 0.0324 1.9444	0.2337 0.0485 2.9168	0.2542 0.0528 3.1820

注 1. 表中 s 为灯间距，h 为计算高度。

2. 表中每格所列三个数字由上至下依次为：选用 100W 白炽灯的单位电功率（W/m²·lx）；选用 40W 荧光灯的单位电功率（W/m²·lx）；单位光通量（lm/m²·lx）。

3. 若采用高压气体放电光源时，按 40W 荧光灯的 P_0 值计算。

若按式（4-39）或式（4-40）求得 P 或 Φ，就可估算达到设计照度时所需灯具的个数 N

$$N = \frac{P}{P'} \tag{4-41}$$

或

$$N = \frac{\Phi}{\Phi'} \tag{4-42}$$

式中　　P'——每个灯具的光源总功率，W；

Φ'——每个灯具的光源总光通量，lm。

表 4-6　　　　　　　　　**常用灯具配光分类表（符合 CIE 规定）**

灯具配光分类	直接型		半直接型	均匀漫射型	半间接型	间接型
	上射光通量 0～10% 下射光通量 100%～90%		上射光通量 10%～40% 下射光通量 90%～60%	上射光通量 60%～40% 40%～60% 下射光通量 40%～60% 60%～40%	上射光通量 60%～90% 下射光通量 40%～10%	上射光通量 90～100% 下射光通量 10%～0
	$s \leqslant 0.9h$	$s \leqslant 1.3h$				
所属灯具举例	嵌入式格栅荧光灯 圆格栅吸顶灯 广照型防水防尘灯 防潮吸顶灯	深照式荧光灯 搪瓷深照灯 镜面深照灯 探照型防震灯 配照型工厂灯 防震灯	简式荧光灯 纱罩单吊灯 塑料碗罩灯 尖扁圆吸顶灯 方形吸顶灯	平口橄榄罩吊灯 束腰单吊灯 圆球单吊灯 枫叶罩单吊灯 彩灯	伞型罩单吊灯	

表 4-7　　　　　　　　　**房间内各部分的光反射比不同时的修正系数 C_1**

反射比				
	顶棚 ρ_c	0.7	0.6	0.4
	墙面 ρ_w	0.4	0.4	0.3
	地板 ρ_f	0.2	0.2	0.2
修正系数 C_1		1	1.08	1.27

表 4-8　　　　　当光源不是 100W 的白炽灯或 40W 的荧光灯时的调整系数 C_2

光源类型及额定功率 (W)	白 炽 灯 (220V)										
	15	25	40	60	75	100	150	200	300	500	1000
调整系数 C_2	1.7	1.43	1.34	1.19	1.1	1	0.9	0.86	0.82	0.76	0.68
额定光通量 (lm)	110	220	350	630	850	1250	2090	2920	4610	8300	18600

光源类型及额定功率 (W)	卤钨灯			荧光灯			
	500	1000	2000	15	20	30	40
调整系数 C_2	0.64	0.6	0.6	1.55	1.24	1.65	1
额定光通量 (lm)	9750	21000	42000	580	970	1550	2400

光源类型及额定功率 (W)	自镇式荧光高压汞灯			荧光高压汞灯					
	250	450	750	125	175	250	400	700	1000
调整系数 C_2	2.73	2.08	2	1.58	1.5	1.43	1.2	1.2	1.2
额定光通量 (lm)	5500	13000	22500	4750	7000	10500	20000	35000	50000

光源类型及额定功率 (W)	镝灯	钠铊铟灯		高 压 钠 灯					
	400	400	1000	110	215	250	360	400	1000
调整系数 C_2	0.67	0.86	0.92	0.825	0.8	0.75	0.67	0.63	0.6
额定光通量 (lm)	36000	28000	65000	8000	16125	20000	32400	38000	100000

（3）计算举例。

【例 4-5】 有一房间面积 A 为 $9 \times 6 = 54 (m^2)$，房间高度为 3.6m。已知室内顶棚反射比为 70%、墙面反射比为 50%、地板反射比为 20%，$K = 0.7$，拟选用 40W（含电子镇流器的功率损耗）普通单管荧光吊链灯具（简式荧光灯具），$h_{cc} = 0.6m$，如要求设计照度为 100lx，试确定照明灯具数量。

解　本题可用单位电功率法求解，也可以用单位光通量法求解。在此仅选用单位电功率法计算。

已知
$$h = h_{rc} = 3.6 - h_{cc} = 3.6 - 0.6 = 3 (m)$$
$$RCR = \frac{5h_{rc}(l+w)}{lw} = \frac{5 \times 3 \times (9+6)}{9 \times 6} = 4.167$$

普通单管荧光灯具属于半直接型配光灯具（见表 4-6），从表 4-5 中查得 $P_0 = 0.0565$（用直线内插法），则

$$P = P_0 A E = 0.0565 \times 54 \times 100 = 305.1 (W)$$

故灯具数量

$$N = \frac{P}{P'} = \frac{305.1}{40} = 7.6 (个)$$

根据实际情况拟选用 8 盏 40W 荧光灯具，此时估算照度可达 105.3lx。

由计算实例可以看出，单位容量法的优点是计算过程简单，方法容易掌握，因而在实际工程中被广泛用于估算照明负荷或灯具数量。

思 考 题 与 习 题

1. 什么是点光源、线光源和面光源？

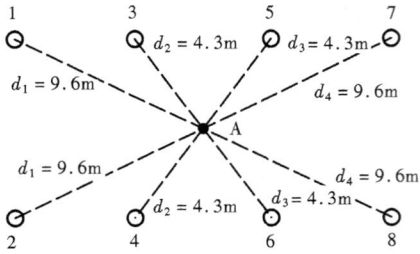

图 4 - 21　车间灯具平面布置

2. 什么是点照度计算？什么是平均照度计算？常采用的计算方法各是什么？

3. 照度计算中为何要考虑维护系数？

4. 什么是逐点计算法？在什么情况下使用合适？

5. 利用系数的物理意义是什么？

6. 试述利用系数法和单位容量法的特点及适用场合。

7. 如图 4 - 21 所示，某车间装有 8 只 GC39 型深照型灯具，内装 400W 荧光高压汞灯，灯具的计算高度为 10m，光源光通量为 22000lm，灯具的光强分布如表 4 - 9 所示，维护系数为 0.7。试求 A 点的水平面照度。

表 4 - 9　　　　　　　　　　　　　灯 具 的 光 强 分 布

θ (°)	0	5	10	15	20	25	30	35	40	45	50	55	60	65	70	75	80	85	90
$I_{0,\alpha}$	234	232	232	234	232	214	202	192	182	169	141	105	75	35	24	16	9	4	0

8. 某精密装配车间长 10m，宽 5.4m，高 3.5m，有吊顶。采用 YG701 - 3 型嵌入式荧光灯具，布置成两条光带，如图 4 - 22 所示。试计算高度为 0.8m 的水平面上 A 点的直射照度。YG701 - 3 型荧光灯具发光强度值如表 4 - 2 和表 4 - 3 所示。

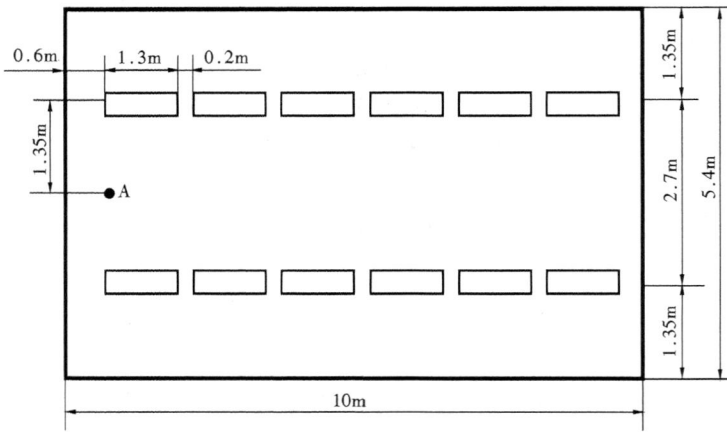

图 4 - 22　精密装配车间内灯具平面布置

9. 有一教室长 11.3m，宽 6.4m，高 3.6m，课桌高度为 0.75m，灯具离地高度为 3.1m，要求桌面平均照度为 300lx，室内顶棚、墙面均为大白粉刷，纵向外墙开窗面积占 60%，纵向走廊侧开窗面积为 10%，端墙不开窗；若采用 YG2 - 1 型灯具（见附录 1 - 3），请确定所需灯具数量，并画出灯具布置平面图。

10. 某资料室面积为 $3.3 \times 4.2 m^2$，高 3.1m，拟采用吸顶安装的 YG1 - 1 筒式荧光灯具照明。若桌面高 0.8m，其照度要求达到 200lx，试确定需要安装灯具的数量。

11. 某大进深办公室，长 20m、宽 10m、高 2.75m，顶棚反射比 0.7、墙面反射比 0.65、地面反射比 0.275，窗总宽 19m、高 1.7m，采用嵌入顶棚式 YG701 - 3 型 3 管 T8 荧光灯具照明，每只灯管额定光通量是 3350lm，照度应满足国际标准的要求，试用单位容量法求所需的灯数。

第五章 照明光照设计

照明光照设计是设计电气照明系统的主要内容之一，其主要任务是选择照明方式和照明种类，选择电光源及其灯具，确定照度标准并进行照度计算，合理布置灯具等等。本章重点介绍照明光照设计的基本要求、照明方式和照明种类、照明质量、灯具布置及照明光照设计节能的措施。

第一节 概　　述

一、光照设计的基本要求

光照设计的基本要求是"适用、经济、美观"等。

1. 适用

"适用"是指能提供一定数量和质量的照明，保证规定的可见度水平，满足生产、工作和生活的需要。由于照明的好坏直接影响到人身和生产的安全，影响到劳动生产率、工作和学习效率、产品的质量等，所以照明必须适用。

2. 经济

"经济"是指一方面尽量采用高效新型光源和灯具，充分发挥照明设施的实际效益，尽量能以较少的投资获得较好的照明效果；另一方面是在符合各项规程、标准的前提下，还要符合国家当前的电力、设备和材料等方面的生产水平，尽量节省投资。

3. 美观

由于照明装置不但要保证生产和生活需要的能见度要求，同时还具有装饰房间、美化环境的作用，因此设计时应在满足适用、经济的条件下，适当注意美观。特别是在酒店、餐厅、舞厅、剧场等场所。但在一般生产厂房和辅助建筑内，不应为了美观而花过多的投资。

二、照明的目的

照明的目的一方面是给周围的各种对象以适宜的光分布，人们通过视觉能够正确识别欲知的对象和确切了解自身所处的环境状况；另一方面则要创造满足生理和心理要求的室内空间环境，使人从精神上感到满意。因而照明光照设计的目的可以分为明视照明和环境照明。

1. 明视照明

以满足工作需要为目的、以工作面上的视看对象为照明对象的照明技术称为明视照明。明视照明要确保照明场所的视觉条件，主要涉及照明生理学。明视照明是绝大多数照明系统的目的，如工厂的车间、办公室、教室、商场营业厅等处的照明就是以明视照明为主。

2. 环境照明

以周围环境为照明对象、以舒适感为主要目的的照明称为环境照明。环境照明是为了营造出一定的特殊气氛，主要涉及照明心理学。在光体现物体产生视知觉的过程中，人们对光环境的效果气氛有一定的感知反应，如在明亮的环境中使人心情开朗舒畅，在暗淡的环境中则使人有压抑、神秘的感觉；冬天用发红光的灯照射室内，有温暖感，夏天用发蓝光的灯照射室内，就有清凉感等。环境照明多用于剧场休息厅、门厅、宾馆客房等处。

显然，环境照明与明视照明的目的不同，因而其要求也不相同。明视照明和环境照明设计的要求如表 5-1 所示。

表 5-1　　　　　　　　　明视照明和环境照明的设计要求

明　视　照　明	环　境　照　明
1. 工作面上要有充分的亮度	1. 亮或暗要根据需要进行设计，有时需要暗光线造成气氛
2. 亮度应当均匀	2. 照度要有差别不可均一，采用变化的照明可造成不同的感觉
3. 不应有眩光，要尽量减少乃至消除眩光	3. 可以应用金属、玻璃或其它光泽的物体，以小面积眩光造成魅力感
4. 阴影要适当	4. 需要将阴影夸大，从而起到强调突出的作用
5. 光源的显色性好	5. 宜用特殊颜色的光作为色彩照明，或用夸张手法进行色彩调节
6. 灯具布置与建筑协调	6. 可采用特殊的装饰照明手段（灯具及其设备）
7. 要考虑照明心理效果	7. 有时与明视照明要求相反，却能获得很好的气氛效果
8. 照明方案应当经济	8. 从全局来看是经济的，而从局部看可能是不经济的或过分豪华的

三、光照设计的步骤

1. 收集原始资料，了解工艺及建筑情况

主要有以下两个方面的内容。

（1）了解建筑物及各房间的工艺性质和生产、使用要求。

1）生产、使用对照度的要求。除水平照度外，还有无垂直照度和倾斜照度要求。

2）对照度均匀度的要求。哪些场所要求均匀的一般照明，哪些地方要求重点照明或特殊照明。

3）对照明方式的要求。除一般照明外，还有哪些工作面要求局部照明、维修照明等。

4）对照明种类的要求。除正常照明外，是否需要设置应急照明和值班照明等。

5）生产、使用中对光源色表和显色性的要求。

6）对眩光的限制要求，了解有无产生反射眩光和光幕反射的工作面。

7）场所的环境条件，如有无多尘、高温、潮湿、腐蚀性气体、振动、火灾危险、爆炸危险等。

8）环境的污染特征，以确定维护系数。

9）工艺布置、生产流程、车间和工段的划分等情况。

10）其它特殊使用要求，如比赛场馆彩色摄像，舞台、电教演播室等的特殊要求。

（2）了解建筑物的建筑结构、建筑装饰和其它建筑设备情况。

1）根据建筑平面图、剖面图和立面图，了解建筑尺寸、分隔，楼梯、电梯、门、窗位置，开门方向等。

2）了解主体结构、柱网、跨度、高度，屋架、梁、柱布置及尺寸，屋面布置情况，吊顶情况等。

3）了解建筑装饰情况，墙、顶、地面的装饰材料及其颜色、反射比，还有窗帘情况及颜色。

4）了解建筑装饰与灯具选型、布置的协调配合，对于高级民用建筑，还要了解建筑师对照明灯具及布置的特殊要求。

5）建筑物内可通行（或维修时可通行）的隧道、地坑、维修坑、吊顶的情况。

6）建筑设备及管道的布置情况，包括空调、采暖、通风、给排水、供热、供油、供气等设施及管道的布置。

2. 根据生产、工作情况，选取照明方式和照明种类；根据作业精细程度、识别对象和背景亮度对比等情况，选取各房间、区域需要的照度

3. 根据房间的功能和对光色及光源显色性的要求，考虑节能、眩光限制和开关频繁程度等因素，选择合适的光源

4. 选择灯具类型，主要考虑以下方面

（1）与光源配套。

（2）按房间的室空间比选择合适的配光曲线。

（3）按环境条件选择相应防护等级的灯具。

（4）按建筑物装饰要求选择相适应的灯具造型与之协调。

（5）根据限制直接眩光、反射眩光和光幕反射等要求，选择灯具的保护角和表面亮度。

5. 确定灯具的安装高度

6. 确定灯具布置

7. 进行照度计算，验算照明系统所能达到的照度值，或确定所需安装灯具的数量及光源的容量

8. 根据需要计算室内各面亮度和眩光评价（有时可不作要求）

9. 确定照明控制的策略与方式

第二节　照明方式和种类

一、照明方式

照明方式是指照明灯具按其布局方式或使用功能而构成的基本形式。根据现行规范，照明方式可分为一般照明、分区一般照明、局部照明和混合照明四种。

1. 一般照明

为照亮整个场所而设置的均匀照明称为一般照明。为了使整个照明场所获得均匀明亮的水平照度，工程实践中往往采用照明灯具在整个照明场所基本均匀布置的照明方式。由于一般照明方式不考虑局部的特殊要求，布灯时，只要保证灯具的实际距高比不超过灯具的允许距高比，在照明场所就可获得较好的亮度分布和照度均匀度。一般照明方式是室内照明中最基本的形式，下列场所宜选用一般照明方式：①在受生产技术条件限制，不适合装设局部照明或不必采用混合照明的场所；②无固定工作区且工作位置密度较大，对光照方向无特殊要求的场所。工程实践中，工作场所如车间、办公室、体育馆、教室、会议厅、营业大厅等场所，都广泛采用一般照明方式。

2. 分区一般照明

对某一特定区域，如进行工作的地点，设计成不同的照度来照亮该区域的一般照明称为分区一般照明。分区一般照明常以工作对象为重点，根据工作面布置的实际情况，将灯具集中或分区集中均匀地设置在工作区的上方，使室内不同被照面上获得不同的照度（非工作区的照度可降低为工作区照度的 1/3～1/5），从而在保证照明质量的前提下，可以有效地节约

能源。工程实践中，若同一场所内的不同区域有不同照度要求时，应采用分区一般照明。因此，分区一般照明适用于某一部分或几部分需要有较高照度的室内工作区，且工作区是相对固定的场所，如车间的组装线、运输带、检验场地，纺织厂的纺机上方，轧钢设备及传送带，旅馆大堂的总服务台等处的照明均属此类。

3. 局部照明

特定视觉工作用的、为照亮某个局部而设置的照明称为局部照明。局部照明仅限于照亮一个有限的工作区，通常采用从最适宜的方向装设较小功率的台灯、射灯或反射型灯泡。其优点是灵活、方便、节电，易于调整和改变光的方向，并能有效地突出重点。下列情况宜采用局部照明：①局部地点需要高照度或照射方向有要求时；②由于遮挡而使一般照明照射不到的范围；③需要克服工作区及其附近的光幕反射时；④为加强某方向的光线以增强实体感时；⑤需要消除气体放电光源所产生的频闪效应的影响时。工厂的检验、划线、钳工台及机床照明；民用建筑中的卧室、客房的台灯、壁灯等均属于局部照明。注意，在整个工作场所或一个房间中，不应只装设局部照明而无一般照明，否则会因亮度分布不均匀而影响视觉功能。

4. 混合照明

由一般照明和局部照明共同组成的照明称为混合照明。混合照明是在一般照明的基础上，在需要提供特殊照明的局部采用局部照明。其优点是利用局部照明增加工作区的照度，可以有效地减少工作面的阴影和光斑，减少照明设施的总功率。对于有固定的工作区，但工作位置密度不大、照度要求高、对照射方向有特殊要求的场所，若采用单独设置的一般照明不能满足要求时，可采用混合照明，如工厂的绝大多数车间都采用混合照明。

二、照明种类

为规范照明设计，现行《建筑照明设计标准》（GB 50034—2004）将照明种类分为正常照明、应急照明、值班照明、警卫照明、障碍照明五种。

1. 正常照明

在正常情况下使用的室内外照明称为正常照明。正常照明可以满足基本的视觉功能要求，是应用最多的照明种类，工作场所均应设置正常照明。正常照明可以单独使用，也可以与应急照明和值班照明同时使用，但控制线路必须分开。

2. 应急照明

因正常照明的电源失效而启用的照明称为应急照明。应急照明作为工业及民用建筑设施的一部分，同人身安全和建筑物、设备安全密切相关。当电源中断，特别是建筑物内发生火灾或其它灾害而电源中断时，应急照明对人员疏散、保证人身安全，生产或运行中进行必要的操作或处理，防止再生事故的发生，都占有特殊地位。按 CIE 出版物《应急照明指南》和现行《建筑照明设计标准》（GB 50034—2004）的规定应急照明分为三类，即疏散照明、安全照明和备用照明。

（1）疏散照明：作为应急照明的一部分，用于确保疏散通道被有效地辨认和使用的照明。疏散照明又分出口标志、疏散指示标志和疏散照明。

（2）安全照明：作为应急照明的一部分，用于确保处于潜在危险之中的人员安全的照明。

（3）备用照明：作为应急照明的一部分，用于确保正常活动继续进行的照明。

应急照明的设置，应根据建筑物的性质、层数、规模大小及复杂程度，综合考虑建筑物内聚集人员的多少及这些人员对该建筑物的熟悉程度等因素确定。一般情况下，需要确保人员安全疏散的出口和通道，应设置疏散照明；需要确保处于潜在危险之中的人员安全的场所，应设置安全照明；需要确保正常工作或活动继续进行的场所，应设置备用照明。

3. 值班照明

非工作时间，为值班所设置的照明称为值班照明。宜在非三班制生产的重要车间、仓库或非营业时间的大型商场、银行等处设置。可利用正常照明中能单独控制的一部分或应急照明的一部分或全部作为值班照明。

4. 警卫照明

根据警戒防范范围的需要，用于警戒而安装的照明称为警卫照明。可按警戒任务的需要，在警卫范围内装设，宜尽量与正常照明合用。

5. 障碍照明

在可能危及航行安全的建筑物或构筑物上安装的标志灯称为障碍照明。为保障航空飞行的安全，根据有关规定，对于飞行物可能到达的区域，如存在有成片的障碍物或高度超过45m 的障碍物，应选用障碍标志灯来显示其存在；障碍标志灯不允许在夜间中断灯光显示，并且障碍标志灯的设置应执行民航和交通管理部门的有关规定。

第三节　照　明　质　量

光照设计的目的在于正确运用经济上的合理性和技术上的可能性来创造满意的视觉条件，在量的方面，要有合适的照度（亮度）；在质的方面，要解决眩光、光的颜色、阴影等问题。为了获得良好的照明质量，在建筑照明设计过程中，应遵守现行国家照明标准的有关规定。

一、照度水平

照度是决定被照物体明亮程度的间接指标，合适的照度可以降低视觉疲劳，提高劳动生产率，因此常将照度水平作为衡量照明质量最基本的技术指标之一。

对于一般照明来说，其质量主要取决于能否获得较高的视觉功效和视觉满意度。照度水平与视觉功效有关，照度低时人的视功能也降低，随着照度的提高，视功能逐步提高，但当照度达到 1000lx 以上时，随照度的提高，视功能得到改善的效果就不显著了。照度水平还与人的心理感受有关，照度太低容易造成疲劳和精神不振，照度太高则往往会因刺激太强而无法忍受。为了满足人们的视觉要求，在综合考虑视觉功效、舒适的视觉环境、技术经济性、建筑技术的发展水平和电力的节约等因素的前提下，各国均制定有符合本国国情的照度标准，并以推荐照度的形式给出各种作业所需要的照度标准值，作为照明设计或评价照明质量的依据。

1. 照度标准

（1）照度等级。

CIE 在 1986 年正式批准发表的出版物《室内照明指南》（No. 29/2）中提出，辨认人的脸部特征的最低亮度约需 1cd/m²，此时所需的一般照明的水平照度约为 20lx，因此将 20lx 作为所有非工作房间的最低照度；而工作房间推荐的最低照度为 200lx，工作房间最高满意度的照度为 2000lx，并把 20～200～2000lx 作为照度分级的基准值。在进行照度分级时，以确保两级之间在主观效果上有最小的但又显著的差别为原则，一般取后一级照度值约为前一级照度值的 1.5～2.0 倍。

CIE 推荐的照度等级为：20、30、50、75、100、150、200、300、500、750、1000、1500、2000、3000、5000lx。

我国现行标准《建筑照明设计标准》（GB 50034—2004）规定的常用照度标准值分级与 CIE 标准《室内工作场所照明》（S 008/E—2001）的分级大致相同，但是为了适应我国的经济情况和电力供应水平，照度分级向低延伸到 0.5lx，即照度标准值按 0.5、1、3、5、10、15、20、30、50、75、100、150、200、300、500、750、1000、1500、2000、3000、5000lx 分级。

需要指出的是，《建筑照明设计标准》（GB 50034—2004）规定的照度值均为作业面或参考平面上的维持平均照度值，它是在照明装置必须进行维护的时刻，在规定表面上的平均照度。为了确保工作时视觉安全和视觉功效所需要的照度，规定表面上的平均照度不得低于此数值。

（2）《建筑照明设计标准》（GB 50034—2004）介绍。

我国分别于 1991 年 3 月 1 日和 1993 年 5 月 1 日颁布实行了国家标准《民用建筑照明设计标准》（GBJ 133—1990）和《工业企业照明设计标准》（GB 50034—1992）。为了便于设计人员根据具体条件灵活选择合适的照度，标准针对各类建筑的不同使用场所分别规定出三个连续等级（高、中、低）的照度范围，以适应不同建筑照明的需要。这两项国家标准已实施十多年，对指导建筑照明工程建设起到了重要的作用。但是，由于过去经济不发达，电力不足，技术水平低等原因，这两项标准采用了比 CIE 标准低的照度标准值，不但影响了人们生活和工作的质量，也使照明设计的重要性被人们所忽视。随着国民经济的快速发展和人民生活水平的不断提高，这两项标准已不能适应当前我国建筑照明设计的要求，亟待修订。为此国家建设部在"2001～2002 年度工程建设国家标准制订、修订计划"的通知中对该两项标准做出了修订的决定。

现行《建筑照明设计标准》（GB 50034—2004）是在原两项国家标准的基础上，总结了居住、公共和工业建筑照明经验，通过普查和重点实测调查，广泛听取了设计、科研及其他有关单位的意见，考虑了我国当前照明器材（光源、灯具、镇流器等）的实际状况及未来几年的发展趋势，参考了国内外建筑照明标准和照明节能标准，经修订合并而成的。该标准自 2004 年 12 月 1 日起实施，原标准《工业企业照明设计标准》（GB 50034—1992）和《民用建筑照明设计标准》（GBJ 133—1990）同时废止。

与原两项国家照明设计标准相比，《建筑照明设计标准》（GB 50034—2004）具有以下主要特点和变化：

1）照度水平有较大幅度提高，许多指标已经与 CIE 和发达国家的标准接近或等同，适应了当前生产、工作、学习和生活的需要。如普通办公室、教室等的照度标准值由原来的 150lx（中值）提高到 300lx 等。此外，新标准对一个场所只规定一个标准，改变过去用低、中、高三个标准值的做法，与 CIE 标准接轨。

2）照明质量有新的更高要求，有利于改善视觉条件，提高照明质量。新标准对照度均匀度、眩光限制、光源颜色等技术数据有了明确的规定，而非将照度作为照明设计的唯一标准。这样有助于设计师在设计中统筹考虑照度、光源和灯具，以及灯具的安装和布置，使照明在照亮空间的同时，能真实地反映物体的色彩，避免或抑制不舒适的眩光，营造良好的视觉环境。

3）突出了节能，抓住了源头，运用强制性条文，限制照明功率密度，促进了照明系统能效的提高。新标准强调绿色照明的要求，对节能采取了强制性的条文，用照明功率密度值对应照度值的办法来衡量照明的节能，其节能的范围涵盖了办公、商业、旅馆、医院、学校和绝大部分的工业建筑。此外，新标准还十分注重光源、灯具的效率，主张在满足显色性等要求的情况下，积极选用新型高效光源和电器附件，以达到节能的目的，促进照明技术的发展。

4）增加了照明管理与监督的内容，有利于设计方案的优化、标准的实施。

2. 照度标准值的选择

《建筑照明设计标准》（GB 50034—2004）适用于新建、改建和扩建的居住、公共和工业建筑的照明设计。标准针对不同场所规定的照度标准值，为照明设计提供了可遵循的依据。

居住建筑照度标准值列于附录2-1；公共建筑中图书馆建筑、办公建筑、商业建筑、电影院建筑、旅馆建筑、医院建筑、学校建筑、博物馆建筑、展览馆展厅、交通建筑、体育建筑的照度标准值分别列于附录2-2～附录2-12；工业建筑一般照明的照度标准值列于附录2-13；公共场所照度标准值列于附录2-14。

应急照明的照度标准值宜符合下列规定：

（1）备用照明的照度值除另有规定外，不低于该场所一般照明照度值的10%；

（2）安全照明的照度值不低于该场所一般照明照度值的5%；

（3）疏散通道的疏散照明的照度值不低于0.5lx。

在照明设计中，选择合适的照度不仅关系到实际应用是否满足使用者的要求，而且关系到最终的实际能耗。由于建筑规模、空间尺度、服务对象、设计标准等条件不同，即使是同一类型的建筑，对照度的要求也存在着较大的差别，因此在实际应用时，设计人员应依据建筑物或使用场所的性质和特点，合理选择照度标准值。

《建筑照明设计标准》（GB 50034—2004）对照度标准值的选择给出了以下原则：

为了满足不同地区，不同行业，不同规模等条件，一部分相同用途的房间或场所按不同要求规定了不同档次（一般为两档：普通、高档或一般、精细）的照度标准值，设计时可按需要选取。

为了确保工作时视觉安全和视觉功效所需要的照度，或满足建筑等级和建筑功能的要求，第4.1.3条和第4.1.4条明确规定了照度标准值提高一级或降低一级的条件，并指出不论符合几个条件，其照度标准值只能提高或降低一级。

为了节约照明用电，同时确保视野内具有适宜的亮度（照度）分布，对作业面以外0.5m范围之内的邻近区域的照度允许适当降低，但不宜低于表5-2的数值。

表5-2　　　　　　　　　　　　作业面邻近周围照度

作业面照度（lx）	作业邻近周围照度值（lx）	作业面照度（lx）	作业邻近周围照度值（lx）
≥750	500	300	200
500	300	≤200	与作业面照度相同

　　考虑到照明设计时布灯的需要和光源功率及光通量的变化不是连续的这一实际情况，根据我国国情，照明设计计算的照度值和照度标准值相比较，可以有±10％的偏差。也就是说，实际计算照度不应小于标准值太多，也不应大于标准值太多。但对于装灯数量小于10个的照明场所，允许适当超过这个偏差值。

　　总之，在照明设计中，只有根据室内环境的特点和需要，提供适宜的照度，才能有利于人的活动安全、舒适和正确识别周围环境，防止人与光环境之间失去协调性。

二、照度均匀度

　　工程实践表明，照明设计和计算的结果很难做到使整个参考平面上的照度水平完全一致。若参考平面上各处的照度值相差较大时，人眼就会因频繁的明暗适应而造成视觉疲劳。所以，在一般照明情况下，除了要求参考平面上具有合理的照度外，还应该要求有一定的照度均匀度。

　　室内一般照明的照度均匀度指的是规定平面上的最小照度与平均照度之比。根据现场的重点调研和设计普查，当照度均匀度在0.7以上时人们会感到比较满意。为了使整个房间具有基本相同的照度水平，参考CIE标准，《建筑照明设计标准》（GB 50034—2004）规定：公共建筑的工作房间和工业建筑作业区域内的一般照明的照度均匀度不应小于0.7，作业面邻近周围的照度均匀度不应小于0.5；房间或场所内的通道和其他非作业区域的一般照明的照度值不宜低于作业区域一般照明照度值的1/3。

　　为了获得满意的照度均匀度，一般照明方式中的灯具应均匀布置，并且其实际布灯的距高比不应大于所选灯具的允许距高比。当照度均匀度要求较高时，可采用间接、半间接型灯具或光带等方式；当采用多种光源照明时，还应考虑光源光电参数的差异对照明质量的影响，由于光源的光通量衰减和使用寿命的不同，在经过一段时间的使用后，各种光源在光电参数上的差异必然增大，从而会导致照度均匀度的稳定性变差。所以，只有正确地选择光源和灯具并合理地布置，才能取得满意的照度均匀度。

　　在确定照度均匀度时应注意，对工作位置不紧密的房间，室内照明并非越均匀越好，若这类场所的照度保持适当的变化，反而可以形成比较活跃的环境气氛。

三、亮度分布

　　亮度是人眼对物体表面明亮程度的主观感觉，即物体表面发出或反射出的光通量。在室内环境中，如果中心视野与周围视野的亮度有较大的差异，即亮度分布不当，就会引起视觉疲劳，当亮度差异过大时还会产生不舒适眩光、延长适应时间，从而降低了视觉功效。因此视野内适宜的亮度分布是舒适视觉的重要条件。为了使室内环境能获得适当的亮度分布，相近环境的亮度应尽量低于被观察物的亮度，CIE推荐：当被观察物的亮度为相近环境亮度的3倍时，视觉清晰度较好。

　　亮度分布的计算是非常繁琐的，为此工程中常用控制室内各表面的反射比，使视野内亮度分布控制在眼睛能适应的水平上，即只要将室内各表面的反射比控制在一定的范围内，就可以认为亮度分布是满足要求的。此外适当地增加工作对象与其背景的亮度对比，比单纯提高工作面上的照度值能更有效地提高视觉功效，且较为经济，节约电能。因此在实践中，应充分关心、深入了解房间的使用功能和装饰标准——建筑装饰的材质色调、家具地毯的颜色质地等，使房间内各个表面具有合理的亮度分布，力求创造舒适完美的光环境。《建筑照明设计标准》规定了长时间工作的房间，其表面反射比宜按表5-3选取。

表 5 - 3   **工作房间表面反射比**

表面名称	反射比	表面名称	反射比
顶棚	0.6～0.9	地面	0.1～0.5
墙面	0.3～0.8	作业面	0.2～0.6

对于非工作房间，特别是装饰标准高的公共建筑厅堂的亮度分布，往往是根据建筑创作的构思决定。其目的是突出空间或结构的形象特征，渲染环境气氛或是强调某种装饰效果。这类光环境亮度水平的选择也要考虑视觉舒适感，使室内表面具有合理的亮度分布，但不受上述反射比和照度比的限制。

四、眩光

在室内环境中，如果照明光源（或灯具）、窗子或其它区域的亮度远远高于室内一般环境的亮度，人们就会感受到眩光。由于眩光的有无和大小将严重影响照明质量，所以眩光也是评价照明质量的重要指标之一。

由视野内未曾充分遮蔽的高亮度光源（或灯具）引起的眩光称为直接眩光，由光泽表面的规则反射形成的高亮度所引起的眩光称为反射眩光，作业本身的镜面反射与漫反射重叠出现所引起的反射眩光又称为光幕反射。任何方式引起的眩光对人的生理和心理都会有明显的危害，照明技术中，通常按眩光造成的后果将其分为失能眩光和不舒适眩光。不舒适眩光虽然不像失能眩光那样会降低人的视觉功效，但长时间在有不舒适眩光的环境中工作，人们会感到疲劳，甚至烦躁，从而降低工作效率，严重的还会引发事故，造成重大损失。由于不舒适眩光出现的机会远远多于失能眩光，因此在工作房间内应尽可能地限制不舒适眩光。照明工程实践表明，凡是能控制不舒适眩光的措施，一般均都有利于消除失能眩光。

1. 影响不舒适眩光的因素

在实际照明环境中，不舒适眩光主要是由灯具的直接眩光引起的，而直接眩光效应的严重程度则取决于光源（或灯具）的亮度和大小、光源（或灯具）在视野内的位置、观察者的视线方向等诸多因素。影响不舒适眩光的因素可归纳如下：

（1）灯具在观察方向上的亮度。

灯具在观察方向的亮度越高，产生不舒适眩光的可能性就越大，且越强烈。

（2）周围环境的亮度。

周围环境的亮度也就是背景亮度，它与灯具之间形成的亮度对比越强烈，产生眩光的可能性就越大。在实际应用中，由于背景亮度与平均水平照度有关，因此可以认为灯具产生的直射不舒适眩光其感觉程度与平均水平照度有关。

（3）房间尺寸和灯具的安装高度。

在室内环境中，绝大多数的视觉工作是向下注视，因而在讨论和评价眩光时，通常规定观察者的眼睛在地面以上 1.2m 高度（坐姿），并贴近后墙居中，视线为水平方向直视前方，并与墙平行。房间尺寸和灯具的安装高度与眩光的关系如图 5 - 1 所示，图中 a 为观察者到最远灯具的水平距离，h_s 为最远灯具相对于观察者眼睛的安装高度。若令离观察者最远的灯具与观察者眼睛的连线同该灯具光轴之间的夹角为眩光角 γ，则

$$\gamma = \arctan \frac{a}{h_s} \qquad (5 - 1)$$

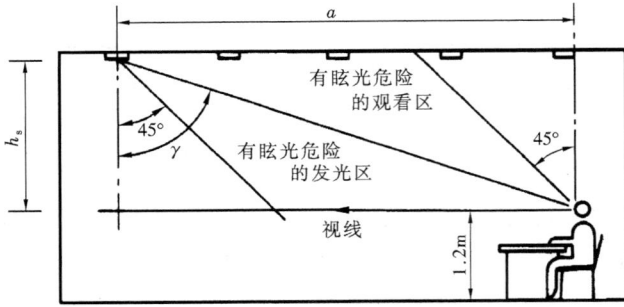

图 5-1　房间尺寸和灯具的安装高度与眩光的关系

照明工程实践表明，当 $\gamma < 45°$ 时，一般来说不宜感觉到眩光，只有在 $\gamma \geqslant 45°$ 时才会有可能感觉到眩光的存在，且眩光感觉程度会随着 γ 角的增大而增加。

（4）灯具发光面种类。

灯具发光面种类主要指的是形状和侧面是否发光。灯具发光面的形状与其对观察者所张的立体角有关，发光面越大，其对观察者所张的立体角就越大，眩光就越严重。灯具发光面主要有圆型、方型和长条形（发光面的长宽比大于 2∶1 的灯具）。若灯具为长条形，还应考虑观察方向与灯具纵轴的关系，可按图 5-2 来确定眩光角 γ，图 5-2（a）指的是观察方向平行于灯具长轴（即平行于 $C_{90} \sim C_{270}$ 平面）的情况；图 5-2（b）指的是观察方向垂直于灯具长轴（即平行于 $C_0 \sim C_{180}$ 平面）的情况。

2. 不舒适眩光的评价

（1）室内照明的眩光评价。

《建筑照明设计标准》（GB 50034—2004）对公共建筑和工业建筑常用房间或场所的不舒适眩光，采用统一眩光值（UGR）评价［引用了 CIE《室内工作场所照明》（S 008/E—2001）关于眩光的评价方法］，其级别为 16—19—22—25—28，且 UGR 值越低，说明对眩光的控制越好。CIE 统一眩光值 UGR 的计算式为

$$UGR = 8\lg \frac{0.25}{L_b} \sum \frac{L_\theta^2 \omega}{p^2} \tag{5-2}$$

式中　L_b——背景亮度，cd/m^2；

　　　L_θ——观察者方向每个灯具的亮度，cd/m^2；

　　　ω——每个灯具发光部分对观察者眼睛所形成的立体角，sr；

　　　p——每个灯具的位置指数。

工程实践证明，UGR 评价不舒适眩光的方法比较科学，但因式（5-2）中各参数与灯具产品的技术数据、房间尺寸和灯具位置等诸多因素有关，因而使 UGR 值的计算比较复杂，一般由计算机完成。

统一眩光值 UGR 的应用条件：

1）UGR 适用于简单的立方体形房间的一般照明装置设计，不适用于采用间接照明和发光天棚的房间；

2）适用于灯具发光部分对眼睛所形成的立体角为 $0.1sr > \omega > 0.0003sr$ 的情况；

3）同一类灯具为均匀等间距布置；

4）灯具为双对称配光；

5）坐姿观察者眼睛的高度通常取 1.2m，站姿观察者眼睛的高度通常取 1.5m；

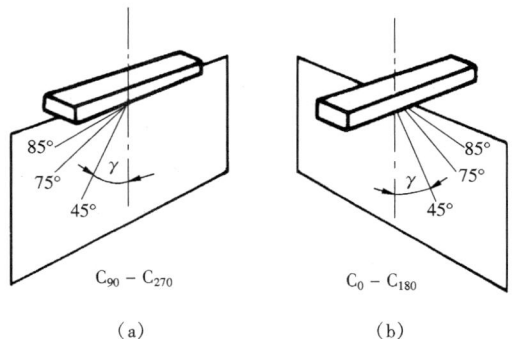

图 5-2　长条形灯具眩光角的确定

（a）从纵向看；（b）从横向看

6）观测位置一般在纵向和横向的两面墙的中点，视线水平朝前观测；

7）房间表面为大约高出地面 0.75m 的工作面、灯具安装表面以及此两个表面之间的墙面。

（2）室外照明的眩光评价。

室外照明的眩光评价主要针对室外体育场所和室外区域。《建筑照明设计标准》（GB 50034—2004）对室外体育场所的不舒适眩光，采用眩光值（GR）评价（同样引用了 CIE 的评价方法）。与 UGR 相似，眩光值 GR 越低，说明对眩光的控制越好。眩光值 GR 的计算式为

$$GR = 27 + 24\lg \frac{L_{vl}}{L_{ve}^{0.9}} \tag{5-3}$$

式中　L_{vl}——由灯具发出的光直接射向眼睛所产生的光幕亮度，cd/m^2；

　　　L_{ve}——由环境引起直接入射到眼睛的光所产生的光幕亮度，cd/m^2。

眩光值 GR 的应用条件：

1）本计算方法用于常用条件下，满足照度均匀度的室外体育场地的各种照明布灯方式；

2）用于视线方向低于眼睛高度；

3）看到的背景是被照场地；

4）眩光值计算用的观察者位置可采用计算照度用的网格位置，或采用标准的观察者位置；

5）可按一定数量角度间隔（5°～45°）转动选取一定数量观察方向。

3. 眩光的限制方法

（1）直接眩光的限制方法。

直接眩光是随光源亮度的增高和光源同眼睛构成的立体角加大而加重，同时又随光源与视线的夹角增大及背景亮度的增高而减弱。所以对室内一般照明来说，限制直接眩光的主要方法如下：

1）合理选择灯具。限制直接眩光的最有效的措施是选用表面亮度较低、配光合理的光源或灯具，以控制灯具眩光角 γ 上方 45°～85°范围内的灯具亮度。

2）合理选择灯具的保护角。为了限制视野内过高的亮度或对比引起的直接眩光，还可以选择合适的灯具保护角。《建筑照明设计标准》（GB 50034—2004）规定了直接型灯具的保护角。长时间有人工作的房间或场所其直接型灯具的最小保护角应满足表 5-4 要求。

表 5-4　　　　　　　　　　　　　直接型灯具的保护角

光源平均亮度（kcd/m²）	保护角（°）	光源平均亮度（kcd/m²）	保护角（°）
1～20	10	50～500	20
20～50	15	≥500	30

3）对于室内照明，各类常用房间或场所的 UGR 的最大允许值宜符合《建筑照明设计标准》（GB 50034—2004）的规定（见附录 2-2～附录 2-14）；对于室外体育场所，GR 的最大允许值宜不超过 50。

（2）反射眩光和光幕反射的限制方法。

反射眩光和光幕反射主要与室内各表面的反射比及灯具的光强分布有关，是影响办公照

明和学校照明质量的特有的问题。反射眩光和光幕反射会改变作业面的可见度，使作业固有的亮度对比减弱，视觉功效降低。

避免和限制反射眩光和光幕反射的措施主要有以下几种：

1）正确安排照明光源和工作人员的相对位置，使视觉作业的每一部分都不处于、也不靠近任何光源同眼睛形成的镜面反射角内，即产生的定向反射不直接射向观察者的眼睛。图 5-3 中观察者上方的矩形区域是易产生光幕反射的范围，只要在该范围内不安装灯，就可以有效地消除光幕反射。

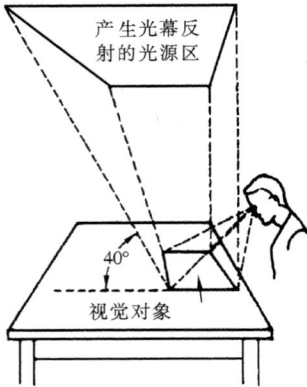

图 5-3　产生光幕反射的范围

在实际照明环境中很难完全避免在图 5-3 中产生光幕反射的干扰区中装灯，此时可增加非干扰区的照明，以提高视觉对象处的亮度，这对限制光幕反射有积极的作用。例如教室中的黑板常易产生光幕反射，使学生无法看清黑板上的字。若增加黑板局部照明，只要它的反射光不在学生的视线范围内，就能有效地限制光幕反射。

2）尽量增加从侧面投射到视觉作业上的光通量，若灯具按图 5-4 中规定的范围安装将不会产生光幕反射。

3）选用发光面大、亮度低、配光宽，但在视线方向亮度锐减的灯具，如采用图 5-5 所示的蝙蝠翼型配光灯具。

与余弦光强分布特性灯具相比（如图 5-6 所示），蝙蝠翼式光强分布特性灯具之所以可以限制反射眩光和光幕反射，是由于蝙蝠翼型配光灯具减少了眩光区和光幕反射区的光强，因而由其引起的反射眩光和光幕反射的干扰最小。此外，蝙蝠翼配光灯具还增大了有效区的光强分布，增强了光输出扩散性，使得灯具输出光通的有效利用率大大提高了。

图 5-4　不产生光幕反射的布灯方案

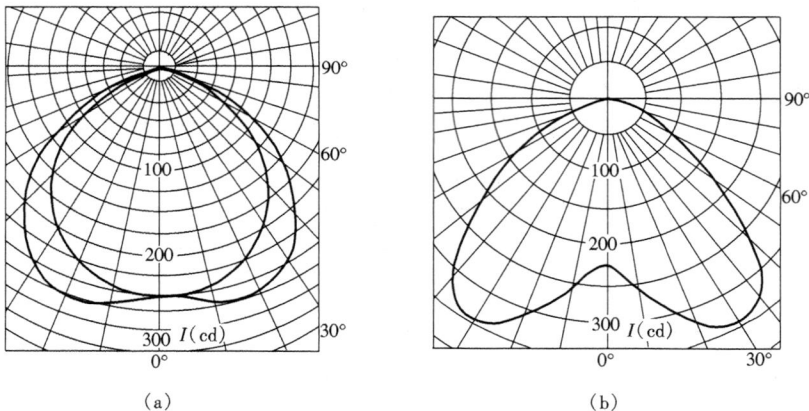

图 5-5　蝙蝠翼式光强分布特性灯具的光强分布
(a) 中宽光强分布；(b) 宽光强分布

4）顶棚、墙和工作面尽量选用低光泽度的浅色饰面，以减小反射的影响；或照亮顶棚和墙面，以降低亮度对比。

五、光的颜色

光源的颜色特征不同时对照明质量的
影响很大。光源的颜色特征主要包含光源
的色表和显色性两个方面。

1. 光源的色表

光环境所要形成的气氛与光源的色表
有很大的关系，例如，含红光成分多的
"暖"色灯光（低色温）接近日暮黄昏的
情调，能在室内形成亲切轻松的气氛，适
用于休息和娱乐场所的照明；而需要紧张
地、精神振奋地进行工作的房间则采用较
高色温的灯光为好。

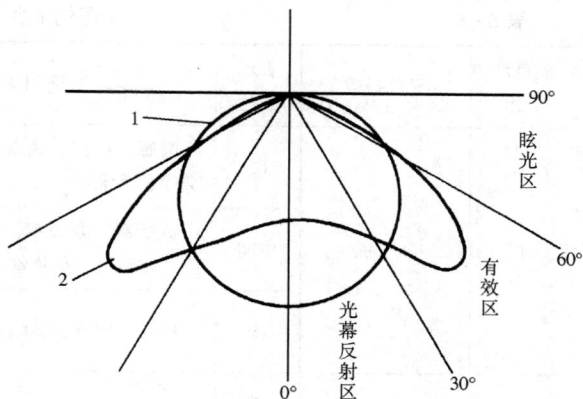

图 5-6 蝙蝠翼式光强分布特性灯具与
余弦光强分布特性灯具的性能对比
1—余弦光强分布；2—蝙蝠翼式光强分布

光源色表的选择是心理学、美学问
题，它取决于照度、室内和家具的颜色、气候环境和应用场所条件等因素。如在低照度的环
境中施以高色温的照明，会造成郁闷、不安的环境气氛；相反以低色温的照明用于高照度的
环境，易形成阴暗、沉闷之感，破坏了环境应有的气氛。因此，照明设计中，适当地应用灯
光的色温是极其重要的，只有处理好光源色温与照度的关系，才能尽量避免产生心理上的不
平衡或不和谐感。一般情况下，低照度时以选用低色温光源为好，随着照度的增加，光源的
色温选择也应相应提高。

《建筑照明设计标准》（GB 50034—2004）按照 CIE 标准《室内工作场所照明》（S 008/E—
2001），将室内照明光源的色表按其相关色温分三组，其在不同照度下的应用如表 5-5 所示。

表 5-5 　　　　　　　　　　　　光源的颜色分类、照度及应用

色表类别	色表特征	相关色温（K）	类属光源示例	相关照度（lx）			应用场所举例
				≤500	500～3000	≥3000	
I	暖	<3300	白炽灯、卤钨灯、暖白色直管荧光灯、高压钠灯	舒适	刺激	不自然	客房、卧室、病房、酒吧、餐厅
II	中间	3300～5300	冷白色直管和稀土节能荧光灯、金属卤化物灯	中性	舒适	刺激	办公室、教室、阅览室、诊室、检验室、机加工车间、仪表装配
III	冷	>5300	日光色直管和稀土节能荧光灯、荧光高压汞灯	冷	中性	舒适	热加工车间、高照度场所

2. 光源的显色性

良好的照明光源显色性是明辨物体真实本色、真切地渲染建筑室内装饰色彩格调和充实
艺术效果的重要因素。为了正确地利用光源的显色性，CIE 按一般显色指数的高低将光源分
为 4 组，其应用如表 5-6 所示。

表 5-6　　　　　　　　　　　　　　　光源的显色性及应用

显色性分组	显色指数	表观颜色	适用场所示例	类属光源示例
I	$R_a \geqslant 80$	暖	画廊、居室、观众厅、接待室、高级宴会厅、手术室	白炽灯 卤钨灯 三基色荧光灯 高显色钠灯 镝灯
		中间	诊断室、办公室、教室、高级商店营业厅、排演厅、化妆室	
		冷	医院、印刷、纺织车间、油漆车间	
II	$60 \leqslant R_a < 80$	暖 中间 冷	阅览室、休息室、自选商场、报告厅、厨房、候机厅、餐厅	直管荧光灯、稀土节能荧光灯、金属卤化物灯
III	$40 \leqslant R_a < 60$		行李间、库房、汽车库、室外门廊	荧光高压汞灯、直管荧光灯
IV	$20 \leqslant R_a < 40$		颜色要求不高的库房、室外道路照明	普通高压钠灯

　　《建筑照明设计标准》（GB 50034—2004）根据 CIE 标准将显色指数 R_a 取值为 90、80、60、40、20。并规定：长期工作或停留的室内照明光源，其显色指数 R_a 不宜低于 80；工业建筑部分生产场所的照明光源，如安装高度大于 6m 的直接型灯具，其光源的显色指数 R_a 可低于 80，但必须能够辨别安全色。常用房间或场所照明光源的显色指数 R_a 最小允许值应符合规定（见附录 2-1～附录 2-13）；有彩色电视转播的体育建筑的照明光源，其显色指数 R_a 不宜低于 80，而无彩色电视转播时，体育建筑照明光源的显色指数 R_a 不宜低于 60。

六、照度的稳定性

　　照度的不稳定性主要是由于光源光通量的变化导致了工作环境中亮度发生变化。视野内的这种忽亮忽暗的照明使人被迫产生视力跟随适应，如果这种跟随适应次数增多，将使视力降低；如果光环境中的照度在短时间内迅速发生变化，还会在心理上分散人们的注意力，使人感到烦躁，从而影响生活、工作和学习。因此室内一般照明场所都应当具有稳定的照度。引起照度不稳定的原因主要有：照明电光源电压的波动、气体放电光源的频闪效应以及工业生产中的气流和自然气流引起的灯具的摆动。为此，提高照明稳定性的主要措施如下：

　　（1）照明供电线路与负荷经常发生较大变化的电力线路分开。若在向照明供电的电源系统中存在有较大容量的冲击性负荷，当这些负荷起动时，会引起电网电压波动，从而引起光源输出光通量变化致使照明不稳定。对照明要求较高时，应将照明供电电源与有冲击性负荷的电力线路分开，必要时还可考虑采用稳压措施。

　　（2）被照物体处于转动状态的场合，避免使用有频闪效应的交流气体放电光源，或采用"移相"的接法，如双管荧光灯的"电容移相"、组合三管荧光灯管分别接在三相电源的 A、B、C 相上，都可以减少频闪效应。

　　（3）灯具安装注意避开气流引起的摆动，吊挂长度超过 1.5m 的灯具宜采用管吊式安装。

七、阴影和造型立体感

　　在视觉环境中往往由于光源（或灯具）的位置不当造成不合适的投光方向，从而产生阴影。一般情况下，阴影会使人产生错觉或增加视力障碍，影响工作效率，严重时甚至会引发事故。故在一般性的工作房间内应设法避免阴影。通常采用改变光源的位置，或增加光源的数量等措施来加以消除。

应当注意，实际应用中，有时为了表现立体物体的立体感，还往往需要适当的阴影来提高其可见度。可见，阴影与造型立体感密切相关。在这里，造型立体感指的是三维物体被照明表现的状态，它主要是由光的主投射方向、直射光与漫射光的比例决定的。适当的阴影能使一个房间的结构特征及室内的人和物更加清晰，使整个环境令人赏心悦目。为此，高质量的照明其光线的指向性不宜太强，以免阴影浓重，造型生硬；灯光也不能过于漫射和均匀，以免缺乏亮度变化，致使造型立体感平淡无奇，室内显得索然无味。一般情况下，立体物体的明亮部分同最暗部分的理想亮度比为 3∶1，当亮度比在 2∶1 以下时，会形成呆板的感觉，而亮度比为 10∶1 时，则印象强烈。

对造型立体感的主观评价主要依靠心理因素，但在照明设计中，可以依据以下物理指标来预测造型效果：

（1）垂直照度与水平照度之比（E_v/E_h）在主视线方向上 E_v/E_h 至少要达到 0.25，获得满意的效果则需要达到 0.40～0.50。

（2）平均柱面照度与水平照度之比（E_c/E_h）平均柱面照度是位于一点的一个极小圆柱体曲面上的平均照度，实际上是空间一点在各个方向的垂直照度的平均值。E_c/E_h 可以表明光线方向性，例如，当仅有自上而下的直射光线时，$E_c=0$，$E_c/E_h=0$；而当光线仅来自水平方向时，$E_h=0$，$E_c/E_h \to \infty$；唯有 $0.3 \leqslant E_c/E_h \leqslant 3$ 的条件下，可获得较好的造型立体感。

第四节 灯 具 的 布 置

灯具布置对照明效果影响很大，是照明设计的主要环节。本节重点介绍室内照明灯具的布置要求和方法。

一、一般照明灯具的布置

1. 布灯要点

（1）灯具布置是否满足生产工作、活动方式的需要，主要是灯具数量是否满足最低照度要求；有无挡光阴影等不良效果。

（2）被照面的照度分布是否均匀。

（3）灯具引起眩光的程度。通过合理选择灯具的安装高度和安装位置，以满足对直接眩光、反射眩光和光幕反射的限制要求。

（4）灯具布置的艺术效果，与建筑物是否协调。

（5）灯具布置产生的心理效果及造成的环境气氛。必须注意，灯具布置方法不同，给人心理效果也不同，如图 5-7 所示。其中图（a）为点光源的典型布灯方式，这种布灯方式有熙熙攘攘热闹的感觉，特别适用于宴会厅照明。图（b）、（c）、（d）分别为线光源的横向布灯、纵向布灯和格子布灯方式，这些布灯方式适用于办公室、绘图室、教室、商场等场所的一般照明。其中线光源横向布灯的特点是工作面照度分布均匀，并造成一种热烈的气氛，且舒适感良好；线光源纵向布灯的特点是诱导性好，工作面照度均匀，舒适感良好；线光源格子布灯的特点是从各个方向进入室内时有相同的感觉，适应性好，有排列整齐感，舒适性好。

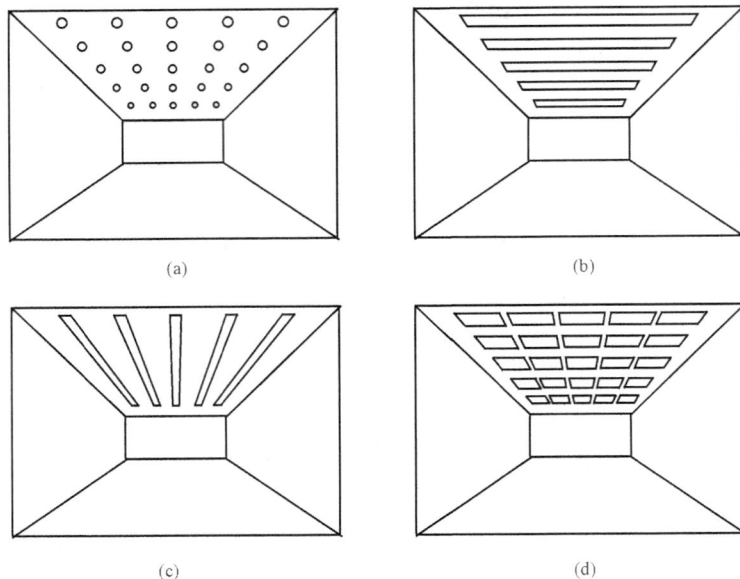

图 5-7　灯具布置所形成的心理效果

(a) 点光源典型布灯；(b) 线光源横向布灯；

(c) 线光源纵向布灯；(d) 线光源格子布灯

（6）灯具是否便于安装、检修和维护。

（7）灯具安装是否符合电气安全的要求。

2. 布置方案

室内灯具的布置方案与照明方式有关，一般照明的灯具通常采用以下两种布置方案。

（1）均匀布置。

均匀布置是指灯具之间按照一定规律进行布置的方式，在采用一般照明或分区一般照明方式的场所，大都选择这种布灯方法。均匀布置的特点是将同型号的灯具按等分面积的方法，均匀布置成单一的几何图形（如直线形、正方形、矩形、菱形、角形、满天星形等），灯具布置与生产设备或工作面的位置无关，若布灯时能够保证距离比不大于灯具的最大允许距高比，则在整个工作面上都可以获得较均匀的照度，使用过程中，若生产设备或工作面位置发生变化时，无需更改灯具的布置。

应特别注意，在工程实践中，布置灯具时常常要受到建筑装修与结构形式的制约，甚至受到空调管道、风口、喷洒头、火灾自动报警探测器、应急灯和扬声器等设备布置的影响，难以做到均匀布灯，但是，无论如何也应当保持顶棚外观的统一性。在许多情况下，建筑照明设计，对顶棚美观性以及装修设计意图的考虑往往优先于灯具的合理布灯设计。

（2）选择布置。

选择布置是一种满足局部照明要求的灯具布置方案。对于局部照明（或定向照明）方式，当采用均匀布置达不到所要求的照度分布或不满足经济合理性要求时，多采用这种布灯方案。例如在高大的厂房内，为节能并提高垂直照度可采用顶灯与壁灯相结合的布灯方式，但不应只设壁灯而不装顶灯，以避免空间亮度明暗不均，不利于视觉适应；对于大型公共建筑,如大厅、商店,有时也不采用单一的均匀的布灯方式,以形成活泼多样的照明,同时也可以节约电能。选择布置的特点是灯具的布置与生产设备或工作面的位置有关,以力求使工作面能获得最有利的光照方向,或突出某一部位,或加强某个局部的照度,或创造出某种装饰气氛。在确定其布灯位置时,应主要考虑照明的目的、主视线角度、需要突出的部位等诸多因素。

3. 距高比 s/h 的确定

整个房间或某个区域内的照度均匀度主要取决于灯具布置间距和灯具本身的配光特性。当灯具类型确定以后,照度均匀度就只取决于灯具的距高比。

(1) 灯具计算高度 h 的确定。

在工程中,通常应根据建筑物的层高、吊顶高度等先来确定灯具的安装方式,再来确定灯具的计算高度,如图 5-8 所示,即

$$h = 建筑物层高 - 吊顶高度$$
$$- 灯具垂度 - 工作面高度$$

也可用灯具的最低悬挂高度来确定灯具的安装高度,即

$$h = 灯具最低悬挂高度 - 工作面高度$$

图 5-8 室内一般照明灯具计算高度的确定

注意,确定灯具的悬挂高度是照明设计的重要内容。若灯具悬挂高度过高,则会降低工作面的照度,从而必须加大光源的功率,不经济,同时也不便于安装、检修和维护;若灯具悬挂过低,则容易碰撞,不安全,且宜产生眩光,影响视觉工作。工程应用中,一般应主要根据光源的功率、灯具的保护角和建筑空间高度等因素来确定灯具的悬挂高度。通常情况下,光源的功率越大、灯具的保护角越小,灯具的悬挂高度应越高,反之,灯具的悬挂高度可适当降低。

(2) 灯具之间的距离 s 的确定。

灯具间的距离,应根据灯具的光强分布、悬挂高度、房屋结构、照度要求及光源或灯具的形状等多种因素来确定,通常情况下,为了使工作面上获得较均匀的照度,布灯间距 s 除了应满足最大允许距高比的要求外,还应考虑以下两种情况:

1) 若选用反射光或漫射光灯具时,灯具与顶棚之间的距离 = (0.2~0.5) 顶棚至工作面的距离,以保证顶棚上有适当的均匀照度。

2) 最边缘一列灯具与墙壁的距离 s' 的确定应考虑靠墙有无放置工作面,若工作面靠近墙壁时,$s' \leq 0.75$m;工作面远离墙壁时(即靠墙为通道时),$s' = (0.4~0.6)s$。注意灯具间的距离 s 与布灯形式有关,图 5-9 给出了点光源的几种均匀布灯方式,图 5-10 给出了线光源的布灯方式。

二、应急照明的设置及灯具布置

1. 疏散照明

(1) 需要装设的场所。

疏散照明的功能是:能明确、清晰地标示疏散路线及出口或应急出口的位置;为疏散通

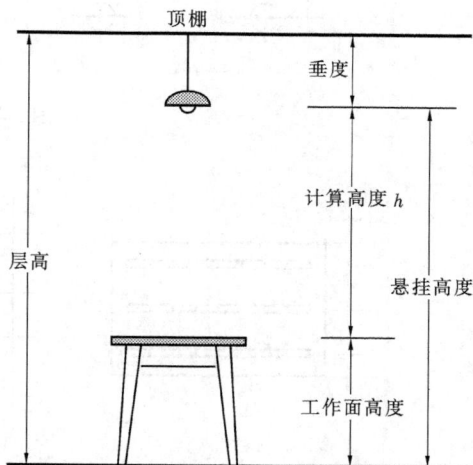

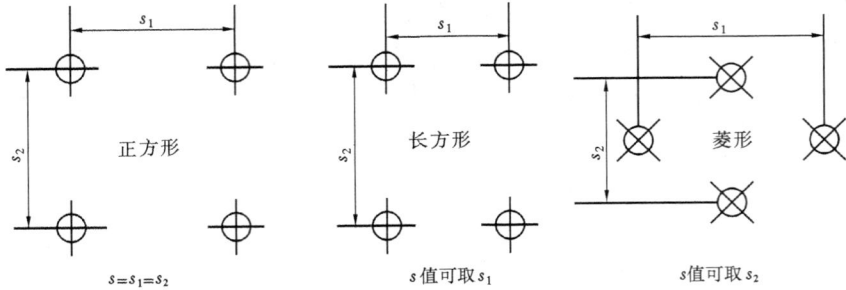

图 5-9　点光源的均匀布置

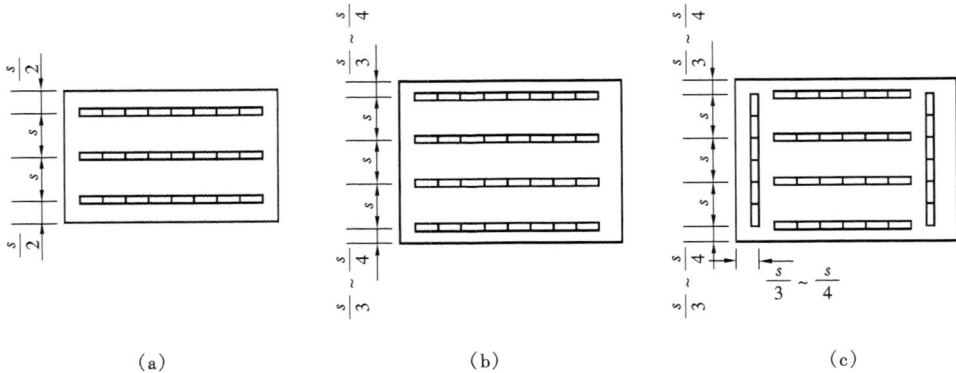

　　　　（a）　　　　　　　　　　　（b）　　　　　　　　　　　（c）

图 5-10　线光源的均匀布置

道提供必要的照明，以保证人员能安全向公共出口或应急出口行进；能容易看到沿疏散通道设置的火警呼叫设备和消防设施。因而以下各类建筑应设置疏散照明：

　　1）一、二类建筑的疏散通道和公共出口应设置疏散指示标志，如疏散楼梯、防烟楼梯间前室、消防电梯及其前室、疏散走道等。

　　2）人员密集的公共建筑，如礼堂、会场、影剧院、体育馆、饭店、旅馆、展览馆、博物馆、美术馆、大型图书馆、候车、候机楼等通向疏散走道和楼梯的出口，以及通向室外的出口均应设出口标志；较长的疏散通道和公共出口应设指疏散指示标志；疏散通道应设置疏散照明。

　　3）地下室和无天然采光房间的主要通道、出入口等应设疏散指示标志和疏散照明。

　　（2）疏散照明的布置及装设要求。

　　疏散照明所用灯具有出口标志灯、疏散标志灯和疏散照明灯三种，其布置和设置要求分述如下。

　　1）出口标志灯。出口标志灯是指灯罩上有图形或（和）文字标示安全出口位置的疏散标志灯具。出口标志灯宜采用图形表示，也可用图形加文字标示，以便于不同国家、不同民族的人视看。常用形式如图 5-11 所示。

　　出口标志灯应主要装设在以下部位：

　　A. 建筑物通向室外的出口和应急出口处；

　　B. 多层、高层建筑的各楼层通向楼梯间、消防电梯前室的出口处；

　　C. 公共建筑中人员聚集的观众厅、会堂、比赛馆、展览厅等通向疏散通道或前厅、侧

图 5-11　出口标志灯示意图

厅、休息厅的出口处。

出口标志灯的装设要求主要有：

A. 出口标志灯应装在上述出口门的内侧，标志面应朝向内疏散通道，而不应朝向室外、楼梯间那一侧。

B. 通常装设在出口门的上方，若门上方太高，宜装在门侧边。

C. 离地面高度 2.2～2.5m 为宜，不能低于 2m。

D. 出口标志灯的标示面的法线应与沿疏散通道行进的人员的视线平行。

E. 疏散通道上的出口标志灯可明装，而厅室内宜采用暗装。

2）指向标志灯。指向标志灯是指灯罩上有用箭头或图形、文字指示疏散方向的疏散标志灯。疏散指向标志灯一般用图形表示，常用形式如图 5-12 所示。

图 5-12　指向标志灯示意图

指向标志灯通常安装在疏散通道的拐弯处或交叉处、较长的疏散通道中间以及多层或高层建筑的楼梯间等。其装设要求如下：

A. 通常安装在疏散通道以及通道拐弯处的侧面墙上。安装高度离地面 1m 以下，必要时可安装在离地面 2.2～2.5m 的高处。

B. 安装在 1m 以下时，灯具外壳应有防机械损伤措施和防触电措施；标志灯应嵌墙安装，突出墙面不宜超过 50mm，并应有圆角。

C. 疏散通道中间安装的指向标志灯，其间距应不大于 20m（如图 5-13 所示）。

3）疏散照明灯。疏散照明灯是为疏散通道提供照明的应急照明灯具。疏散照明应与正常照明结合，可从正常照明中分出一部分以至全部作为疏散照明；疏散照明在通道上的照度应有一定的均匀度，通常要求沿中心线的最大照度不超过最小照度的 40 倍。为此，应选用较小功率灯泡（管）和纵向宽配光的灯具，适当减小灯具间距。

疏散通道的疏散照明灯通常安装在顶棚下，需要时也可以安装在墙上，灯离地高度宜大于或等于 2.3m，灯的装设位置要注意能使人们看到疏散通道侧的火警呼叫按钮和消防设施；疏散楼梯和消防电梯的疏散照明灯也应安装在顶棚下，并应保持各部位的最小照度。

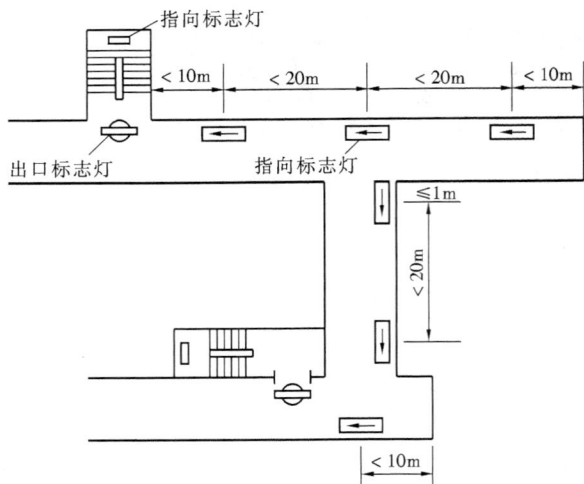

图 5-13　疏散标志灯设置示意图

2. 安全照明

（1）需要设置的场所。

1）照明熄灭，可能危及操作人员或其他人员安全的生产场地或设备，需考虑设置安全照明，如裸露的圆盘锯、放置炽热金属而没有防护的场地等。

2）医院的手术室、抢救危重病人的急救室。

3）高层公共建筑的电梯内。

（2）装设要求。

安全照明往往是为某个工作区域或某个设备的需要而设置，一般不要求整个房间或场所具有均匀照明，而是重点照亮某个或几个设备，或工作区域。根据情况，可利用正常照明的一部分或专为某个设备单独装设。

3. 备用照明

（1）需要设置的场所。

1）由于照明熄灭而不能进行正常生产操作，或生产用电同时中断，不能立即进行必要的处置，可能导致火灾、爆炸或中毒等事故的生产场所。

2）由于照明熄灭不能进行正常操作，或生产用电同时中断，不能进行必要的操作、处置，可能造成生产流程混乱，或使生产设备损坏，或使正在加工、处理的贵重材料、零部件损坏的生产场所。

3）照明熄灭后影响正常视看和操作，将造成重大政治、经济损失的场所，如重要的指挥中心、通信中心、广播电台、电视台、区域电力调度中心、发电与中心变配电站，供水、供热、供气中心，铁路、航空、航运等交通枢纽。

4）照明熄灭影响活动的正常进行，将造成重大政治、经济影响的场所，如国家级大会堂、国宾馆、国际会议中心、展览中心、国际和国内比赛的体育场馆、高级宾馆、重要的剧场和文化中心等。

5）照明熄灭将影响消防工作进行的场所，如消防控制室、消防泵房、应急发电机房等。

6）照明熄灭将无法进行营运、工作和生产的较重要的地下建筑和无天然采光建筑，如人防地下室、地铁车站、大中型地下商场、重要的无窗厂房等。

7）照明熄灭可能造成较大量现金、贵重物品被窃的场所，如银行、储蓄所的收款处，重要商场的收款台、贵重商品柜等。

8）需要继续进行和暂时进行生产或工作的其它重要场所，如变配电室、计算机房等。

（2）装设要求。

1）利用正常照明的一部分以至全部作为备用照明，尽量减少另外装设过多的灯具。

2）对于特别重要的场所，如大会堂、国宾馆、国际会议中心、国际体育比赛场馆、高级饭店，备用照明要求等于或接近于正常照明的照度，应利用全部正常照明灯具作备用照明，正常电源故障时能自动转换到应急电源供电。

3）对于某些重要部位，某个生产或操作地点需要备用照明的，如操纵台、控制屏、接线台、收款处、生产设备等，常常不要求全部均匀照明，只要求照亮这些需要备用照明的部位，则宜从正常照明中分出一部分灯具，由应急电源供电，或电源故障时转换到应急电源上。

第五节 照明光照节能设计

当前国际上照明节能所遵循的原则是必须在保证有足够的照明数量和质量的前提下，尽可能地做到节约照明用电。因此，在实施绿色照明的过程中，照明工程设计节能就是一个非常重要的环节，它涉及到照明器材的选用、照度标准和照明方式的选择以及保证照明质量等内容。本节主要介绍照明设计节能的评价标准及光照设计节能的措施。

一、照明设计节能的评价标准

众所周知，由于影响照明节能指标的因素很多，因此对其进行评价的方法也各不相同。我国原《工业企业照明设计标准》（GB 50034—1992）中提出了将 $100lx/m^2$ 照明所需用电量作为照明节能的"目标效能指标"，当照明设计方案中实际耗能指标低于该"目标效能指标"时，方案就达到了节能标准。而美国、日本、俄罗斯等国家，目前均采用照明功率密度 LPD（其单位为 W/m^2）作为建筑照明节能评价指标。为此，我国现行照明标准中也采用了此评价标准。

1. 照明功率密度 LPD 标准

《建筑照明设计标准》（GB 50034—2004）规定了七类建筑的常用房间或场所的 LPD 最大限值，并作为强制性条文（不包括居住建筑的 LPD 值）发布，见附录 2-15～附录 2-21。

LPD 限值是规定一个房间或场所的照明功率密度最大允许值，设计中实际计算的 LPD 值不应超过标准规定值。LPD 值的计算公式为

$$LPD = \frac{\sum P}{A} \tag{5-4}$$

式中　LPD——照明功率密度值，W/m^2；

P——每个灯具的输入功率（包括灯具中光源的总额定功率和光源配套镇流器或变压器的总功耗），W；

$\sum P$——房间或场所达到规定的照度标准值时所需灯具的总输入功率，W；

A——房间或场所的面积，m^2。

注意，现行国家照明设计标准规定了两种功率密度值，即现行值和目标值。现行值是根据对国内各类建筑的照明能耗现状调研结果，我国建筑照明设计标准以及光源和灯具等照明产品的现有水平，在参考国内外有关照明节能标准的基础上，经综合分析研究后制订的。而目标值则是预测到几年后随着照明科学技术的进步、光源和灯具等照明产品性能水平的提高，照明能耗会有一定程度的下降而制订的。目标值比现行值降低约为 10%～20%。

2. 照明节能设计的程序

照明节能设计应遵循以下基本程序：

（1）逐个房间或场所按使用条件确定照度标准值，初选光源、灯具、镇流器的类型、规

格，确定灯具布置方案。

（2）通过照度计算求出符合规定的照度标准值时，该房间或场所需要的灯具数量。注意，计算照度的偏差不能超过照度标准值的±10%。

（3）按式（5-4）计算每个房间或场所的 LPD 值，并与规定的现行 LPD 值进行比较。若计算 LPD 值不超过规定的 LPD 值，则设计方案符合要求；若计算 LPD 值超过规定的 LPD 值，则应调整设计方案直至符合要求为止。

3. 设计中降低 LPD 值的措施

若假设每个灯具的光源总光效（含镇流器功耗）为 η_s，每个灯具的光源总光通量为 Φ，则根据光源光效的含义可将 η_s 表示为

$$\eta_s = \frac{\Phi}{P} \qquad (5-5)$$

将式（5-4）和式（5-5）代入式（4-36），经变换得出

$$LPD = \frac{E_{av}}{\eta_s UK} \qquad (5-6)$$

由式（5-6）可以清楚地看出，要降低 LPD 值应采取以下措施：

（1）提高光源的光效 η_s，包括降低镇流器的功耗。

（2）提高灯具的利用系数 U。即选用效率高的灯具，以及和房间室形相适应的灯具配光，并注意合理提高房间顶棚、墙面的反射比。

（3）合理确定照度标准值 E_{av}。计算照度应尽量控制在不超过 10% 标准值以下。

二、光照节能设计的措施

照明设计节能的指导思想是体现以人为本，注重舒适、健康的环境，包括个性化、智能化、健康化、艺术化。而在照明设计过程中，主要是通过采用高效节能照明产品、提高照明质量、优化照明设计等措施，达到照明设计节能的目的。

1. 推广使用高光效光源

（1）各种光源的效率。我们知道，在各种照明光源的电能转换过程中，其光效由高到低依次为：低压钠灯，主要用于道路照明；高压钠灯，主要用于室外照明；金属卤化物灯，室内外均可应用，一般低功率用于室内建筑层高较矮的房间，大功率用于体育场馆；荧光灯，尤其以三基色荧光灯的光效最高，广泛应用于室内照明；高压汞灯；白炽灯和卤钨灯。

（2）各种光源的经济效益。各种光源由光效较高的光源取代后，在照度相同的条件下可以获得明显的节电效果。

1）普通照明白炽灯由紧凑型荧光灯取代，其效果如表 5-7 所示。

表 5-7 　　　　　　　　　　　　　　**紧凑型荧光灯取代白炽灯的效果**

普通照明白炽灯 （W）	由紧凑型荧光灯取代 （W）	节电效果 （W）	电费节省 （%）
100	25	75	75
60	16	44	73
40	10	30	75

2）粗管径荧光灯由细管径荧光灯取代，其效果如表 5-8 所示。

表 5 - 8　　　　　　　　　　　细管径荧光灯取代粗管径荧光灯的效果

灯管径	镇流器种类	功率(W)	光通量(lm)	光效(lm/W)	替换方式	照度提高(%)	节电率或电费节省(%)
T12（38mm）	电感式	40	2850	72			
T8（26mm）三基色	电感式	36	3350	93	T12→T8	17.54	10
T8（26mm）三基色	电子式	32	3200	100	T12→T8	12.28	20
T5（16mm）	电子式	28	2900	104	T12→T5	1.75	30

3）荧光高压汞灯由高压钠灯和金属卤化物灯取代，其效果如表 5 - 9 所示。

表 5 - 9　　　　　　　高压钠灯和金属卤化物灯取代荧光高压汞灯的效果

编号	灯种	功率(W)	光通量(lm)	光效(lm/W)	寿命(h)	显色指数(R_a)	替换方式	照度提高(%)	节电率或电费节省(%)
No. 1	荧光高压汞灯	400	22000	55	15000	40			
No. 2	高压钠灯	250	22000	88	24000	65	No. 1→No. 2	0	37.5
No. 3	金属卤化物灯	250	19000	76	20000	69	No. 1→No. 3	−13.6	37.5
No. 4	金属卤化物灯	400	35000	87.5	20000	69	No. 1→No. 4	37.1	0

（3）合理选用光源的措施。

1）尽量减少白炽灯的使用量。白炽灯因其安装和使用方便，价格低廉，目前在国际上一些国家和我国其生产量和使用量仍占照明电光源的首位，但因其光效低、能耗大、寿命短，应尽量减少其使用量。欧盟已于 2007 年 3 月 9 日闭幕的布鲁塞尔春季首脑会议通过了一项协议：两年内欧盟各国将逐步用节能荧光灯取代能耗高的老式白炽灯。

2）推广使用细管径 T8 荧光灯和紧凑型荧光灯。荧光灯光效较高，寿命长，节约电能。目前应重点推广细管径 T8 荧光灯和各种形状的紧凑型荧光灯，以代替粗管径 T12 荧光灯和白炽灯，有条件时，可采用更节能的 T5 荧光灯。美国已于 1992 年禁止销售 40W 粗管径 T12 荧光灯。

3）逐步减少高压汞灯的使用量。高压汞灯光效较低，显色性差，节电效果不明显，特别是不应随意使用能量消耗大的自镇流高压汞灯。

4）积极推广高光效、长寿命的高压钠灯和金属氯化物灯。钠灯的光效可达 120lm/W 以上，寿命达 12000h 以上，而金属卤化物灯的光效可达 90lm/W，寿命达 10000h，特别适用于工业厂房照明、道路照明以及大型公共建筑照明。

2. 采用高效率节能灯具

1）选用配光合理的灯具。选择合理的灯具配光可以提高光的利用率，达到最大的节能效果。灯具的配光应符合照明场所的功能和房间体形（RCR）的要求，通常可根据 RCR 选择灯具的配光形式，如表 5 - 10 所示。

表 5 - 10　　　　　　　　　　　　　**灯 具 配 光 的 选 择**

室空间比 RCR	选用灯具的最大允许距高比 s/h	配光种类
1～3	1.5～2.5	宽配光
3～6	0.8～1.5	中配光
6～10	0.5～0.8	窄配光

2）选用高效灯具。灯具的效率对照明节能效果影响很大，通常在满足眩光限制要求的条件下，应优先选用开启式直接形照明灯具，且荧光灯灯具和高强度气体放电灯灯具的效率不应低于《建筑照明设计标准》（GB 50034—2004）的规定。

3）选用利用系数高的灯具。灯具的利用系数取决于灯具效率、配光形状、房间各表面的反射比及房间的体形。一般情况下，若灯具的配光适应房间的体形（RCR），如在矮而宽（RCR 值小）的房间使用宽配光灯具，多数直射光会落到工作面上，则灯具的利用系数就高。可见，在设计过程中如发现灯具的利用系数太低时，可通过调换不同配光的灯具来提高其利用系数。

4）选用高光通维持率的灯具。所谓高光通维持率灯具就是在运行期间光通降低较少的灯具，包括光通衰减和灯具氧化、污染引起的反射率下降都比较少的灯具。一般情况下，这类灯具通过采用二氧化硅涂层或活性炭过滤器等措施，来防止灯具的老化和积尘，以提高灯具的反射能力和光通维持率，从而提高灯具的光效。

5）尽量选用不带光学附件的灯具。灯具常用的光学附件主要包括格栅、棱镜、有机玻璃板、乳白玻璃包合罩等。这些光学附件的作用是改变光的方向，减少眩光，加强装饰效果等。但这些附件却会减少光通量的输出，在相同的照度条件下使所需灯具的数量增加，从而增加了照明用电量。因此，在保证照明质量的条件下，应尽量选用无光学附件的灯具。

6）采用空调和照明一体化灯具。由于照明的发热影响着室内的环境温度，室内除了冬季可利用灯具产生的热量外，夏季必须排除该热量才能获得人们所需要的室内气候条件。为此，空调房间可采用综合顶棚单元，将照明灯具与空调风口融为一体，以提高综合效益。例如，夏季若空调系统通过灯具回风，就可有约 $50\%\sim75\%$ 的"照明热量"被直接排走而不进入房间，空调的制冷量可减少 20%，空调可节电 10%；冬季空调采暖时可改变系统，利用照明灯具散发的热量采暖以减少供热量。由此可见，对于大面积空调设施来说，采用空调和照明一体化灯具的节能方式具有重要的意义。

3. 推广采用节能镇流器

镇流器是一个耗能器件，同时对照明质量和电能质量有很大影响，因此选择镇流器时应掌握以下原则：①运行可靠，使用寿命长；②自身功耗低；③频闪小，噪声低；④谐波含量小，电磁兼容性符合要求；⑤性价比高。

镇流器的主要类型有普通电感镇流器、节能型电感镇流器和电子镇流器。普通电感镇流器性能较好，但功耗大；节能型电感镇流器和电子镇流器的自身功耗比普通电感镇流器小，但价格相对较高。其性能比较如表 5 - 11 所示（以 T8 型 36W 直管荧光灯为例）。

表 5-11 镇流器性能比较（以 **T8** 型 **36W** 直管荧光灯为例）

镇流器类型	镇流器功耗（W）	灯管光效比（%）	系统能耗比（%）	重量比（%）	谐波含量比（%）	功率因数	频闪	噪声	调光	使用寿命（年）	价格
传统电感型	9	100	100	100	<10	0.5	有	有	不可	15～20	低
节能电感型	4.5～5.5	100	92	150	<10	0.5	有	小	不可	15～20	中
电子式（H级）	3.5～4	110	80	30～40	<40	>0.9	无	无	可	4～5	中
电子式（L级）	3.5～4	110	80	40～50	<30	>0.95	无	无	可	8～10	高

从表 5-11 可以看出，节能型电感镇流器虽然价格稍高，但寿命长和可靠性高，适合目前我国的经济技术水平，应大力推广使用。但从发展来看，电子镇流器以更好的能效、无频闪、功率因数高等优势将获得更广泛的应用，有条件时应积极推广使用电子镇流器。

4. 合理选择照度标准值和照明方式

为了节约照明用电，应根据照明要求的档次高低合理选择照度标准值，切不可追求或攀比高照度水平，并严格限制照明功率密度 *LPD* 值；选用合理的照明方式，照度要求高的场所采用混合照明方式，少用一般照明方式，适当采用分区一般照明方式。

思 考 题 与 习 题

1. 照明光照设计的任务是什么？
2. 照明方式和照明种类有哪些？如何选择？
3. 衡量照明光照设计质量的主要指标有哪些？
4. 照度标准中的照度值指的是什么照度？选择照度标准值应遵循哪些主要原则？
5. 试述不舒适眩光与哪些因素有关。
6. 什么是眩光评价点？什么叫眩光角？
7. 统一眩光值和眩光值各有何用途？
8. 什么是直接眩光？如何限制直接眩光？
9. 什么是光幕反射，如何限制光幕反射？
10. 安全出口标志灯常设置在哪些场所？其主要设计要求有哪些？
11. 疏散指示标志灯常设置在哪些场所？其主要设计要求有哪些？
12. 疏散照明常设置在哪些场所？其主要设计要求有哪些？
13. 备用照明常设置在哪些场所？其主要设计要求有哪些？
14. 安全照明常设置在哪些场所？其主要设计要求有哪些？
15. 何谓照明功率密度值（*LPD* 值）？其值如何计算及应用？
16. 简述降低照明功率密度值（*LPD* 值）的措施。
17. 简述照明光照节能设计的主要措施。

第六章　照　明　电　气　设　计

照明电气设计是电气照明系统设计的另一个重要组成部分。照明电气设计通常是在光照设计的基础上进行的，其主要任务是为保证电光源和灯具能正常、安全、可靠而经济地工作。本章重点介绍照明电气设计的基本要求及设计步骤、照明负荷分级及供电要求、供电电压及供电网络的选择与设计、照明线路的计算、照明线路保护及设备的选择、导线及电缆的选择与敷设、照明网络的电气安全。

第一节　概　　　述

一、电气设计的基本要求

（1）安全。对任何一个供电系统，安全总是最重要的第一要求。系统如果设计考虑不周或施工质量不良，或材料设备选用不当，都可能直接造成设备和人身事故或大面积停电或火灾等严重后果。为此电气设计要严格执行有关规程，力求把人身触电事故和设备损坏事故降低到最低限度。

（2）可靠。供电可靠即供电的不间断性，设计时应根据负荷的等级来确定供电方式。

（3）经济。电气系统的设计应在安全可靠的基础上考虑经济节约，尽可能降低投资和运行费用，减少金属材料的消耗。

（4）便利。电气系统的装置，应考虑到安全、运行、使用、维护的方便。合理确定灯开关、插座和配电箱、配电柜等的安装位置、安装高度，确保操作通道符合有关要求。

（5）美观。整个供配电系统的设计与施工，应尽量不要损坏建筑物的美观。因此选择布线方式、线路敷设位置和电器的外形及安装方式等都必须注意满足建筑物的美观要求。

（6）发展。以近期建设为主，适当考虑发展的可能性。

二、电气设计的主要任务

电气设计的主要任务可归纳如下：

（1）正确选择供电电压、配电方式，确保照明设备对电能质量的要求，以保证照明质量和照明设备的使用寿命。

（2）进行负荷计算，以正确地选择导线型号、截面及控制与保护电器的规格型号。

（3）选择合理、方便的控制方式，以便照明系统的管理、维护和节能。

（4）选择合理的保护方法，确保照明装置和人身的电气安全。

（5）尽量减少电气部分的投资和年运行费。

三、电气设计步骤

（1）收集原始资料，主要了解电源情况，照明负荷对供电连续性的要求。

（2）根据照明负荷性质确定供电电源形式。

（3）确定照明配电系统，包括配电分区的划分，设多少个配电箱，各配电箱供给的区域、楼层，确定配电箱的安装位置及方式，确定电源点至各配电箱之间的接线方式。

（4）根据生产流程、工段划分等情况确定灯具的开关控制方式，以便确定开关的数量和安装位置。

（5）确定照明线路各级保护设备，确定照明配电系统的接地型式及电气安全措施。

（6）进行负荷计算、电压损失计算、无功功率补偿计算和保护装置整定计算。

（7）选择导线型号、截面及敷设方式。

（8）确定电能的计量方式。

第二节　照　明　供　电

一、照明对供电质量的要求

照明装置的供电质量主要取决于供电电压的质量和供电的可靠性。

1. 照明对电压质量的要求

影响电压质量有诸多因素，但设计照明网络时，应密切注意电压偏移和电压波动问题。

（1）电压偏移。

电压偏移是指在某一时段内电压幅值缓慢变化而偏离标称值的程度，称各点的实际电压与系统标称电压之差 ΔU 为电压偏移，通常用与系统标称电压的百分比来表示，即

$$\Delta U\% = \frac{U - U_n}{U_n}100\% \qquad\qquad (6-1)$$

式中　$\Delta U\%$——电压偏移百分比；

　　　U——检测点上电压实测值，V；

　　　U_n——检测点上电网电压的标称值，V。

电压偏移对照明质量及照明设备影响很大，灯泡（管）端电压偏高，会缩短光源的寿命；电压偏低，会使光源的光通量输出降低，造成照度不足；当电压过低时，还会导致气体放电光源不能正常点燃。为此国家标准《建筑照明设计标准》（GB 50034—2004）规定：照明灯具的端电压不宜大于其额定电压的 105%，亦不宜低于其额定电压的下列数值：一般工作场所为 95%；远离变电所的小面积一般工作场所难以满足 95% 要求时，可为 90%；应急照明和用安全特低电压供电的照明为 90%。

（2）电压波动。

电压波动是指某一时段内电压急剧变化而偏离标称值的现象，是指电压变化过程中相继出现的最大有效值电压 U_{max} 与最小有效值电压 U_{min} 之差，常用与系统标称电压 U_n 之比的百分数表示，记作 $\Delta u_f\%$，即

$$\Delta u_f\% = \frac{U_{max} - U_{min}}{U_n}100\% \qquad\qquad (6-2)$$

在照明供配电系统中，电压波动主要是由于负荷急剧的波动而造成系统电压的瞬时升降，如电动机满载起动、电焊机的工作等。电压波动会引起光源光通量的变化，使灯具发光闪烁，刺激眼睛，影响工作和学习，从而导致照明质量下降；电压骤降会使气体放电灯熄灭，加上气体放电灯（荧光灯除外）再启动时间较长，因而使其无法继续工作。目前，我国现行标准中没有对电压波动作出规定，但是，对于重要工作场所的照明电压波动次数允许值的限制，可参考国外要求：当电压波动值小于额定电压的 1% 时，照明电压波动次数不受限

制；当电压波动值大于额定电压的 1% 时，在 1h 内允许波动的次数为

$$n = \frac{6}{|\Delta u_{\mathrm{f}}| - 1} \tag{6-3}$$

此外，为了确保气体放电灯在电源电压骤降幅度较大的情况下能够可靠地工作，根据试验结果，适当考虑安全系数，给出保证气体放电灯可靠工作的电压最低允许值：荧光灯 160V，荧光高压汞灯、高压钠灯、金属卤化物灯为 190V。

（3）改善电压质量的措施。

1）照明负荷宜与冲击性电力负荷（如大功率接触焊机、大型吊车的电动机等）各自采用独立的回路供电，即分别由专线单独供电或较大功率照明负荷由专用照明变压器供电，以限制冲击性负荷对照明负荷的影响。

2）照明负荷与冲击性电力负荷共用配电线路时，应合理减少系统阻抗，如尽量缩短线路长度，适当加大导线和电缆的截面等，以尽可能减少线路上的电压损失。

3）无窗厂房或工艺设备对电压质量要求较高的场所，宜采用有载自动调压变压器。

4）合理采用无功功率补偿措施，通过减少无功功率，可有效地降低系统的电压降落，以补偿负荷变化所引起的电压偏移和电压波动。

5）分配单相负荷时，应尽量做到三相平衡，以尽可能地减少因三相负荷分布不均所造成的相间的电压偏差。

2. 照明负荷对供电可靠性的要求

供电可靠性是指供电的连续性。照明负荷的性质不同，其对供电可靠性的要求也不相同。在工程实践中，应根据对供电可靠性的要求以及终止供电在政治、经济等方面的影响和损失的程度，区分照明负荷等级，并针对不同等级确定其对供电电源的要求。

（1）照明负荷分级。照明负荷通常分为三级。

1）一级负荷。符合下列条件之一者均属于一级照明负荷：

A. 中断正常照明用电将造成人身伤亡者，如医院的急诊室、手术室等处的照明；

B. 中断正常照明用电将造成重大的政治影响者，如国家、省、自治区、直辖市等各政府主要办公室、会议室、接待室的照明等；

C. 中断正常照明用电将造成重大的经济损失者，如大型企业的指挥、控制中心的照明等；

D. 中断正常照明用电将造成公共场所秩序严重混乱者，如大型体育场馆等大量人员集中的公共场所的照明，以及机场、大型火车站、海港客运站等交通设施的候机（车、船）室、售票处、检票口的照明等。

在一级负荷中，当中断供电将发生爆炸、火灾以及严重中毒事故等场所的照明负荷，特别重要的交通枢纽、重要的通信枢纽、国宾馆和国家级及承担重大国事活动的会堂、国家级大型体育中心、经常用于重要国际活动的大量人员集中的公共场所的照明负荷，以及中断供电将影响实时处理计算机及计算机网络正常工作的照明负荷，应视为特别重要负荷。

2）二级负荷。下列场所的照明负荷均属于二级照明负荷：

A. 中断正常照明供电将造成较大的政治影响者；

B. 中断正常照明供电将造成较大的经济损失者；

C. 中断正常照明供电将造成公共场所秩序混乱者。

如大、中型火车站、高层住宅的楼梯照明、疏散标志照明，省市图书馆和阅览室的照明，大型影剧院、大型商场等重要公共场所的照明等。

3）三级负荷。不属于一、二级负荷者均属于三级负荷。

（2）照明负荷对电源的要求。

1）一级负荷对电源的要求。普通一级负荷应由两个电源供电，且当其中一个电源发生故障时，另一个电源不应同时受到损坏。根据我国目前的实际供电水平以及经济和技术条件，符合下列条件之一的，即可认为满足上述两个电源的供电要求：电源来自两个不同的发电厂，如图 6-1（a）所示；电源来自两个不同的区域变电所，且区域变电所的进线电压不低于 35kV，如图 6-1（b）所示；电源来自一个区域变电所、一个自备发电设备，如图 6-1（c）所示。

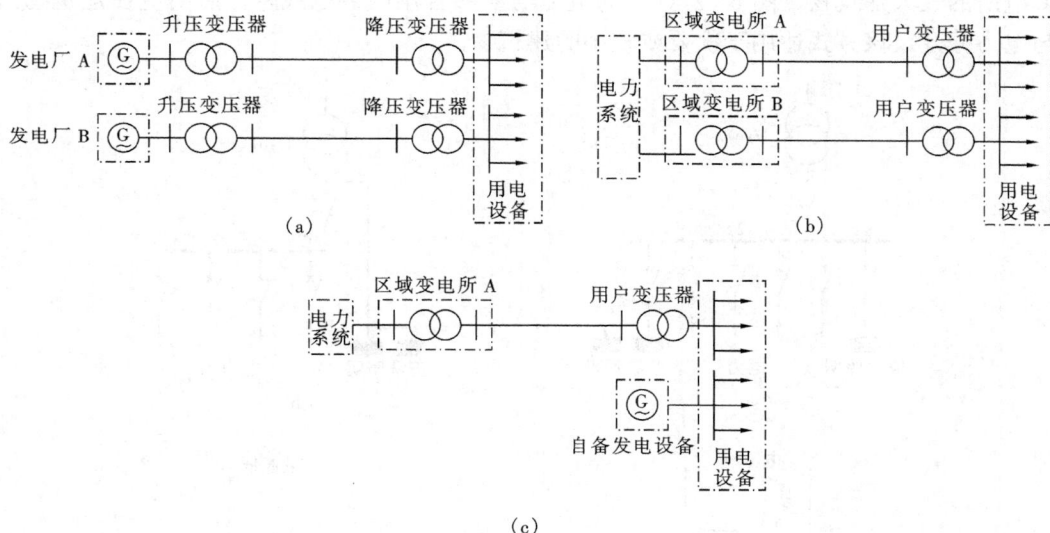

图 6-1 满足一级负荷要求的电源
（a）电源来自两个不同的发电厂；（b）电源来自两个不同的区域变电所；
（c）电源来自一个区域变电所、一个自备发电设备

一级负荷中特别重要的负荷，除由满足上述条件的两个电源供电外，尚应增设应急电源专门对此类负荷供电。应急电源不能与电网电源并列运行，并严禁将其它负荷接入该应急供电系统。

2）二级负荷对电源的要求。二级负荷对电源的要求可比一级负荷放宽些，但应做到当发生电力变压器故障或线路常见故障时，不致中断供电或中断后能迅速恢复。一般由两回路供电，当电源来自同一区域变电所的不同变压器时，即可认为满足要求。

在负荷比较小或地区供电条件困难时，二级负荷也可由一路 6kV 以上专用架空线路或电缆线路供电。

3）三级负荷对电源的要求。三级负荷对电源无特殊要求，一般由单电源供电即可。

二、照明供电方式

1. 正常照明的供电方式

正常照明的供电方式与照明负荷的等级有关，分述如下：

（1）三级照明负荷。

三级照明负荷可由一个单变压器的变电所供电，即照明与电力共用变压器，常用形式如图 6 - 2 所示。建筑物内有变电所时，照明与电力由低压屏以放射式配电，照明与电力在母线上分开，照明电源接自变压器低压侧总开关之后的照明专用低压屏上，即采用独立的照明干线，如图 6 - 2（a）所示；若变电所低压屏的出线回路数有限，则可采用低压屏引出少量回路，再利用电力配电箱给照明配电。建筑物内电力采用母干线与照明混合供电时，正常照明电压接自变压器低压总断路器前，如图 6 - 2（b）所示。

此外，对于某些辅助建筑或远离变电所的建筑物，可采用由外部线路供电的方式。例如，图 6 - 2（c）为电力与照明分线路供电，应急照明接自电力供电线路，该方式适用于不设变电所的较大建筑物；图 6 - 2（d）为电力与照明合用的供电线路，照明应在建筑物入口处与电力分开，该方式适用于次要或较小的建筑物。

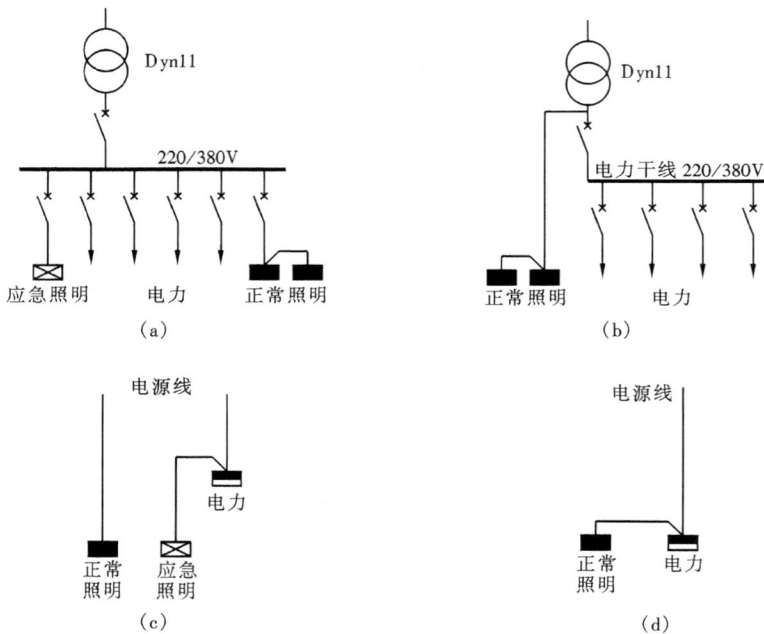

图 6 - 2　三级照明负荷的供电方式

（2）二级照明负荷。

二级照明负荷多采用两台变压器的供电方式，与一级照明负荷供电的差别在于二级照明负荷的高压侧可以是一个电源，但应做到变压器和线路均有备份。图 6 - 3（a）中有两个相互独立的高压电源，当一台变压器停电时，负荷可通过联络断路器接到另一电源上。图 6 - 3（b）中只有一个高压电源。

（3）一级照明负荷。

一级照明负荷的供电电源可来自双变压器变电所，图 6 - 3（a）所示；也可来自两个单变压器变电所，图6-4（a）所示；还可采用照明负荷为单台变压器的供电方式，但应急电源应引自蓄电池组或柴油发电机组或临近单位的第二低压电源，如图6-4（b）所示。

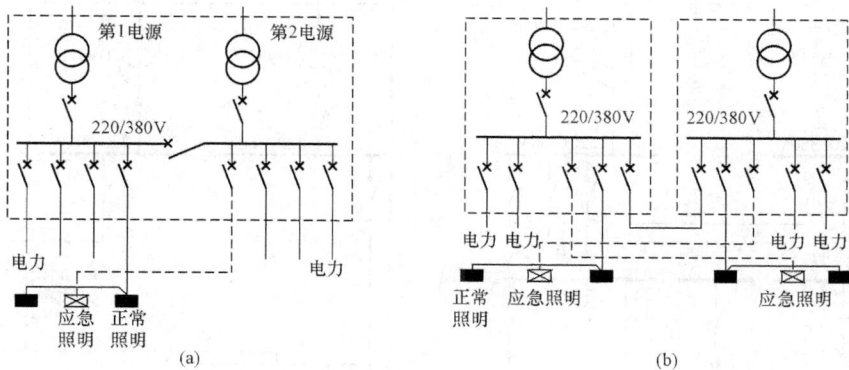

图6-3 二级照明负荷的供电方式
（a）两个高压电源；（b）一个高压电源

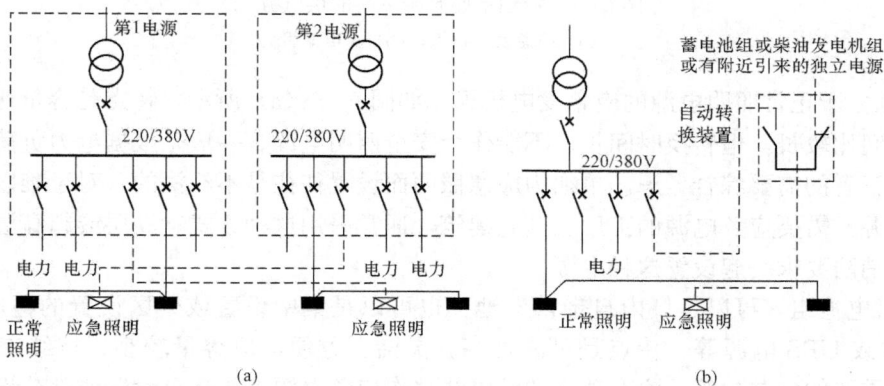

图6-4 一级照明负荷的供电方式
（a）双变电器变电所；（b）单台变压器

（4）特别重要照明负荷。

特别重要照明负荷除采用两路相互独立的电源以外，应设第三独立电源。此电源可引自应急发电机组，如图6-5（a）所示，也可引自蓄电池组，如图6-5（b）所示；还可引自电力网有效地独立于正常照明电源的线路。第三独立电源应能自动投入。

2. 应急照明的供电方式

应急照明的供电方式和其它具体设计要求如下：

（1）供电电源。

应急照明是在正常照明电源故障时使用的照明设施，因此应由与正常照明电源分开的独立电源供电，可以选用以下几种方式的电源：

1）供电网络中有效地独立于正常照明电源的线路，如接自有两回路独立高压线路供电变电所的不同变压器引出的馈电线路，如图6-3和图6-4（a）、（b）所示。特点是容量大、转换快、持续工作时间长、但重大灾害时，有可能同时遭受损害。这种方式通常是由工厂或该建筑物的电力负荷或消防的需要而决定的。工厂的应急照明电源多采用这种方式，重要的公共建筑也常使用这种方式，或该方式与其它方式共同使用。

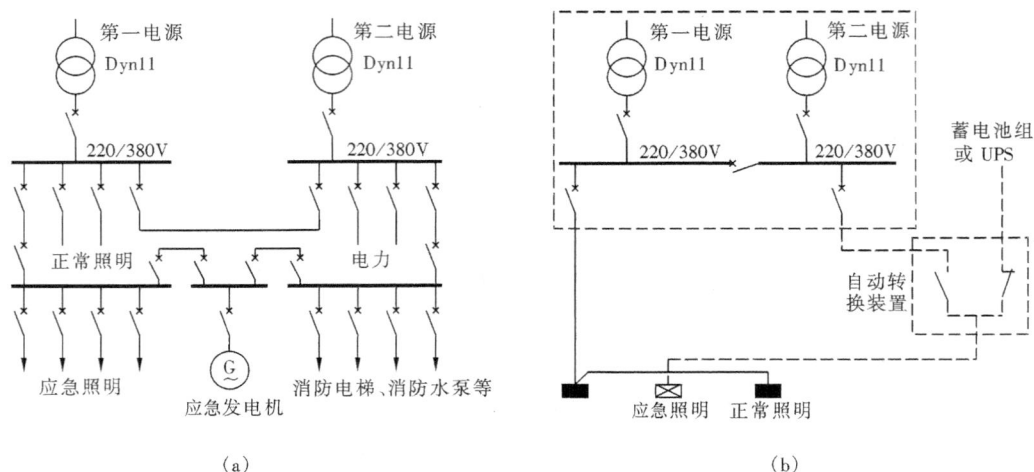

图 6-5　特别重要照明负荷的供电方式
(a) 应急发电机组；(b) 蓄电池组

2) 独立于正常照明电源的应急发电机组，如图 6-5（a）所示。特点是容量比较大，持续工作时间比较长，但转换时间长，不能作为安全照明电源。一般是根据电力负荷、消防及应急照明三者的需要综合考虑。单独为应急照明而设置往往是不经济的。对于难以从电网取得第二电源又需要应急电源的工厂及其它建筑，通常采用这种方式；高层或超高层民用建筑通常是和消防要求一起设置这种电源。

3) 蓄电池组，可以是灯内自带蓄电池，也可以是集中设置或分区设置的蓄电池装置，包括 EPS 或 UPS 电源等。特点是可靠性高，灵活、方便，但容量较小，持续工作时间较短。特别重要的公共建筑，除有独立的馈电线路作应急电源外，还可设置或部分设置蓄电池作疏散照明电源，如图 6-5（b）所示；重要的公共建筑或金融建筑、商业建筑中的安全照明或要求快速点亮的备用照明，当来自电网的馈电线作电源可靠性不够时，可增设蓄电池电源；中小型公共建筑、电力负荷和消防没有应急电源要求，而自电网取得备用电源有困难或不经济时，应急照明电源宜用蓄电池，如图 6-5（a）所示。

4) 以上任意两种方式的组合。

（2）转换时间和转换方式。

1) 转换时间。按 CIE 规定，当正常照明电源故障后，转换到由应急电源供电点亮的时间要求如下：疏散照明不大于 5s；安全照明不大于 0.5s；备用照明不大于 15s，对于银行、大中型商场的收款台，商场贵重物品销售柜等场所的备用照明不大于 1.5s。

2) 转换方式。采用独立的馈电线路或蓄电池作应急照明电源时，当正常电源故障时，对于安全照明，必须自动转换；对于疏散照明和备用照明，通常也应自动转换。

采用应急发电机时，机组应处于备用状态，并有自动起动装置。当正常电源故障时，能自动起动并自动转换到应急系统。

（3）持续工作时间。用来自电网的馈电线作应急照明电源，通常能保证足够的持续工作时间；用应急发电机时，应根据应急照明、特别是备用照明持续工作时间要求和电力负荷要求，备足燃料；用蓄电池时，则应按持续工作时间要求，确定蓄电池的容量。应急照明电源的持续工作时间要求如下：

1）疏散照明。按《高层民用建筑设计防火规范》（GB 50045—1995）规定，应急持续工作时间不应小于 20min。但对于特别重要的建筑、超高层公共建筑等，不宜小于 30min，甚至更长时间。

2）安全照明和备用照明。其持续工作时间应根据该场所的工作或生产操作的具体需要确定。如生产车间某些部位的安全照明，一般不小于 20min 可满足要求；医院手术室的备用照明，持续时间往往要求达 3～8h；作为停电后进行必要的操作和处理设备停运的生产车间，其备用照明可按操作复杂程度而定，一般持续 20～60min；为继续维持生产的车间备用照明，应持续到正常电源恢复；对于通信中心、重要的交通枢纽、重要的宾馆等，要求持续到正常电源恢复。

三、照明供电网络

1. 照明供电网络的组成

照明供电网络主要有馈电线、干线和分支线组成，照明网络的基本形式如图 6-6 所示。

馈电线是将电能从变电所低压配电屏送至照明配电盘的线路，对于无变电所的建筑物，其馈电线多指进户线，是由进户点到室内总配电箱的一段导线。

干线是将电能从总配电箱送至各个照明分配电箱的线路，该段线路通常被称为供电线路。

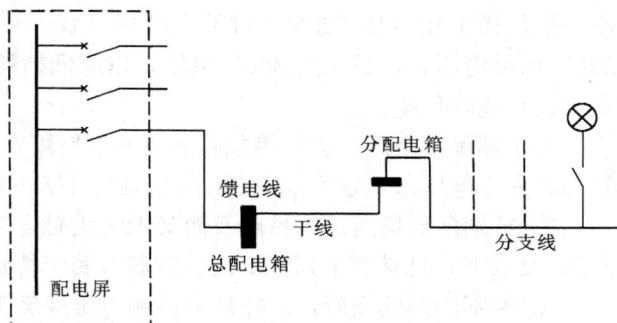

图 6-6　照明供电网络的组成

分支线是将电能从分配电箱送至每一个照明负荷的线路，该段线路通常被称为配电线路。

2. 照明供电网络的接线形式

照明供电网络主要有三种接线形式，即放射式、树干式和混合式，如图 6-7 所示。

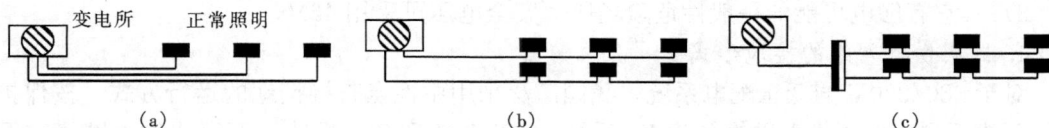

图 6-7　照明供电网络的接线形式
(a) 放射式；(b) 树干式；(c) 混合式

（1）放射式。

放射式接线如图 6-7（a）所示。放射式接线方式中各负荷独立受电，发生故障时互不影响，供电可靠性较高。但由于放射式接线占用的低压干线较多，有色金属消耗也较多，致使投资费用相应增加。因此放射式一般用于容量大、负荷集中或重要的用电设备。

（2）树干式。

树干式接线如图 6-7（b）所示。树干式供电线路与放射式比较，具有结构简单、投资费用和有色金属较省的优点，但在供电可靠性方面不如放射式。因此树干式供电线路多用于一般负荷。

（3）混合式。

放射式与树干式的混合供电线路称为混合式，如图 6-7（c）所示。这种接线方式可以根据照明配电箱的布置、容量、线路走向等综合考虑。在照明供电网络中，这种接线方式是应用最为普遍的一种。

3. 照明网络电压的选择

照明网络电压的选择主要取决于照明设备的额定电压及使用环境对供电和用电安全性的影响。

（1）正常环境。

由于照明灯具或插座所插接的设备（如电视机、电冰箱、电热器、计算机、音响设备等）大都属于单相用电设备，因此照明网络电压多采用 220/380V。正常环境中的灯具和插座一般均接于相电压 220V，对于大功率（1500W 及以上）的高强气体放电灯有 220V 及 380V 两种电压者，可采用 380V 电压，以降低损耗。

（2）危险环境。

对于潮湿、高温、多尘等危险场所一般使用安全电压，安全电压按国家标准 GB 3805—1983《安全电压》规定为 42、36、24、12、6V 五级。

1）特别危险场所。容易触及而又无防止触电措施的固定或移动式灯具，安装高度低于 2.2m 及以下，且具有下列情况之一的场所属于特别危险场所：

A. 特别潮湿的场所：工作环境的相对湿度经常在 90% 以上；

B. 高温场所：即工作环境经常在 40℃ 以上；

C. 具有导电灰尘的场所；

D. 具有导电地面：金属或特别潮湿的土、砖、混凝土地面等。

对于上述特别危险场所，国际电工委员会（IEC）以及几个主要工业发达国家规定安全电压为 25V 及以下，我国规定安全电压不应超过 24V。

2）对于不便于工作的狭窄地点，且工作者与良好接地的大块金属面（如在锅炉、金属容器内等）相接触时，使用手提行灯的电压不应超过 12V。

3）其它有触电可能的一般性危险场所，安全电压可采用 42V。

4. 照明供电网络的接地形式

对于 380/220V 的低压配电系统，我国广泛采用中性点直接接地的运行方式。按保护接地的型式不同，低压供电网络分为 IT 系统、TT 系统和 TN 系统，而照明供电网络主要采用的是 TN 系统和 TT 系统。

（1）名词解释。

1）系统中性点。三相电力系统中三相绕组或三根相线的公共连接点。当中性点接地时，中性点称为"零点"。

2）中性线（N 线）。与电源中性点连接的导线，其功能：一是用于连接需要 220V 相电压的单相设备，二是用来传导三相不平衡电流和单相电流，三是减少负荷中性点的电位偏移。

3) 保护线（PE线）。将电气设备的外露可导电部分连接到电源的接地中性点上，当系统中设备发生单相接地故障时，便形成单相短路，使保护电器动作，切除故障设备，从而防止触电事故发生，保证人身安全。

4) 保护中性线（PEN线）。兼有PE线和N线功能的导线。

5) 外露可导电部分。正常时不带电，但故障情况下可能带电的电气装置的容易触及的金属外壳，有时简称设备外壳。

6) 装置外可导电部分。给定场所中不属于电气装置组成部分的导体，如场所中的金属管道等。

7) 等电位连接。使各外露可导电部分之间或装置外可导电部分之间电位基本相等的电气连接。

（2）TN系统。

TN系统即电源中性点直接接地、设备外露可导电部分与电源中性点直接电气连接的系统，它有TN－S、TN－C和TN－C－S三种形式，分述如下。

TN－S系统如图6-8所示，系统中用电设备外露可导电部分通过PE线连接到电源中性点，与系统中性点共用接地体。TN－S系统的最大特征是N线与PE线在系统中性点分开后，不能再有任何电气连接，这一条件一旦破坏，TN－S系统便不再成立。TN－S系统由于其较高的安全可靠性而成为我国现在应用最为广泛的一种系统，在自带变配电所的建筑中几乎无一例外地采用了TN－S系统。

TN－C系统如图6-9所示，它将N线与PE线合二为一，用PEN线来同时承担两者的功能。在用电设备处，PEN线既连接到负荷的中性点上，又连接到设备的外露可导电部分。TN－C系统曾经在我国广泛应用，但由于它所固有的技术上的种种弊端，现在已很少采用，尤其在民用配电中已基本上不允许采用TN－C系统。

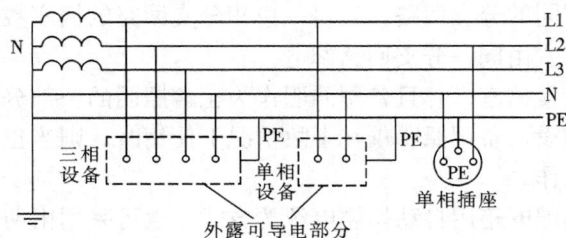

图6-8 TN－S系统

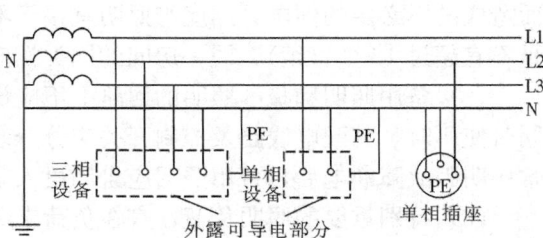

图6-9 TN－C系统

TN－C－S系统如图6-10所示，它是TN－C系统和TN－S系统的结合形式，在TN－C系统的末端将PEN线分开为PE线和N线，分开后不允许再合并。所以在系统的前半部分具有TN－C系统的特点，而其后半部分具有TN－S系统的特点。目前在一些民用建筑物中，电源入户前为TN－C系统，电源入户后将PEN线分为PE线和N线，即入户后系统就变为TN－S系统了。该系统适用于工业企业和一般民用建筑。当负荷端装有漏电开关，干线端装有接零保护时，

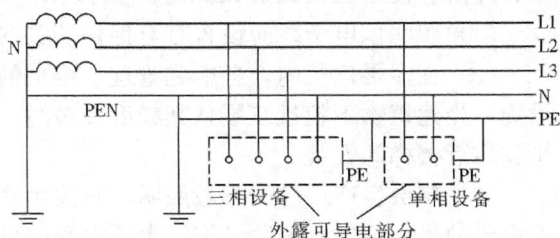

图6-10 TN－C－S系统

也可用于新建住宅小区。

（3）TT 系统。

TT 系统就是电源中性点直接接地、用电设备外露可导电部分也直接接地的系统，如图 6 - 11 所示。通常将电源中性点的接地叫做工作接地，而设备外露可导电部分的接地叫做保护接地。TT 系统中，这两个接地必须是相互独立的。设备接地可以是每一设备都有各自独立的接地装置，也可以若干个设备共用一个接地装置。

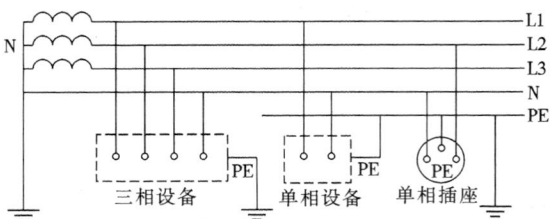

图 6 - 11　TT 系统

在实施剩余电流保护的基础上，TT 系统有很多的优点，是一种值得推广的接地形式。

5. 照明供电网络的设计原则

（1）三相照明配电干线的各相负荷宜分配平衡，最大相负荷不宜超过三相负荷平均值的 115%，最小相负荷不宜小于三相负荷平均值的 85%，以使各相电压偏差不致太大。

（2）为了降低电压损失，照明配电箱宜设置在照明负荷的中心。室内每一分支回路的长度，对于三相 220/380V 线路，一般不宜超过 100m；对于单相 220V 线路，一般不宜超过 35m。

（3）为了使分支回路或灯具内发生短路或过负荷等故障时，断开电路影响的范围不致太大，故障发生后检查维修较方便，室内每一条分支回路的电流不宜超过 16A，所接光源数不宜超过 25 个；连接建筑组合灯具时，回路电流不宜超过 25A，光源数不宜超过 60 个；连接高强度气体放电灯的单相分支回路的电流不应超过 30A。

（4）为了确保用电安全，插座回路应装设剩余电流动作保护器。为了避免由保护器动作而造成的不必要的停电，插座与照明宜接于不同的分支回路，且每一单相分支回路的插座数量不宜超过 10 个（组），同一房间的同类插座宜由同一分支回路配电。

（5）备用照明和疏散照明的回路上不应设置插座；并且备用照明作为正常照明的一部分同时使用时，其配电线路及控制开关应分开装设，备用照明仅在事故情况下使用时，则当正常照明因故障断电后，备用照明应自动投入工作。

（6）特别重要的照明负荷，宜在负荷末级配电箱用自动切换电源的方式，也可采用由两个专用回路各带约 50% 的照明灯具的配电方式。

6. 室内照明灯具控制方式的选择

室内照明灯具的控制方式主要有集中控制与局部控制两种形式，选择时应主要考虑安全、经济、便于运行维护和节能，基本原则如下：

（1）照明供电干线应设置带有保护装置的总开关（一般为低压断路器）。

（2）在多层建筑内，考虑到管理、维护的方便，在每层都应设置照明配电箱。为了节约投资，当建筑物不超过三层且其长度较短时，也可由同一配电箱向各楼层供电，这时，配电箱宜靠近楼梯间安装。

（3）单层生产厂房的一般照明，宜按生产工段、流水线分区，分组集中在配电箱控制。不重要的生产厂房、辅助设施、生活室和门灯，宜分散控制。

（4）对大面积照明场所，对沿自然采光窗平行设置的灯具应单独控制，以充分利用自然光。对于多媒体教室、会议厅、多功能厅、报告厅等场所，应按靠近或远离讲台分组控制，以便在使用投影仪等设备时，关闭讲台和邻近区段的灯光。

（5）对于办公楼、科研楼、实验楼，可采用简单的开关控制，且每个照明开关所控制灯数不宜太多，每个房间灯的开关数不宜少于 2 个（只设置 1 只灯的除外）；照明开关应装在操作方便、人流较多的入口处。楼梯灯、走廊灯宜采用双控开关、声控开关或定时开关控制。对有两个以上入口的长房间，应考虑其在任何一个入口处都可以开闭照明装置，可采用双控开关。

（6）对于出租性质的办公建筑，应考虑照明控制方式变更的灵活性，可采用低压继电器控制。

（7）大型照明设施较适宜采用照明集中控制的 BA 系统或可编程序控制器对其实现智能控制；特大门厅等大空间的照明设施，可根据天然光的变化采用调光控制；对于商业大厅、多功能厅、候机大厅等重要公共大厅，可采用遥控的方式对照明设施进行控制。

四、照明配电设备

照明配电设备主要有照明配电箱、插座和开关等。

1. 照明配电箱

照明配电箱适用于工业与民用建筑在交流 50Hz、额定电压不超过 500V 的照明控制回路中，作为线路的过载、短路保护以及线路的正常转换之用。照明配电箱一般采用封闭式箱结构，悬挂式或嵌入式安装，箱中一般装有新型电器元件（如小型空气断路器、漏电开关等）、中性线（N）和保护线（PE）、汇流排，有的产品还装有电能表和负荷开关，多采用下侧或上下两侧进出线方式。其常用型号含义如下：

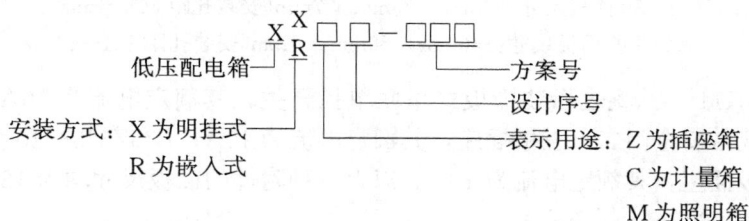

照明设计中，应首先根据负荷性质和用途，确定选用照明箱、计量箱、插座箱，然后根据控制对象负荷电流的大小、电压等级以及保护要求，确定配电箱内支路开关电器的容量、电压等级，按负荷管理所划分的区域确定回路数，并应留有 1~2 个备用回路。选择配电箱时，还应根据使用环境和场合的要求，确定配电箱的结构形式（明装、暗装）、外观颜色以及外壳防护等级（防火、防潮、防爆等）。

实际工程中，照明配电箱一般设置在电源的进口处，同时应考虑便于操作、不妨碍交通，应尽量避免安装在有水或有易燃易爆物品的场所；照明配电箱应尽可能设置在负荷的中心，以节约用线和减少线路的电压损失。安装时，悬挂式和嵌入式照明配电箱的下边距地（楼）面高度一般为 1.4m；落地式配电箱的下边距地（楼）面高度一般为 0.3m。

2. 插座及开关

（1）插座。主要用来插接移动电器设备和家用电器。插座的种类较多，分类的方法也很多。工程中，可按相数分为单相和三相插座，按安装方式分为明装、暗装插座，按防护方式分为普通式、防水防尘式、防爆式插座。插座的额定电压一般为 220~250V，额定电流有 10、13、15、16A 四种规格。

干燥的正常环境，可采用普通型插座，潮湿环境可采用防潮型插座，有腐蚀性气体或易燃易爆环境，可采用防爆型插座。

一般场所插座的安装高度为距地 0.3～0.5m；幼儿园等场所一般距地 1.8m。

（2）开关。开关的种类也很多，按使用方式分拉线开关和翘板开关；按安装方式分明装开关和暗装开关；按控制数量分单联、双联、三联开关；按控制方式分单控、双控开关；按外壳防护形式分普通式、防水防尘式、防爆式开关等。

室内开关的额定电压一般为 220V，电流一般在 3～10A 之间。工程中，同一建筑物内的开关宜采用同一系列的产品，并应操作灵活、接触可靠，还要考虑使用环境，以选择适合的外壳防护形式。

开关的安装位置一般与所控的灯相对应，且安装高度应符合规范要求：拉线开关一般距顶棚 0.2～0.5m，翘板开关一般距地（楼）面 1.3m，安装于门旁的开关距门框的距离一般在 0.15～0.2m。

开关和插座的型号说明如下：

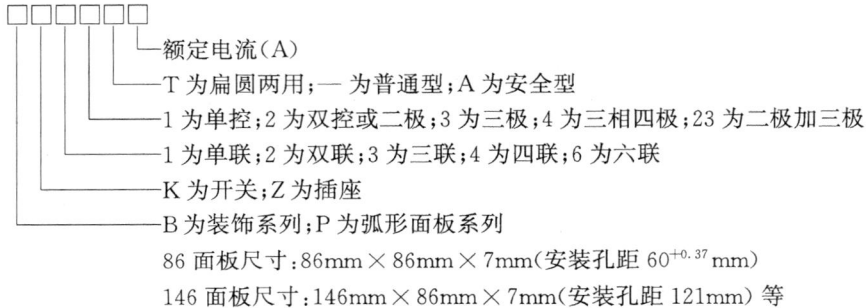

　　　　额定电流（A）
　　　　T 为扁圆两用；— 为普通型；A 为安全型
　　　　1 为单控；2 为双控或二极；3 为三极；4 为三相四极；23 为二极加三极
　　　　1 为单联；2 为双联；3 为三联；4 为四联；6 为六联
　　　　K 为开关；Z 为插座
　　　　B 为装饰系列；P 为弧形面板系列

86 面板尺寸：86mm×86mm×7mm（安装孔距 $60^{+0.37}$ mm）
146 面板尺寸：146mm×86mm×7mm（安装孔距 121mm）等

例如，B75K11－10 型表示装饰板式单联单控开关，其额定电流为 10A；B75Z32AT10 型表示装饰板式带安全门二、三极插座，其额定电流为 10A；B75Z223－10 型表示装饰板式普通型二、三极插座，其额定电流为 10A。以上三种附件的面板尺寸均为 125mm×75mm×7mm（安装孔距 96mm 上、下孔）。

第三节　照明线路计算

一、照明负荷计算

负荷计算的目的是掌握用电情况，合理选择配电系统的设备和元件，如导线、电缆、开关电器、变压器等。负荷计算过小，则依此选用的设备和载流部分有过热危险，轻者使线路和配电设备寿命降低，重者影响供电系统的安全运行。负荷计算偏大，则造成设备的浪费和投资的增大。为此，正确进行负荷计算是供电设计的前提，也是实现供电系统安全、经济运行的必要手段。

1. 计算负荷

根据用电设备的容量对有关的照明负荷进行统计计算，所得到的负荷称为"计算负荷"。计算负荷是按发热条件选择导体及开关电器的依据，并可用来计算电压损失。《民用建筑电气设计规范》（JGJ/T16—1992）中提出，在初步设计及施工图设计阶段，照明负荷宜采用需要系数法计算。

采用需要系数法进行照明负荷计算时，应首先统计出各分支线路中照明设备的总安装容量，然后求出各照明分支线的计算负荷，最后求照明干线、低压总干线、进户线的计算负荷。

（1）照明分支线路的设备总容量 P_e。

1）对于热辐射光源的白炽灯、卤钨灯，照明分支线路的设备容量等于各灯管（泡）的额定功率 P_n 之和，即

$$P_e = \sum_{i=1}^{n} P_{ni} \qquad (6-4)$$

2）对于气体放电灯，设备容量等于灯管（泡）的额定功率 P_n 与镇流器、触发器等附件的功率损耗之和，则

$$P_e = \sum_{i=1}^{n} (1+\alpha) P_{ni} \qquad (6-5)$$

式中　α——镇流器等电气附件的功率损耗系数，部分气体放电光源电气附件的功率损耗系数如表 6-1 所示。

表 6-1　　气体放电光源镇流器的功率因数及电气附件的功率损耗系数

光源种类	额定功率（W）	功率因数 $\cos\varphi$	镇流器等功率损耗系数 α
荧光灯	40	0.53	0.12
	30	0.42	0.15
荧光高压汞灯（外镇式）	1000	0.65	0.05
	400	0.60	0.05
	250	0.56	0.11
	125 及以下	0.45	0.25
金属卤化物灯	1000	0.45	0.14
高压钠灯	250~400	0.4	0.18
低压钠灯	18~180	0.6	0.2~0.8

3）对于民用建筑内的插座，当未明确接入设备时，每组（一个标准 75 或 86 系列面板上有 2 孔和 3 孔插座各一个）插座按 100W 计算。

（2）分支线路的计算负荷。

照明分支线路的计算负荷就等于接于线路上照明设备的总容量 P_e，即

$$P_c = P_e \qquad (6-6)$$

式中　P_c——分支线路的计算负荷，kW；

　　　P_e——分支线路中照明设备的总容量，kW。

（3）干线的计算负荷。

照明负荷一般都属于单相用电设备，设计时，首先应当考虑尽量将它们均匀地分接到三相线路上，当计算范围内的单相设备容量之和小于总设备容量的 15% 时，按三相平衡负荷确定干线的计算负荷。计算公式为

$$P_c = K_n P_e \qquad (6-7)$$

在实际照明工程中要做到三相负荷平衡往往是比较困难的，当照明负荷为不均匀分布时，照明干线的计算负荷应按三相中负荷最大一相进行计算，即求出照明干线的等效三相负

荷 P_e，即

$$P_c = 3K_n P_{em}$$ (6-8)

式中　P_{em}——最大一相的装灯容量，kW。

　　　　K_n——需要系数。

需要系数表示的是不同性质的建筑对照明负荷需要的程度，即主要反映各照明设备同时点燃的情况，一般按表6-2选取。

表6-2　　　　　　　　**民用建筑照明负荷需要系数 K_n**

建筑分类	K_n	备注
住宅楼	0.4～0.6	单元式住宅，每户两室，6～8个插座
单身宿舍	0.6～0.7	标准单间，1～2灯，2～3个插座
办公楼	0.7～0.8	标准单间，2～4灯，2～3个插座
科研楼、实验楼	0.8～0.9	标准单间，2～4灯，2～3个插座
教学楼	0.8～0.9	标准教室，6～10个灯，1～2个插座
商店	0.85～0.95	有举办各种商品展销会可能性
餐厅	0.8～0.9	—
社会旅馆	0.7～0.8 0.8～0.9	标准客房，1～2灯，2～3个插座 附设有对外营业的餐厅时
旅游旅馆	0.35～0.45	标准客房，8～10灯，5～6个插座
医院门诊部	0.6～0.7	—
医院病房楼	0.5～0.6	—
电影院	0.7～0.8	—
剧院	0.6～0.7	—
体育馆	0.65～0.75	—
厂房及小型仓库	0.9～1.0	—
变电所、大型仓库	0.6～0.7	—
应急照明、室外照明	1.0	—
照明分支线	1.0	—

2. 计算电流

照明设备多以热辐射和各种气体放电光源为主，致使各类照明设备的性质不同。白炽灯、卤钨灯等热辐射光源属于纯电阻性负荷，其电流与电压同相位，即功率因数 $\cos\varphi=1$；而各种气体放电光源的照明设备，由于必须配接镇流器或触发器等电气附件，致使其电流总是滞后电压一个相位角 φ，因此其功率因数 $\cos\varphi<1$。在求照明系统的计算电流时，必须考虑这个因素，不能将各类照明设备的电流（或功率）直接相加作为总电流（或总功率）。分两种情况：

（1）一种光源的照明线路。

单相照明线路的计算电流为

$$I_c = \frac{P_c}{U_p \cos\varphi}$$ (6-9)

式中 I_c——单相照明线路的计算电流，A；

　　U_p——照明线路额定相电压，V；

　　$\cos\varphi$——光源的功率因数；

　　P_c——单相照明线路的计算负荷，W。

三相照明线路的计算电流为

$$I_c = \frac{P_c}{\sqrt{3}U_l\cos\varphi} \tag{6-10}$$

式中 I_c——三相照明线路的计算电流，A；

　　U_l——照明线路额定线电压，V；

　　$\cos\varphi$——光源的功率因数，部分光源的功率因数见表 6-1；

　　P_c——三相照明线路的计算负荷或等效计算负荷，W。

（2）多种光源混合的照明线路。

多种光源混合的照明线路，其计算电流只能进行相量相加。为了便于计算，通常先求出每一种光源的计算电流 I_{ci}，然后把每一种光源的电流分解成有功电流 I_{ai} 和无功电流 I_{ri} 为

$$I_{ai} = I_{ci}\cos\varphi = \frac{P_c}{220} \tag{6-11}$$

$$I_{ri} = I_{ci}\sin\varphi = I_{ai}\tan\varphi \tag{6-12}$$

式中 I_{ai}——第 i 种光源总的有功电流，A；

　　I_{ri}——第 i 种光源总的无功电流，A。

再将系统中所有光源的有功电流和无功电流分别相加，得出总的有功电流和无功电流，最后根据下列公式计算该系统总的计算电流为

$$I_c = \sqrt{(\Sigma I_a)^2 + (\Sigma I_r)^2} \tag{6-13}$$

式（6-11）、式（6-12）和式（6-13）适用于单相照明电路的计算，而对于三相照明线路，可应用上述公式分别求出每一相的计算电流，选取最大一相的计算电流作为三相电路的计算电流，并以此作为系统选择导线、开关等电气设备的依据。

3. 计算举例

【例 6-1】 某生产厂房的三相供电线路上接有 250W 荧光高压汞灯和白炽灯两种光源，各相负荷分配如表 6-3 所示。

表 6-3　　　　　　　　　　　　三相供电线路负荷分布

相　　序	250W 荧光高压汞灯	白炽灯（kW）
L1（A 相）	4 盏 1kW	2
L2（B 相）	8 盏 2kW	1
L3（C 相）	2 盏 0.5kW	3

求线路的计算电流和功率因数。

解 查表 6-2，取生产厂房的需要系数 $K_n = 0.95$；

查表 6-1，得 250W 荧光高压汞灯的功率因数 $\cos\varphi = 0.56$，其镇流器等损耗为 $250 \times 0.11 = 27.5$（W）；

白炽灯的功率因数 $\cos\varphi = 1$。

1. 各相的设备容量

(1) 250W 荧光高压汞灯：

A 相：$(250+27.5)\times4=1110$（W）

B 相：$(250+27.5)\times8=2220$（W）

C 相：$(250+27.5)\times2=555$（W）

(2) 白炽灯：

A 相：2000（W）

B 相：1000（W）

C 相：3000（W）

2. 各相的计算电流

(1) 荧光高压汞灯的有功电流：

A 相：$\dfrac{1110}{220}=5.1$（A）

B 相：$\dfrac{2220}{220}=10.1$（A）

C 相：$\dfrac{555}{220}=2.52$（A）

(2) 荧光高压汞灯的无功电流：

由 $\cos\varphi=0.56$ 得 $\tan\varphi=1.48$，则各相无功电流等于有功电流与 $\tan\varphi$ 的乘积：

A 相：$5.1\tan\varphi=5.1\times1.48=7.55$（A）

B 相：$10.1\tan\varphi=10.1\times1.48=14.95$（A）

C 相：$2.52\tan\varphi=2.52\times1.48=3.73$（A）

(3) 白炽灯的电流：

A 相：$\dfrac{2000}{220}=9.1$（A）

B 相：$\dfrac{1000}{220}=4.55$（A）

C 相：$\dfrac{3000}{220}=13.64$（A）

(4) 各相总计算电流

A 相：$I_{c1}=\sqrt{(5.1+9.1)^2+7.55^2}=16.08$（A）

B 相：$I_{c2}=\sqrt{(10.1+4.55)^2+14.95^2}=20.93$（A）

C 相：$I_{c3}=\sqrt{(2.52+13.64)^2+3.73^2}=16.59$（A）

3. 结论

A、B、C 三相中，B 相的计算电流最大，故该三相供电系统的计算电流应等于 B 相计算电流，即 $I_c=20.93A$，并按此电流选择导线截面和各种开关电器。

4. 功率因数

$$\cos\varphi_a=\frac{5.1+9.1}{16.08}=0.88$$

$$\cos\varphi_b=\frac{10.1+4.55}{20.93}=0.70$$

$$\cos\varphi_c = \frac{2.52+13.64}{16.59} = 0.97$$

二、照明线路电压损失计算

1. 允许的电压损失值

线路电压损失允许值与变压器的容量、负荷及功率因数等有关。电压损失分配在变压器及供电线路上，照明网络中允许电压损失值的大小可按下列公式进行精确计算，即

$$\Delta U = U_e - U_{min} - \Delta U_i \tag{6-14}$$

式中　ΔU——照明线路中电压损失允许值；

$\quad\quad U_e$——变压器空载运行时额定电压；

$\quad\quad U_{min}$——距离最远的照明器允许的最低电压；

$\quad\quad \Delta U_i$——变压器内部电压损失，折算到二次侧电压。

从节约有色金属消耗量考虑，照明线路各段的电压损失值，建议分配如下：

(1) 分支线路的电压损失一般不超过 3%～5%；

(2) 供电干线的电压损失一般不超过 0.8%～1.0%，对远离变电所的小型建筑的供电干线的电压损失可加大到 1.5%～2.0%；

(3) 立管干线的电压损失一般不超过 0.1%～0.2%。

2. 电压损失计算

照明线路的电压损失指的是线路首端与末端电压的代数差，工程上常用额定电压的百分数表示，其大小与线路导线截面（即线路电阻和电抗）、各负荷功率等因素有关。当低压 220/380V 网络的功率因数近似为 1 时，由于导线截面对低压导线的电抗值影响很小，故线路的电压损失百分数可采用负荷矩法求得，以简化计算过程。

单独一条回路负荷矩的计算如图 6-12 所示。设由电源至 P_4 点的总计算负荷矩 ΣM，则

$$\Sigma M = \Sigma Pl = P_1 l_1 + P_2 l_2 + P_3 l_3 + P_4 l_4 \tag{6-15}$$

式中　$\Sigma M = \Sigma Pl$——线路的总负荷矩，kW·m；

$\quad\quad P_1 \sim P_4$——1～4 段分段计算负荷，kW；

$\quad\quad l_1 \sim l_4$——电源至 $P_1 \sim P_4$ 点的距离，m。

负荷矩法求电压损失时分以下几种情况：

(1) 负荷平均分配在各相时，电压损失百分数 $\Delta U\%$ 的计算公式为

$$\Delta U\% = \left(\frac{1}{CS}\sum_{i=1}^{n} M_i\right)\% \tag{6-16}$$

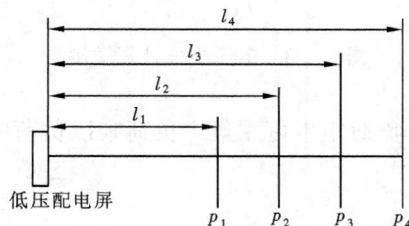

图 6-12　单独一条回路负荷矩的计算

式中　ΣM_i——线路中总负荷矩，kW·m；

$\quad\quad C$——系数，查表 6-4；

$\quad\quad S$——导线截面，mm^2。

(2) 负荷不对称时，计算相线路电压损失百分数 $\Delta U_a\%$ 的计算公式为

$$\Delta U_a\% = \left[\frac{M_a}{2CS_a} + \frac{M_a - 0.5(M_b + M_c)}{2CS_0}\right]\% \tag{6-17}$$

式中　M_a——计算相 a 的负荷矩，kW·m；

$\quad\quad M_b$、M_c——其它两相的负荷矩，kW·m；

S_a——计算相导线截面，mm^2；

S_0——零线截面，mm^2；

C——系数，查表 6 - 4。

（3）$\cos\varphi \neq 1$ 时，电压损失百分数的计算公式为

$$\Delta U_f\% = \Delta U\% R_c \qquad (6 - 18)$$

式中　$\Delta U\%$——由有功负荷及电阻引起的电压损失，可按式（6 - 16）或式（6 - 17）计算；

$\Delta U_f\%$——线路的全部电压损失百分数；

R_c——计入"由无功负荷及电抗引起的电压损失"的修正系数，见附录 3 - 1。

表 6 - 4　　　　　　　计算线路电压损失公式中的系数 C 值（$\cos\varphi = 1$）

线路额定电压（V）	供电系统	C 值	
		铜	铝
220/380	三相四线	72	44.5
220/380	两相及零线	32	19.8
380	单相及直流	36.01	22.23
220		12.07	7.45
110		3.018	1.863
42		0.44	0.276
36		0.323	0.1995
24		0.144	0.087
12		0.0359	0.0222

3. 计算举例

【例 6 - 2】　如图 6 - 13 所示的照明配电线路中，P_1、P_2、P_3、P_4 均为 500W 的白炽灯，线路的额定电压为 220V，采用截面为 4.0mm^2 的铝导线，各负荷至电源的距离如图 6 - 13 所示。求线路末端的电压损失。

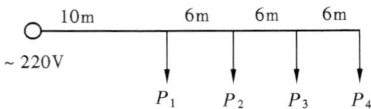

图 6 - 13　电压损失计算举例

解　从表 6 - 4 查得线路系数 $C = 7.45$

负荷矩为

$$\Sigma M = \Sigma Pl$$
$$= 0.5 \times 10 + 0.5 \times 16 + 0.5 \times 22 + 0.5 \times 28$$
$$= 38 (kW \cdot m)$$

负荷矩也可用集中负荷乘以负荷中心到线路始端的长度求得

$$\Sigma M = Pl' = 2.0 \times (10 + 6.0 + 3.0)$$
$$= 38 (kW \cdot m)$$

到线路末端的电压损失为

$$\Delta U\% = \frac{\Sigma M}{CS}\% = \frac{38}{7.45 \times 4}\% = 1.28\%$$

第四节　照 明 线 路 的 保 护

运行中的照明配电线路和设备，由于绝缘老化、机械损伤或其它原因，可能发生各种故障，或不正常的工作状态，或造成人身触电事故。为确保照明设备、照明线路和人身的安

全，必须采取有效的保护方式和安全措施，以便及时地发现这些故障或不正常状态，并通过相应的保护电器动作，自动地切断故障电路。

一、照明线路的保护要求

照明线路的主要故障形式是短路、过负荷以及单相接地故障，因此照明线路中应装设短路保护、过载保护和接地故障保护，并要求保护方式与配电系统的特征（如线路配电方式、配电级数等）及接地型式相符合。

1. 短路保护

短路故障是指载流导体间的短路，即相间短路或相线与中性线间的短路，这是一种使回路中电流急剧增大的故障，系统设备或线路不能承受，也不能保证电气系统的正常运行，因此所有照明配电线路均应设置短路保护，保护电器应在短路电流对导体和连接件产生的热作用和机械作用造成危害之前切断短路电流。照明线路中对短路保护的要求主要有以下几点：

（1）通常用熔断器或低压断路器的瞬时脱扣器作短路保护，且保护电器应装设在每回路的电源侧、线路的分支处和线路载流量减少处（包括导线截面的减小或导体类型、敷设方式和环境条件改变等导致的载流量减小）。

（2）配电线路短路保护电器的分断能力应大于安装处的预期短路电流。

（3）短路保护电器应装设在低压配电线不接地的各相（或极）上，当相线与中性线截面相同时，或虽中性线截面小于相线截面但已能为相线上的保护电器所保护时，可用相线上的保护电器保护中性线，而不需为中性线单独设置保护；当中性线不能被相线保护电器所保护时，则应为中性线设置保护。

（4）中性线的保护要求：

1）一般不需将中性线断开；

2）若需要断开中性线，则应装设能同时切断相线和中性线的保护电器；

3）装设剩余电流动作的保护电器时，应将其所保护回路的所有带电导线断开，但在TN 系统中，如能可靠地保持中性线为地电位，则中性线不需断开；

4）在 TN 系统中，严禁断开保护中性线，不得装设断开保护中性线的任何电器；当需要为保护中性线设置保护时，只能断开有关的相线回路。

2. 过负荷保护

过负荷是指超过设备或线路可以承受的长期工作负荷，且超过值不大的情况，此时会使系统中导体温度升高加快，所以应控制过负荷时间。照明线路的过负荷保护要求如下：

（1）照明线路中除不可能增加负荷或因电源容量限制而不会导致过负荷者外，均应装设过负荷保护。保护电器应在过负荷电流引起的导线温升对导体的绝缘、接头、端子造成损坏前切断负荷电流。

（2）过负荷在系统正常运行中是不能完全避免的，如气体放电光源的起动或冲击性负荷的接入等，因此过负荷是不能立即将回路切除，而是根据过负荷量的大小和过负荷的时间来确定是否切除，即电气设备和线路的过负荷能力与切除故障时间应具有反时限关系，过负荷保护电器宜采用反时限保护特性的保护电器，通常用低压断路器长延时过电流脱扣器或熔断器作过负荷保护。

3. 接地故障保护

接地故障是指因绝缘损坏致使相线与 PE 线、电气装置的外露可导电部分、装置外可导电部分或大地间的短路。照明配电线路应设置接地故障保护，其保护电器应在线路故障时，其接触电压导致人身间接电击伤亡以及电气火灾、线路损坏之前，能迅速有效地切除故障电路。对于Ⅰ类设备，接地故障保护的基本目的是：当绝缘失效时，尽量降低接触电压值（将接触电压限制在50V安全电压之内），并限制此电压对人体的作用时间，避免伤亡事故。由于接地故障电流可能较小，其保护方式还因环境条件、接地型式和故障回路阻抗的不同而异，所以接地故障保护的随机因素多，比较复杂。接地故障保护的主要原则有：

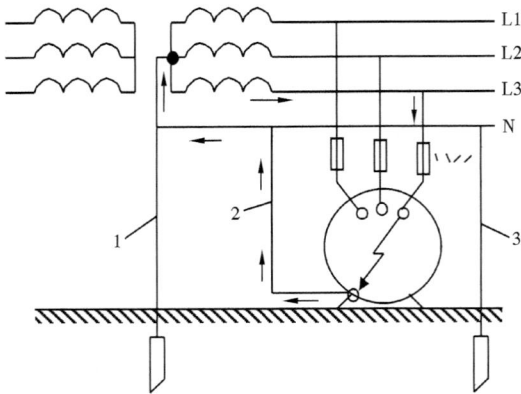

图6-14　中性点接地系统中采用保护接零示意图
1—工作接地；2—保护接零；3—重复接地

（1）采取接地和总等电位连接、局部等电位连接等措施，来降低建筑物内在接地故障情况下的接触电压和不同外露可导电部分之间的电位差。

（2）应根据系统接地型式和用电设备使用情况，确定切断接地故障的时限：

1）TN系统。TN系统的接地故障多为金属性短路，故障电流较大，可利用系统原有的过负荷保护和短路保护的过电流保护元件（熔断器或低压断路器）兼作接地故障保护，如图6-14所示。TN系统允许最大切断接地故障回路时间如表6-5所示。

表6-5　　　　　　　　　　　TN系统允许最大切断接地故障回路时间

回　路　类　别	允许最大切断故障回路时间（s）
配电干线和给固定灯具及电气设备供电的末端回路	5[①]
手提灯、移动式灯具的线路和插座回路	0.4[②]

①5s的切断时间考虑了防电气火灾以及电气设备和线路绝缘的热稳定要求，也考虑了躲开大电动机起动时间和故障电流小时，保护器动作时间长等因素。

②0.4s的切断时间考虑了总等电位连接的作用、相线与保护线不同截面比以及电源电压±10%偏差变化等因素。

其保护电器的动作特性应符合下式的要求，即

$$Z_s I_a \leqslant U_0 \tag{6-19}$$

式中　Z_s——接地故障回路阻抗，包括故障电流所流经的相线、保护线和变压器的阻抗，Ω；

I_a——保证保护电器在规定时间内自动切断故障电路的动作电流，A；

U_0——相线对地标称电压，一般为220V。

当采用熔断器作接地故障保护时，如接地故障电流I_a与熔体额定电流I_n的比值大于或等于表6-6所列数值，则该熔体的I_a值可认为符合式（6-20）要求。

表6-6　　　　　　　　TN系统用熔断器作接地故障保护时的允许最小I_a/I_n

熔体额定电流I_n（A）	4～10	16～32	40～63	80～200	250～500
切断故障电路时间≤5s	4.5	5	5	6	7
切断故障电路时间≤0.4s	8.0	9	10	11	—

当采用瞬时或短延时动作的低压断路器作接地故障保护时，如接地故障电流 I_a 与瞬时或短延时过电流脱扣器整定电流的比值 I_n 大于或等于 1.3，则可认为该低压断路器的 I_a 值符合式（6－20）要求。

TN 系统中，在线路长、导线截面小等情况下，过电流保护电器常常不能满足切断故障电路时间的要求，因此除 TN－C 系统以外，TN－S 系统和 TN－C－S 系统最为有效的专门接地故障保护是采用漏电保护器，此时必须设置专门的 PE 线。

2）TT 系统。TT 系统发生接地故障时，故障电路内包含有外露可导电部分接地极和电源接地极的接地电阻。与 TN 系统相比，TT 系统接地故障的电路阻抗大，故障电流小，其阻抗值难以估算，因此用预期接触电压值来规定对保护电器动作特性的要求。当接触电压≥50V 时，保护电器的动作特性应符合下式的要求，即

$$Z_A I_a \leqslant 50V \qquad (6-20)$$

式中　I_a——使保护电器在规定时间内可靠动作的电流，A。对固定灯具及电气设备其规定时间为 5s，对手提灯、移动式灯具等照明设备其规定时间如表 6-7 所示。

Z_A——电气设备外露可导电部分、接地线和 PE 线阻抗之和，Ω。

表 6 - 7　　　　　TT 系统内手握设备允许最大切断电路时间

预期接触电压（V）	50	75	90	110	150	220
允许切断电路最大时间（s）	5	0.6	0.45	0.36	0.27	0.17

TT 系统中，当采用瞬时动作的低压断路器时，I_a 为断路器瞬时过电流脱扣器整定电流的 1.3 倍；当采用熔断器时，其熔断时间应符合时间要求。由于 TT 系统的故障电流不易准确地计算，长延时过电流保护的 I_a 值实际上难以确定，而 TT 系统的故障电流又较小，过电流保护常难以满足灵敏度要求，因此在 TT 系统中采用漏电保护器作为接地故障保护更为合适。

二、照明线路常用的保护电器

由于照明线路的主要故障形式中，变化最明显且最易检测到的电气参数为电流，所以保护电器一般是以反映电流过量而动作的。照明线路中常用的保护电器有低压熔断器、低压断路器的脱扣器和剩余电流保护器等。

1. 低压熔断器

熔断器是最简单和最早使用的一种保护电器。当导体中通过过负荷电流或短路电流时，利用导体产生的热量使其自身熔断，从而切断故障电路。低压熔断器是低压配电系统应用非常广泛的保护器件，用来保护电器设备和配电线路免受过负荷电流和短路电流的损害。

目前，在低压配电系统中常用的低压熔断器主要有瓷插式、螺旋式、有填料高分断式、自复式等几种。在民用交流 50Hz，额定电压 380V 或 220V，额定电流小于 200A 的低压照明线路和分支回路中，一般采用瓷插式熔断器作短路或过负荷保护。瓷插式熔断器的外形结构如图 6－15 所示。

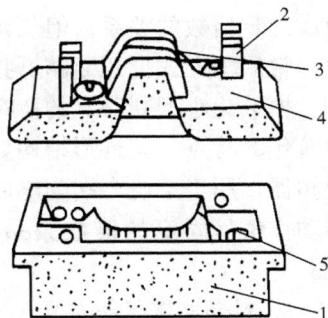

图 6-15　瓷插式熔断器的外形结构
1—瓷底座；2—动触头；3—熔体；
4—瓷插件；5—静触头

　　熔断器的额定电流与熔体的额定电流是两个不同的值。熔断器的额定电流是指熔断器载流部分和接触部分设计所依据的电流。而熔体的额定电流是指熔体本身设计所依据的电流，即不同材料、不同截面的熔体所允许通过的最大电流。在同一熔断器内，通常可分别装入不同额定电流的熔体，熔体的最大额定电流可与熔断器的额定电流相同。常用低压熔断器的技术数据见附录3-2。

　　2. 低压断路器

　　低压断路器又叫低压自动空气开关，除具有一般开关通断电路的功能外，同时还具有反映系统的故障状态，判断是否需要分断电路，并执行分断动作的功能，是一种既能分合负荷电流又能分断短路电流的开关电器。低压断路器主要由主触头、脱扣器和自由脱扣器及操作机构组成。主触头是通断电路的主要部件，其主触头极数有单极、2极、3极和4极；功能不同的各种脱扣器是实施保护功能的主要部件，照明线路中常用热脱扣器和电磁脱扣器构成不同的组合形式；自由脱扣器及操作机构是联系主触头和脱扣器的中间传递部件。低压断路器按其结构型式可分为框架式、塑壳式和小型模块式。

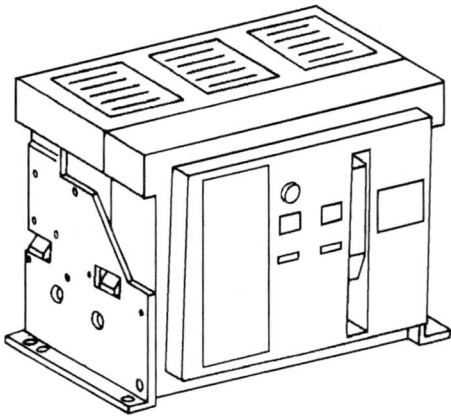

图6-16　万能式断路器的外形结构

　　万能式断路器一般具有一个有绝缘衬垫的钢制框架，所有部件均安装在这个框架内，所以又称为框架式断路器。万能式断路器一般具有热脱扣器、瞬时动作和带短延时动作的电磁脱扣器，分别作为长延时、短延时和瞬时脱扣器用，可实现选择性动作。万能式断路器的容量较大（1000～4000A），主要用于低压配电柜中，作为照明干线的电源控制开关及保护。万能式断路器的脱扣器整定值均可在一定范围内调整，其外形结构如图6-16所示。MW系列框架式低压断路器过流脱扣器技术数据见附录3-3。

　　塑壳式断路器的主要特征是有一个采用聚酯绝缘材料模压而成的外壳，所有部件都装在这个封闭外壳中。塑壳式断路器一般具有热脱扣器和电磁脱扣器，分别作为长延时和瞬时动作的脱扣器用。用于系统配电干线或配电支干线的保护，其外形结构如图6-17所示。塑壳式断路器的长延时脱扣器动作值与瞬时脱扣器动作值成固定倍数的关系，但长延时脱扣器可成级数调整，因此其瞬时脱扣器动作值也会随之变化。常用塑壳式低压断路器技术数据见附录3-4和附录3-5。

　　模数化小型断路器的所有部件都置于一绝缘外壳中，在结构上具有外尺寸模数化和安装导轨化的特点，其外形结构如图6-18所示。模数化小型断路器一般只具有热脱扣器和电磁脱扣器，用于系统末端配电回路的控制和保护，小型断路器瞬时脱扣器动作值与长延时脱扣器动作值呈固定的倍数关系，且其值不可调。C45系列小型低压断路器的技术数据见附录3-6。

　　3. 剩余电流保护装置

　　剩余电流保护装置又称为漏电保护装置，是对电气回路的不平衡电流进行检测而发出信号的装置，当回路中有电流泄漏且达到一定值时，剩余电流保护装置可向断路器发出跳闸信号，切断电路，以避免触电事故的发生或因泄漏电流造成火灾事故的发生。

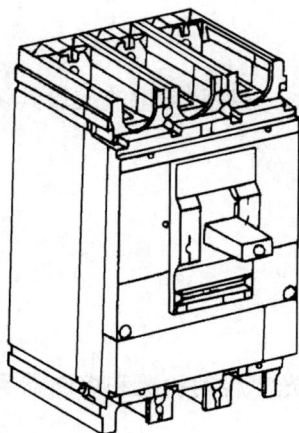

图 6-17　塑壳式断路器的外形结构　　　图 6-18　模数化小型断路器的外形结构

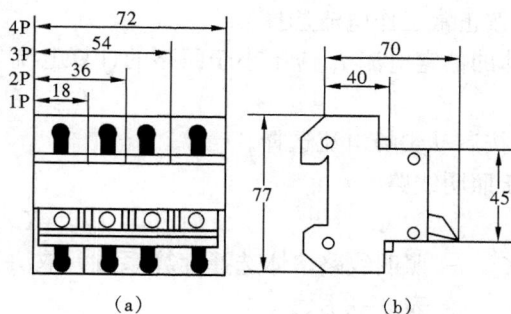

(a) 正面；(b) 侧面

剩余电流保护装置主要由零序电流互感器、漏电脱扣器、试验装置等组成，其关键部件是零序电流互感器，用于测出电气回路的不平衡电流。剩余电流保护装置必须与低压断路器或负荷开关配合使用。若将剩余电流保护装置与低压断路器合成为一个电器，则称为剩余电流断路器；若将剩余电流保护装置与负荷开关合成为一个电器，则称为剩余电流开关。

图 6-19 为剩余电流断路器原理图。当被保护线路发生人身触电或接地漏电故障时，故障电流 I_d 就通过大地返回变压器的中性点。这时，零序电流互感器 4 的一次侧就有励磁电流，该励磁电流在环形铁芯中产生一个磁通，使二次侧绕组产生电压，此电压加在脱扣机构 5 的线圈上产生一电流 I_2，当触电或接地漏电故障电流 I_d 达某一规定值时，I_2 就增大到足以推动脱扣机构动作，使主断路器 3 分闸，切断电源，达到保护的目的。

剩余电流保护装置的脱扣器分为电磁式和电子式。电磁式剩余电流保护装置能直接通过脱扣器操作断路器；而电子式则需经过电子放大器将信号放大后才能使脱扣器动作操作断路器，它需要专门的电源才能工作。因此前者动作可靠性更高，但价格较高。剩余电流断路器的技术数据见附录 3-7。

三、保护电器的选择

选择照明配电用保护电器时，首先要保证各保护电器的额定电压必须符合所在回路的标称电压，额定频率应符合网络要求；其次应根据使用场所的温度、湿度、灰尘、冲击、振动、海拔高度、腐蚀性介质、火灾与爆炸危险介质等条件选择电器相应的外壳防护等级。下面介绍保护电器额定电流等参数的选择和各级保护之间的选择性要求。

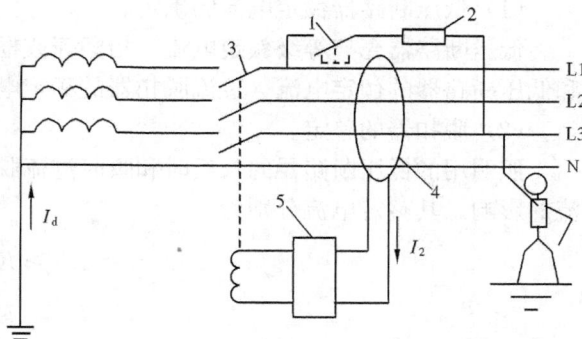

图 6-19　剩余电流断路器原理图

1—试验按钮；2—试验电阻；3—低压断路器；

4—零序电流互感器；5—漏电脱扣器

1. 熔断器选择

（1）熔体的额定电流的选择。

应保证在正常工作电流和启动尖峰电流下不误动作，并按故障电流校验其切断时间。

1）按正常工作电流选择。

熔体的额定电流 I_n 应不小于回路的计算电流 I_c，即

$$I_n \geqslant I_c \qquad (6-21)$$

2）按启动尖峰电流选择。

对于照明线路

$$I_n \geqslant K_m I_c \qquad (6-22)$$

式中 K_m——照明线路熔体选择计算系数，取决于电光源启动状况和熔断器类型，其值如
表 6-8 所示。

表 6-8   照明线路熔体选择计算系数 K_m

熔断器型号	熔体额定电流 (A)	K_m		
		白炽灯、荧光灯、卤钨灯	高压汞灯	高压钠灯、金属卤化物灯
RL7	≤63	1.0	1.1~1.5	1.2
RL6、NT00	≤63	1.0	1.3~1.7	1.5

3）为了使熔体能迅速切断故障电流，其接地故障电流 I_a 与熔体的额定电流 I_n 的比值
应满足表 6-6 要求。

（2）熔断器的额定电流的选择。

1）按熔体的额定电流及产品样本所列数据，确定熔断器的额定电流。熔断器的额定电
流应大于或等于熔体的额定电流。

2）按短路电流校验熔断器的分断能力。

熔断器的最大开断电流 I_{co} 应大于被保护线路的预期冲击短路电流 I_{ch}，即

$$I_{co} > I_{ch} \qquad (6-23)$$

式中 I_{ch}——回路的冲击短路电流有效值，A。

2. 低压断路器的选择

（1）低压断路器额定电流的确定。

低压断路器壳架等级额定电流（指塑壳或框架中所能装的最大过流脱扣器的额定电流）
和低压断路器的额定电流（过流脱扣器的额定电流）应大于或等于线路的计算电流。

（2）脱扣器的整定。

照明用的低压断路器的长延时和瞬时过流脱扣器的整定电流的选择，应考虑光源启动
电流的影响。其整定电流分别为

$$I_{n1} \geqslant K_{k1} I_c \qquad (6-24)$$

$$I_{n3} \geqslant K_{k3} I_c \qquad (6-25)$$

式中 I_{n1}——断路器长延时过流脱扣器的整定电流，A；

　　　　I_{n3}——断路器瞬时过流脱扣器的整定电流，A；

K_{k1}、K_{k3}——照明用低压断路器长延时和瞬时过流脱扣器的可靠系数，取决于光源启动性

能和保护电器特性,其数值如表6-9所示。

表6-9 照明用低压断路器长延时和瞬时过流脱扣器的可靠系数

低压断路器种类	可靠系数	白炽灯、荧光灯、卤钨灯	高压汞灯	高压钠灯、金属卤化物灯
带热脱扣器	K_{k1}	1.0	1.1	1.0
带瞬时脱扣器	K_{k3}	4~7	4~7	4~7

(3) 校验。

1) 按短路电流校验其动作灵敏度,即

$$K_L^{(1)} \leqslant \frac{I_{dmin}^{(1)}}{I_d} \tag{6-26}$$

式中 $I_{dmin}^{(1)}$——被保护线路末端最小单相短路电流,A;

I_d——低压断路器脱扣器的瞬时整定电流,A;

$K_L^{(1)}$——单相短路灵敏系数,DZ型开关取1.5,其它型开关取2。

2) 按短路电流校验其分断能力。

对于分断时间大于0.02s的低压断路器,其极限分断电流(以交流电流周期分量有效值表示)应大于或等于被保护线路的三相短路电流周期分量有效值;对于分断时间小于0.02s的低压断路器,其开断电流(冲击电流有效值)应大于或等于短路开始第一周期内的全电流有效值。

3. 漏电保护装置的选择

选择漏电保护装置的动作电流值时,应充分考虑到被保护线和设备可能发生的正常泄漏电流值,必要时可通过实际测量取得被保护线路或设备的泄漏电流值。漏电保护装置的动作电流数值可按表6-10选择,三级漏电保护安装位置及动作电流、动作时间可按表6-11选择。

表6-10 漏电保护装置的动作电流数值选择

类 别	动作电流 (mA)	类 别	动作电流 (mA)
手握式用电设备	15	家用电器回路及照明线路	≤30
医疗电气设备	6	成套开关柜、分配电盘等为100mA以上,用于总保护	200~500
建筑施工工地的用电设备	15~30		
环境恶劣或潮湿场所的用电设备(如高空作业、水下作业等处)	6~10	防止电气火灾	300

表6-11 三级漏电保护安装位置及动作电流、动作时间的选择

方 案		I	II	III	IV
进线	动作电流 (mA)	500~1000	—	200~1000	200~1000
	动作时间 (s)	1~2		0.2~2	0.2~2
干线	动作电流 (mA)	200~500	100~1000	30~200	—
	动作时间 (s)	0.2~0.5	0.2~2	0.2以下	—

方　案		Ⅰ	Ⅱ	Ⅲ	Ⅳ
分支线	动作电流（mA）	30～200	30～200	—	30～200
	动作时间（s）	0.1以下	0.1以下	—	0.1以下
设备外壳接地电阻（Ω）		100～500	100～500	100～500	100～500
设备外壳接地电压（V）		15～20	15～20	15～20	15～20
可靠性比较		可靠性高经济性较差	可靠性最高	可靠性最差	可靠性较差

4. 保护电器的级间配合

各级保护之间的配合应当保证保护装置动作的选择性，以尽可能地将故障限制在一定范围内。各级保护的配合可以采取以下措施：一是利用各级保护动作时间的差别，使各级保护设备能有选择性地分闸，切断故障电流；二是利用上下级保护设备整定动作电流的差别，使各级保护设备得以有选择性地分闸，切断故障电流。

（1）熔断器与熔断器的级间配合。

在配电系统中上、下级保护均采用熔断器方式时，在过载和短路电流较小的情况下，可按时间—电流特性不相交或按上、下级熔体的过电流选择比来选配。例如电源侧熔体电流为160A，熔断器的熔体过电流选择比均为1.6∶1，则负载侧熔体电流不大于100A，即能满足上下级选择性配合要求。

（2）断路器与断路器的级间配合。

1）当上、下级断路器出线端处的预期短路电流值有较大差别时（如上、下级均采用带瞬时脱扣器的断路器时），上级断路器的动作电流整定值应大于下级断路器出线端处最大预期短路电流，以获得选择性保护。

2）当连接导体阻抗低，上、下级断路器出线端处的预期短路电流值相差甚小时，则只有利用上级断路器带瞬时脱扣器使之延时动作来满足选择性要求。

（3）断路器与熔断器的级间配合。

1）过负荷时，当熔断器的电流未达到上级断路器的瞬时脱扣器整定电流时，只要熔断器的特性与长延时脱扣器的动作特性不相交，便满足选择性要求。

2）短路时，当断路器的预期短路电流达到或超过瞬时脱扣器整定电流值时，熔断器必须将短路电流限制到脱扣器动作电流值以下，才能满足选择性要求。为达到此要求，必须选用额定电流值比断路器额定电流要低得多的熔断器。如断路器带有短延时脱扣器，则对应于短延时脱扣器的电流整定值，脱扣器的延时时间至少要比熔断器的动作时间长0.1s。

（4）熔断器与断路器的级间配合。

1）过负荷时，只要断路器长延时脱扣器的动作特性与熔断器的特性不相交，且对应断路器瞬时脱扣器电流整定值下具有一定的时间安全余量，便能满足选择性要求。

2）短路时，一般情况下，熔断器的电流时间特性对应于短路电流值的熔断时间，应比断路器瞬时脱扣器的动作时间大1.0s以上。

第五节 导线、电缆的敷设与选择

照明供配电线路的导线和电缆的敷设和选择，是民用建筑电气设计和施工过程中的一个重要内容。因为正确地敷设和选择电线和电缆，对于保证民用建筑供配电系统安全、可靠、经济、合理地运行，有着重要的意义。

一、照明线路中导线和电缆的敷设

1. 照明线路中导线的敷设方式

室内导线的敷设方式分明敷设和暗敷设两类：

(1) 明敷设：绝缘导线采用瓷珠、瓷瓶，广泛用在工厂单层厂房中跨、沿屋架敷设；或采用瓷（塑料）夹板、铝皮卡以及槽板（塑料）沿墙、顶棚或屋架，在辅助厂房以及次要的民用建筑中敷设；或穿管、放于电缆桥架内敷设于墙壁、柱子、顶棚的表面及支架等处。导线明敷设的优点是施工简便、维护直观和耗费较低。选择明敷设方式时应注意，在有可能遇到机械损伤的地方，如沿柱子、吊车梁或 1.8m 以下的线段应穿钢管或用其它措施保护；配电箱几回路出线沿同一方向穿管明敷设时，可合穿一根管子，但管内导线总数不应超过 8 根，并且不同电压或不同种类的照明回路不能共管敷设。

(2) 暗敷设：绝缘导线穿电线管、水煤气管（焊接钢管）、硬质塑料管或难燃塑料电线套管，埋入墙内或地坪内，电线管和焊接钢管亦可敷设在顶棚内或多孔混凝土板板孔中。暗敷设的优点是导线因有管子保护，一般不易受到机械等因素的外伤，不易受潮，还能达到美观的要求。电线管、水煤气管本身是导体，如果接零和接地正确，可大大减少配电故障；难燃塑料电线套管重量轻、价格便宜、施工方便，可以在埋墙、暗敷顶棚内代替钢管。

2. 照明线路电缆的敷设

(1) 明敷设：室内外电缆明敷设一般采用的方法有支架、吊架、托盘、桥架、钢索等方式。

(2) 电缆在管道内的敷设：通常是用钢管、塑料管，但也有用瓦管、混凝土管和石棉水泥管。多用于下列场所：电缆从室外引入室内穿过墙或基础时、穿过室内楼板处、从电缆沟道引至用电设备、可能受到机械损伤的地方、容易与人接触的地方。

(3) 电缆沟敷设：电缆根数较多，但不超过 18 根，而且水平通道不够，与地下其它管道交叉不多的情况下，可采用电缆沟敷设。

(4) 电缆直埋：电缆在土壤中直埋，埋深 ≥0.7m。

二、导线和电缆类型的选择

导线和电缆类型的选择主要包括选择额定电压、导体材料、绝缘材料、内外护层等。选择时应主要从工程的重要程度、环境条件、敷设方法、节约短缺材料和经济可靠等方面考虑。

(1) 额定电压：绝缘导线和电缆的额定电压应不低于使用地点的额定电压。

(2) 导体材料：贯彻"以铝代铜"的方针，在满足线路敷设要求的前提下，优先选用铝芯导线和电缆。但是，在有爆炸危险场所、有剧烈振动的场所、移动式局部照明及重要的民用公共建筑等均应采用铜芯导线或电缆。如在室内建筑中，电气线路一般采用暗敷方式，为了保证用电安全、提高可靠性，同时降低线路电能损耗，照明配电干线或分支线应采用铜芯绝缘电线或电缆。

（3）绝缘及护套：导线和电缆的绝缘材料主要有塑料、橡皮、氯丁橡皮等。在建筑物表面直接敷设时，应选用塑料绝缘和塑料护套线。选择导线和电缆的绝缘材料时，应首先考虑敷设方式及环境条件，其次应考虑其经济性，由于塑料绝缘线的生产工艺简单，绝缘性能好，成本低，应尽量选用塑料绝缘电线。

（4）电缆外护层及铠装：电力电缆的外护层及铠装种类较多，要根据其敷设方式（室内外、电缆沟、管道、竖井、埋地、水下等）、环境条件（易燃、移动、腐蚀等）选用。

常用导线和电缆的型号与敷设条件如表 6 - 12 所示。

表 6 - 12　　　　　　　　　　常用导线和电缆的型号与敷设条件

类别	型　号		绝缘材料、类型	敷　设　条　件
	铜芯	铝芯		
电线	BX	BLX	橡皮绝缘	室内架空或穿管敷设，交流 500V、直流 1000V 以下
	BXF	BLXF	氯丁橡皮绝缘	室外架空或穿管敷设，交流 500V、直流 1000V 以下，尤其适用于室外架空
	BV (BV-105)	BLV (BLV-105)	聚氯乙烯绝缘（耐热 105℃）	室内明敷或穿管敷设，交流 500V、直流 1000V 以下电器设备及电气线路
软线	(ZR-) RV		（阻燃型）聚氯乙烯绝缘	交流 250V 及以下的照明、各种电器（阻燃型适用于有阻燃要求的场所）
	(ZR-) RVB		（阻燃型）聚氯乙烯绝缘平型	
	(ZR-) RVS		（阻燃型）聚氯乙烯绝缘绞型	
电力电缆	(NH-) VV	VLV	（耐火型）聚氯乙烯绝缘、聚氯乙烯护套	敷设在室内、隧道内及管道中，不承受机械外力作用（耐火型适用于照明、电梯、消防、报警系统、应急供电回路及地铁、电站、火电站等与防火安全及消防救火有关的场所）
	ZQD	ZLQD	不滴流浸渍剂纸绝缘裸铅包	敷设在室内、沟道中及管子内，对电缆没有机械损伤，且对铅护层有中性环境
	ZQ	ZLQ	油浸纸绝缘裸铅包	
	(ZR-) YJV	(ZR-) YJLV	（阻燃型）交联聚乙烯绝缘、聚氯乙烯护套	敷设在室内、隧道内及管道中，也可敷设在土壤中，不承受机械外力作用，但可承受一定的敷设牵引力（耐火型适用于高层建筑、地铁、地下隧道、核电站、火电站等与防火安全及消防救火有关的场所）
	YJVF	YJLVF	交联聚乙烯绝缘、分相聚氯乙烯护套	
铠装电力电缆	(NH-) VV29	VLV29	（耐火型）聚氯乙烯绝缘、聚氯乙烯护套内钢带铠装	敷设在地下，能承受机械外力作用，但不能承受大的拉力（耐火型适用于照明、电梯、消防、报警系统、应急供电回路及地铁、电站、火电站等与防火安全及消防救火有关的场所）
	VV30	VLV30	聚氯乙烯绝缘、聚氯乙烯护套裸细钢丝铠装	敷设在室内、矿井中，能承受机械外力作用，能承受相当的拉力

续表

类别	型号		绝缘材料、类型	敷设条件
	铜芯	铝芯		
铠装电力电缆	ZQD₁₂	ZLQD₁₂	不滴流浸渍剂纸绝缘铅包钢带铠装	用于垂直或高落差敷设，敷设在土壤中，能承受机械损伤，但不能承受大的拉力
	ZQD₂₂	ZLQD₂₂	不滴流浸渍剂纸绝缘铅包钢带铠装聚氯乙烯护套	用于垂直或高落差敷设，敷设在对钢带严重腐蚀的环境中，能承受机械损伤，但不能承受大的拉力
	ZQ₁₂	ZLQ₁₂	油浸纸绝缘铅包钢带铠装	敷设在土壤中，能承受机械损伤，但不能承受大的拉力
	ZQ₂₂	ZLQ₂₂	油浸纸绝缘铅包钢带铠装聚氯乙烯护套	敷设在对钢带严重腐蚀的环境中，能承受机械损伤，但不能承受大的拉力
	YJV₂₉	YJLV₂₉	交联聚乙烯绝缘、分相聚氯乙烯护套内钢带铠装	敷设在土壤中，能承受机械外力作用，但不能承受大的拉力
	YJVF₃₀	YJLVF₃₀	交联聚乙烯绝缘、分相聚氯乙烯护套裸细钢丝铠装	敷设在室内、矿井中，能承受机械外力作用，并能承受相当的拉力

三、导线和电缆截面的选择

照明线路导线和电缆的截面选择主要应满足如下要求：①有足够的机械强度，避免因刮风、结冰或施工等原因被拉断；②长期通过负荷电流不应该使导线过热，线路计算电流必须小于导线的允许载流量，以避免损坏绝缘或造成短路失火等事故；③线路上的电压损失不能过大，校验各段线路上的电压损失，使线路末端的电压不低于允许值，对于照明线路一般不能超过 3%～5%；④选用的保护装置应与照明线路相互配合。

1. 相线截面的选择

(1) 按允许载流量条件选择导线截面。

导线载流量是指导线或电缆在某一特定的环境和敷设条件下，其稳定工作温度不超过其绝缘允许最高持续工作温度的最大负荷电流。按允许载流量条件选择导线截面也叫做按发热条件选择导线截面。

由于负荷电流通过导线时会发热，使导线温度升高，而过高的温度将加速绝缘老化，甚至损坏绝缘，引起火灾。裸导线温度过高时将使导线接头处加速氧化，接触电阻增大，引起接头处过热，造成断路事故。为了确保正常运行中的导线温度不会超过允许值，生产厂家往往通过计算或实验的方法，将不同材料、不同截面的绝缘导线在不同环境温度和敷设方式时的允许载流量列成表格，供实际工程设计时选用。常用导线、电缆的允许载流量与导线截面的对应值见附录 3-8～附录 3-15。

按允许载流量条件选择导线截面，就是要求导线截面满足实际运行电流的要求，即线路的计算电流不超过导线长期允许的电流，即

$$I_n = I_{al} > I_c \qquad (6-27)$$

式中　I_n——导线或电缆长期允许的工作电流，A；

I_{al}——导线或电缆的允许载流量，A；

I_c——线路的计算电流，A。

导线或电缆的允许载流量与环境温度有关，若载流量表中给出的环境温度与实际运行时的环境温度不同时，应根据发热量等效的原则对线缆的载流量进行修正，即

$$I_n = K_t I_{al} > I_c \qquad (6-28)$$

式中　K_t——环境温度修正系数，其值可计算或查表（见附录3-16，附录3-17）。

当有多根导线并列敷设时，导线的散热将会受到影响，此时也应对线缆的载流量进行修正，即

$$I_n = K_1 I_{al} > I_c \qquad (6-29)$$

式中　K_1——修正系数，其值可查表（见附录3-18，附录3-19）。

（2）按允许电压损失选择导线截面。

电压损失是由电阻和电抗两部分引起的，但对于低压线路而言，由于输电线的线间距离很近，电压又低，导线截面较小，线路的电阻比电抗值要大得多，由感抗影响所引起的电压损失误差较小，所以低压照明线路若按允许电压损失来选择导线或电缆的截面时，只需要考虑线路的电阻和输送的功率，即忽略电抗的作用，认为功率因数近似为1，这样电压损失仅与有功负荷的大小和线路的长度成正比，与导线的截面成反比，则导线或电缆的截面可按负荷矩法进行计算，即

$$S = \frac{\Sigma M}{C \Delta U} = \frac{\Sigma Pl}{C \Delta U} \qquad (6-30)$$

（3）按机械强度要求选择导线截面。

根据允许载流量或电压损失选择的导线或电缆的截面，还必须校验其机械强度，以保证导线在正常工作状态下不会断线。按照《建筑照明设计标准》（GB 50034—2004）的规定：照明分支回路铜芯电线或电缆的截面不应小于$1.5mm^2$，而工程实践中多采用$2.5mm^2$的铜芯绝缘电线或电缆。

以上介绍了导线或电缆截面的选择方法，由于民用建筑主要由低压供配电线路供电，所以导线和电缆截面的选择计算方法主要采用发热条件计算法和电压损失计算法。对于低压照明线路，因其电压水平要求较高，一般先按允许电压损失的计算方法来选择截面，然后用发热条件和机械强度条件进行校验，对于电缆还应按短路时的热稳定来校验（参考有关设计资料）。

（4）导线截面应与线路保护设备相配合。

由于线路的导线截面是根据实际负荷选取的，因此，在系统正常运行时，负荷电流是不会超过导线的长期允许载流量的。但是为了避开线路中短时间过负荷的影响，同时又能可靠地保护线路，导线截面的选择还必须考虑与线路保护设备的配合。主要原则如下：

用熔断器作短路保护时，对于电缆和穿管绝缘导线，其熔体的额定电流不应大于2.5倍的导线载流量；对于明敷绝缘导线，由于明敷的绝缘等级偏低，易老化，所以其熔体的额定电流不应大于1.5倍的导线载流量。

用低压断路器作短路保护时，由于其过流脱扣器具有延时性并且可调，可以避开线路中的短时过负荷电流，所以过流脱扣器的整定电流不应大于1.1倍的导线载流量。

在被保护线路末端发生单相接地短路或两相短路时，对于熔断器，短路电流≥4倍熔体

的额定电流；对于自动开关，短路电流≥1.5 倍过电流脱扣器整定电流。

2. 中性线、保护线和保护中性线截面的选择

（1）中性线截面的选择。

在电源中性线点直接接地的配电系统中，中性线（N 线）的允许载流量不应小于线路中最大不平衡负荷电流，同时应考虑谐波电流影响。中性线截面选择，可按下列条件选定：

1）在单相或二相的线路中，中性线截面应与相线相等。

2）在白炽灯、卤钨灯等电阻性负荷的三相四线制的供配电线路中，若三相基本平衡，则按中性线载流量应不小于相线载流量的 50% 选择截面，但当相线截面为 10mm² 及以下时，中性线截面宜与相线相同。

3）在荧光灯、荧光高压汞灯、高压钠灯等气体放电灯的三相四线供配电线路中，即使三相平衡，由于气体放电灯及其镇流器均含有一定量的谐波，使用电子镇流器或者使用电感镇流器配置有补偿电容时，还会使谐波含量增大。当 3 次谐波以及 3 的奇倍数次谐波在中性线上叠加时，流过中性线的电流会大大增加，所以，中性线导体截面应按谐波含量进行计算，且不应小于相线截面。

一般情况下，对于照明配电干线、用电负荷主要为单相用电设备的供配电线路、以气体放电光源为主的配电线路等均应按最大一相的电流选择；对于照明分支线以及截面积为 4mm² 及以下的干线，中性线的截面应与相线截面相同。

（2）保护线（PE 线）截面的选择。

当 PE 线所用材质与相线相同时，按热稳定要求，其截面不应小于表 6 - 13 所列数值。PE 线若采用配电电缆或电缆金属外护层时，按机械强度要求，截面不受限制。PE 线若采用单芯绝缘导线时，按机械强度要求，有机械保护时，其铜芯绝缘 PE 线的最小截面为 2.5mm²，无机械保护时，其铜芯绝缘 PE 线的最小截面为 4mm²。

表 6 - 13　　　　　　　　　　PE 线按热稳定要求的最小截面

相线截面 S（mm²）	PE 线和 PEN 线按热稳定要求的最小截面（mm²）
$S \leqslant 16$	S
$16 < S \leqslant 35$	16
$S > 35$	$\geqslant S/2$

（3）保护中性线（PEN 线）截面的选择。

由于保护中性线兼有中性线和保护线的功能，因而在选择其截面时应同时满足中性线和保护线的截面要求，即取其中值较大者。

若采用单芯绝缘导线或单芯电缆作为固定装置的 PEN 线时，则其截面对于铜线不应小于 10mm²，对铝线不应小于 16mm²。如果采用多芯电缆的芯线作 PEN 线干线时，其最小截面不应小于 4mm²。

3. 计算举例

【例 6 - 3】　有一条采用 BV－500 型绝缘导线明敷的 220/380V 线路，所接负载均为白炽灯，最大负荷电流为 150A，敷设地点的环境温度为 30℃。①试按发热条件选择此线路的导线芯线截面；②如此导线穿硬塑料管埋地敷设（环境温度为 25℃），则此导线截面应为多少？硬塑料管的管径应为多少？

解　（1）查附录 3 - 8，可得环境温度 30℃时 BV 芯线截面为 35mm² 时导线的允许载流

量 $I_{al}=158A$，大于线路的最大负荷电流 150A。因此按发热条件，相线截面可以初步选为 $35mm^2$，按三相电阻性负荷基本平衡，中性线载流量应不小于相线载流量的 50% 考虑，中性线截面初步选为 $25mm^2$。

（2）查附录 3-13，可得环境温度 25℃时 BV 芯线截面为 $70mm^2$ 时导线的允许载流量 $I_{al}=177A$，大于线路的最大负荷电流 150A。因此按发热条件，相线截面可以初步选为 $70mm^2$，而中性线截面初步选为 $35mm^2$，穿管管径为 50mm。

【例 6-4】 某 220V 单相路灯线路，拟采用 BLX 型绝缘导线沿建筑物架空敷设。该线路长度及负荷分布如图 6-20 所示，若允许电压损失为 4%，$\cos\varphi\approx1$，试选择导线截面。

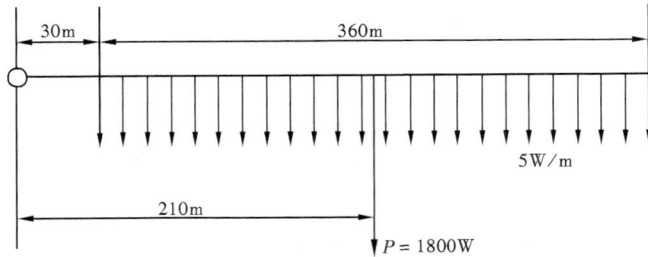

图 6-20　路灯线路负荷分布示意图

解　（1）按电压损失要求选择导线截面。

为简化计算，可先将路灯均匀分布负荷等效为集中负荷，距电源母线 210m 处，$P=5\times360=1800W=1.8kW$。

则　　　　　　　　　　$\Sigma M=Pl=1.8\times210=378(kW\cdot m)$

由于 $\cos\varphi\approx1$，可用负荷矩法计算所选导线的截面。查表 6-3 得 $C=7.45$，故由式（6-30）得

$$S=\frac{\Sigma M}{C\Delta U}=\frac{\Sigma Pl}{C\Delta U}=\frac{378}{7.45\times4}=12.68(mm^2)$$

因此选截面为 $16mm^2$ 的 BLX-500 型导线明敷。

（2）校验发热条件。

$$I_c=\frac{P}{U}=\frac{1800}{220}=8.18(A)$$

若环境温度为 30℃，所选导线截面为 $16mm^2$ 时的允许载流量为 79A（见附录 3-8），远大于 $I_c=8.18A$，满足发热条件。

（3）校验机械强度。

按敷设在绝缘支持件上的绝缘导线（$15m<L\leqslant25m$）计，最小截面为 $10mm^2$，故现选导线截面符合机械强度要求。

思　考　题　与　习　题

1. 什么是电压偏移？电压偏移对照明质量有什么影响？如何减小电压偏移的影响？
2. 什么是电压波动？电压波动对照明质量有什么影响？如何减小电压波动的影响？
3. 照明负荷是怎样分级的？各级负荷对供电有何要求？

4. 如何将单相负荷等效为三相负荷?

5. 民用建筑照明负荷需要系数如何确定?

6. 低压配电线路应装设哪些保护? 各应符合什么要求?

7. 低压配电系统中, 常用的接地型式 TN－C、TN－S、TN－C－S、TT 各有什么特点?

8. 等电位连接有什么作用? 总等电位连接的范围有哪些?

9. 应急照明的电源主要有几种形式? 如何选择?

10. 照明配电箱宜设置在靠近照明负荷中心的位置, 为什么?

11. 照明配电设计时, 为何要限制分支回路的电流值和所接灯数?

12. 插座为何不宜与照明灯接在同一分支回路?

13. 主要供给气体放电灯的三相配电线路, 其中性线截面应如何选择? 为什么?

14. 试计算图 6-21 所示单相 220V 供电的照明网络的电压损失。主干线 AB 长 80m, 截面为 25mm²; 三个分支线 BC、BD、BE 的截面均为 4mm²; 照明负荷均为白炽灯, 所有线路均为铝芯导线。

15. 已知一照明线路电压为 220/380V, 全长 90m。现拟采用 BLV－500 (3×16＋1×10) 四根导线明敷, 在距线路首端 30m 处接有 20kW 的电阻性负荷, 在末端接有 35kW 的电阻性负荷。试计算该线路的电压损失百分值。若负荷接线端允许电压损失为 4%, 试判断其是否符合要求? 若不能满足要求, 试按电压损失另选该线路导线的截面。

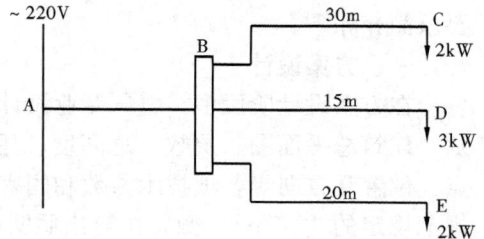

图 6-21　习题 14 图

16. 某照明干线采用三相四线制 (220/380V) 电源供电, 线路长度为 120m, 采用铝导线, 已知线路负荷为 12kW, $\cos\varphi \approx 1$, 电压损失要求不超过 2%, 试求该段线路的导线截面。

第七章　电气照明施工图设计

电气照明施工图是根据电气照明工程设计要求，按照国家颁布的有关电气技术标准和符号（包括图形符号和文字符号）绘制而成的。电气照明施工图是进行电气施工安装的主要依据，是一个严谨的技术文件，同时，它也具有法律效力。本章主要介绍电气照明施工图设计的程序、表达方式及阅读方法等问题。

第一节　电气照明施工图设计程序

电气照明工程设计通常分三个阶段：方案设计、初步设计、施工图设计。大型工程设计严格按三个阶段进行，小型工程往往将方案设计和初步设计合二为一。各设计阶段的任务和要求简介如下。

一、方案设计

在方案设计阶段中，电气专业设计人员的主要任务是：根据工程主持人给出的建筑物类别、建筑总平面图、层数、总高度、用途、类型，建筑物总面积、绝对标高点、相对标高点、位置和方向等各项技术参数和国家现行的建筑电气工程设计标准、规范、安装定额，按规范规定的"W/m^2"数，匡算出照明用电总功率，确定高压用电还是低压用电，确定电源引入方向和电缆走向路由及电源路数，变配电所位置，并考虑是否设置应急柴油发电机组，再按每平方米造价匡算电气照明工程造价。

二、初步设计

（1）初步设计是方案设计的深化。其主要任务有：

1）了解和确定建设单位的用电要求；

2）落实供电电源及配电方案；

3）确定工程的设计项目和内容；

4）进行系统方案设计和必要的计算；

5）编制出初步设计文件；

6）估算各项技术与经济指标；

7）解决好专业之间的配合。

（2）初步设计文件的深度要求：

1）可以确定设计方案；

2）满足主要设备及材料的订货；

3）可以确定工程概算，控制工程投资；

4）可以进行施工图设计。

三、施工图设计

（1）其主要任务：

1）进行具体的设备布置（如照明配电箱、灯具、开关的平面布置等）、线路敷设和必要的计算（照度计算、电气负荷计算、电压损失计算等）；

　　2）确定各电器设备的型号规格以及具体的安装工艺；

　　3）编制出施工图设计文件（包括照明平面图和照明系统图，设计说明、计算书）；

　　4）与各专业密切配合，避免盲目布置而造成返工。

　　（2）设计文件的深度要求：

　　1）可以编制出施工图的预算；

　　2）可以确定材料、设备的订货和安排非标准设备的制作；

　　3）可以进行施工和安装。

第二节　电气照明施工图

一、电气照明施工图的格式

一幅完整的工程图，其图面由边框线、标题栏、会签栏等组成，其格式如图 7-1 所示。

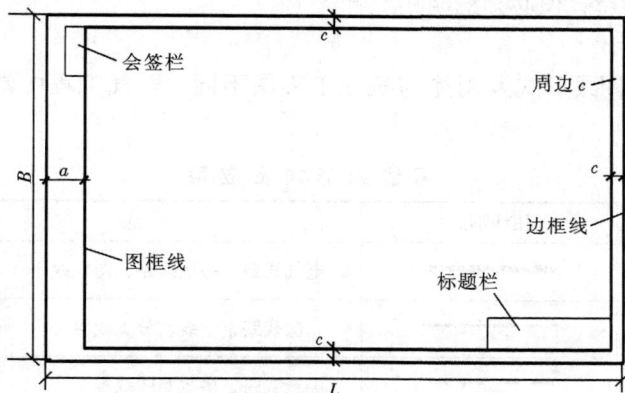

图 7-1　工程图纸的图面格式

1. 幅面

　　由边框线所围成的图面。一般分为五类，即 0 号、1 号、2 号、3 号、4 号。具体尺寸如表 7-1 所示。

表 7-1　　　　　　　　　图 幅 尺 寸

幅面代号	宽（B）×长（L）（mm）	边宽 c（mm）	装订边宽 a（mm）
A_0	841×1189	10	25
A_1	594×841	10	25
A_2	420×594	10	25
A_3	297×420	5	25
A_4	210×297	5	25

2. 标题栏

　　标题栏又名图标，是用以确定图纸名称、图号和有关人员签署等内容的栏目。其方位一般在图纸的下方或右下方，紧靠图框线。标题栏中的文字方向应为看图方向，即图中的说明、符号均应以标题栏的文字方向为准。

标题栏的格式、内容可能因设计单位的不同而有所不同。常见的格式应有以下内容：设计单位、工程名称、项目名称、图名、图别、图号等。

3. 会签栏

会签栏主要供相关专业（如建筑、结构、给排水、电气、采暖通风、工艺等专业）设计人员会审图纸时签名用。

二、图面的一般规定

1. 比例和方位标志

图纸比例是指图上所画的尺寸与实物尺寸之比，通常以倍数比表示。电气施工图常用的比例有 1∶200、1∶150、1∶100、1∶50。做工程概预算、安装施工中需要确定电气设备安装位置的尺寸或导线长度时，可直接用比例尺在图上量取，但所用比例尺的比例应与图纸上标明的比例相同。

图纸中的方位按国际惯例通常是上北下南，左西右东。有时为了使图面布局更加合理，也有可能采用其它方位，但必须标明指北针。

2. 图线

电气图上所用的图线形式及用途与机械工程图不同，电气工程中常用的图线如表 7 - 2 所示。

表 7 - 2　　　　　　　　　　　图 线 的 形 式 及 应 用

图线名称	图线形式	应　　　用
粗实线	——————	电气线路、一次线路、图框线等
实　线	——————	二次线路、干线、分支线等
虚　线	— — — — —	屏蔽线路、事故照明线等
点划线	— · — · — ·	控制线、信号线、轴线、中心线等
双点划线	— ·· — ·· —	50V 及其以下电力及照明线路

图线的宽度可从 0.25、0.35、0.5、0.7、1.0、1.4mm 等系列中选取。通常只选用两种宽度的图线，且粗线的宽度为细线的两倍。若需两种以上宽度的图线时，线宽应以 2 的倍数依次递增。

3. 标高

在电气平面图中，电气设备和线路的安装高度是用相对标高来表示的。相对标高是指选定某一参考面为零点而确定的高度尺寸。建筑工程上一般将 ±0.00m 设定在建筑物首层室内地平面，往上为正值，往下为负值。

在电气图纸中，设备的安装高度等是以各层楼面为基准的，一般称为安装标高。

4. 图例

为了简化作图，电气照明工程中的灯具、线路、设备等常用图形符号和文字符号来表示它们的安装位置、配线方式以及其它一些特征。图中每个符号都代表一定的含义，理解了这些符号和它们之间的相互关系，就可以识别图纸上所画的是什么设备，这种设备的各个组成部分怎样连接，以及有哪些技术要求等，就可以正确地进行施工安装。

　　绘制电气工程图纸必须采用国家统一规定的图形符号和文字符号。目前我国执行的是国家标准《电气图用图形符号》（GB4728）和《电气技术中的文字符号制订通则》（GB7159—1987），该标准采用了国际电工委员会（IEC）标准，在国际上具有通用性，有利于对外开放和技术交流。

　　5. 平面图定位轴线

　　照明平面图通常是在建筑平面图上完成的，在这类图上一般标有建筑物定位轴线，以便于了解照明灯具、电器设备等的具体安装位置，计算电气管线的长度等。凡建筑物的承重墙、柱子、主梁及房架等主要承重构件所在的位置都应设置定位轴线。定位轴线编号的基本原则是：在水平方向，从左起用顺序的阿拉伯数字表示，而在垂直方向，用大写英文字母自下而上标注（I、O、Z不用），数字和字母分别用点划线引出，轴线间距由建筑结构尺寸确定。

　　6. 详图

　　为了详细表明电气设备中某些零部件、连接点等的结构、做法及安装工艺要求，有时需要将这部分单独放大，详细表示，这种图称为详图。详图可以画在一张图纸上，也可以画在另外的图纸上，因而要用标志将它们联系起来。标注在总图位置上的标记称为详图索引标志，如图7-2（a）所示。标注在详图位置上的标记称为详图标志，如图7-2（b）所示。

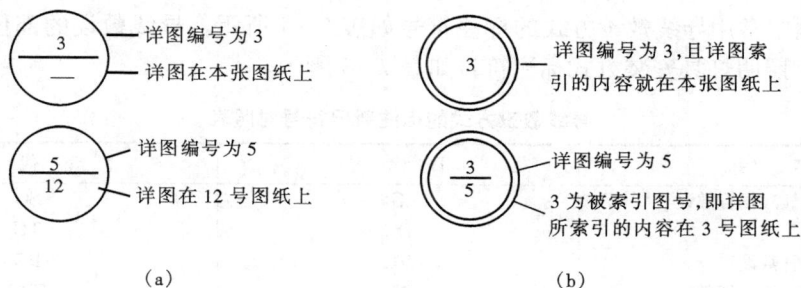

图7-2　详图标注方法
（a）详图索引标志；（b）详图标志

三、电气照明施工图的图形符号及标注

　　1. 图形符号

　　照明施工图中常用图形符号如表7-3所示。

表7-3　　　　　　　　　　照明施工图中常用图形符号

图例	名称	图例	名称	图例	名称	图例	名称
○	灯具一般符号	⊘	深照灯		双联单控防水开关		单相三极防水插座
▼	天棚灯	▼	墙上座灯		双联单控防爆开关		单相三极防爆插座
⊙	四火装饰灯	▭	疏散指示灯		三联单控暗装开关		三相四极暗装插座
⊗	六火装饰灯	▭	疏散指示灯		三联单控防水开关		三相四极防水插座

续表

图例	名　称	图例	名　称	图例	名　称	图例	名　称
⊖	壁　灯	▭	出口标志灯	⚿	三联单控防爆开关	⊠	三相四极防爆插座
⊢⊣	单管荧光灯	⊠	应急照明灯	⚿	声光控延时开关	⊘	双电源切换箱
⊨	双管荧光灯	Ⓔ	应急照明灯	⚿	单联暗装拉线开关	▭	明装配电箱
⊫	三管荧光灯	⊗	换气扇	⚭	单联双控暗装开关	▬	暗装配电箱
⊗	防水防尘灯	⋈	吊　扇	⊤	吊扇调速开关	✕	漏电断路器
◯	防爆灯	⚿	单联单控暗装开关	⌒	单相两极暗装插座	✕	断路器
⊗	泛光灯	⚿	单联单控防水开关	⌐	单相两极防水插座		
-⊙	弯　灯	⚿	单联单控防爆开关	⌒	单相两极防爆插座		
○	广照灯	⚿	双联单控暗装开关	⊓	单相三极暗装插座		

2. 文字符号

照明工程中常用导线敷设方式的标注符号如表 7-4 所示，导线敷设的部位标注符号如表7-5 所示，照明灯具安装方式标注符号如表 7-6 所示。

表 7-4   导线敷设方式的标注新旧符号对照表

名　称	旧代号	新代号
穿焊接（水煤气）钢管敷设	G	SC
穿电线管敷设	DG	TC
穿硬聚氯乙烯管敷设	VG	PC
穿阻燃半硬聚氯乙烯管敷设	ZVG	FPC
用绝缘子（瓷瓶或瓷柱）敷设	CP	K
用塑料线槽敷设	XC	PR
用钢线槽敷设	CC	SR
用电缆桥架敷设	—	CT
用瓷夹板敷设	CJ	PL
用塑料夹板敷设	VJ	PCL
穿蛇皮管敷设	SPG	CP
穿阻燃塑料管敷设	—	PVC

表 7-5   导线敷设部位的标注新旧符号对照表

名　称	旧代号	新代号
沿钢索敷设	S	SR
沿屋架或跨屋架敷设	LM	BE
沿柱或跨柱敷设	ZM	CLE
沿墙面敷设	QM	WE
沿天棚面或顶板面敷设	PM	CE
在能进人的吊顶内敷设	PNM	ACE

续表

名　　称	旧　代　号	新　代　号
暗敷设在梁内	LA	BC
暗敷设在柱内	ZA	CLC
暗敷设在墙内	QA	WC
暗敷设在地面或地板内	DA	FC
暗敷设在屋面或顶板内	PA	CC
暗敷设在不能进人的吊顶内	PNA	ACC

表 7 - 6　　　　　　　　照明灯具安装方式标注新旧符号对照表

名　　称	旧　代　号	新　代　号
线吊式		CP
自在器线吊式	X	CP
固定线吊式	X1	CP1
防水线吊式	X3	CP2
吊线器式	X3	CP3
链吊式	L	Ch
管吊式	G	P
吸顶式或直附式	D	S
嵌入式（嵌入不可进人的顶棚）	R	R
顶棚内安装（嵌入可进人的顶棚）	DR	CR
墙壁内安装	BR	WR
台上安装	T	T
支架上安装	J	SP
壁装式	B	W
柱上安装	Z	CL
座装	ZH	HM

3. 照明配电线路的标注

照明配电线路的标注一般为 $a-b(c\times d)e-f$，若导线截面不同时，应分别标注，如两种芯线截面的配电线路可标注为

$$a-b(c\times d+n\times h)e-f$$

式中　a——线路编号（亦可不标注）；

　　　b——导线或电缆型号；

　c、n——导线根数；

　d、h——导线或电缆截面，mm^2；

　　　e——敷设方式及管径；

　　　f——敷设部位。

例如，某照明系统图中标注有 BV（$3\times 50+2\times 25$）SC50－FC 表示该线路是采用铜芯塑料绝缘导线，三根 $50mm^2$，两根 $25mm^2$，穿管径为 $50mm$ 的焊接钢管沿地面暗敷设。

4. 照明灯具的标注

照明灯具的一般标注方法为

$$a-b\frac{c\times d\times L}{e}f$$

若灯具吸顶安装时，可标注为

$$a-b\frac{c\times d\times L}{\_}f$$

式中　a——灯具数量；

　　　b——灯具型号或编号；

　　　c——每盏照明灯具的灯泡（管）数量；

　　　d——灯泡（管）容量，W；

　　　e——灯泡安装高度，m；

　　　f——安装方式；

　　　L——光源种类。

例如，照明灯具标注为 $8-YZ40RR\frac{2\times40}{2.5}P$，表示这个房间或某个区域安装 8 只型号为 YZ40RR 的荧光灯（直管型、日光色），每只灯装有 2 根 40W 灯管，用管吊安装，吊高 2.5m。而 $2-JXD6\frac{2\times60}{\_}S$ 则表示这个房间安装两只型号为 JXD6 的灯具，每只灯具装有 2 个 60W 的白炽灯泡，吸顶安装。

5. 开关及熔断器的标注

开关及熔断器的一般标注方法为

$$a\frac{b}{c/i}或 a-b-c/i$$

当需要标注引入线的规格时标注为

$$a\frac{b-c/i}{d(e\times f)-g}$$

式中　a——设备编号；

　　　b——设备型号；

　　　c——额定电流，A；

　　　i——整定电流，A；

　　　d——导线型号；

　　　e——导线根数；

　　　f——导线截面，mm^2；

　　　g——敷设方式。

进行照明工程设计时，若将照明灯具、开关及熔断器的型号随图例标注在材料表内，则这部分内容可不在图上标出，此时灯具可简化标注为 $a\frac{c\times d\times L}{e}f$，开关及熔断器可标注为 $\frac{a}{c/i}$ 或 $a-c/i$，其标注符号的意义与前述相同。

四、电气照明施工图种类及绘制

作为电气照明施工图，其作用主要是用来说明建筑电气工程中照明系统的构成和功能，描述系统的工作原理，提供设备的安装技术数据和实用维护数据等。工程规模大小不同时，图纸的数量相差很大，但其图纸种类却大致相同。电气照明施工图一般由首页、照明系统图、照明平面图等组成。

1. 首页

首页一般由图纸目录、图例、设计说明和设备材料表组成。

（1）图纸目录。注明图纸序号、名称、编号、张数等，以利于图纸的保存和查找。

（2）图例。一般画出本套图纸所使用的图形符号，以便于阅读。

（3）设计说明。将图纸中尚未表达清楚或表达不清的问题进行说明。如工程设计依据、建筑特点及等级、图纸设计范围、供电电源、接地型式、配电设备及线路的型号规格、安装及敷设方式等。

（4）设备材料表。列出该项工程所需主要设备和材料的名称、型号规格和数量等有关的重要数据。设备材料表一般与图例一同按照序号进行编写，并要求与图纸一致，以便于施工单位计算材料、采购电气设备、编制工程概（预）算和编制施工组织计划等。

2. 照明系统图

照明系统图应在照明平面图的基础上绘制，用图形符号和文字符号表示建筑物内外照明配电线路的控制关系。系统图只表示各设备之间的连接，不表示设备的形状、安装位置和具体接线方法。为了简明起见，系统图往往采用单线图。照明系统图一般由配电箱系统图组成，需要表达的内容主要有以下几项：

（1）电源进线回路数、导线或电缆的型号规格、敷设方式及穿管管径。

（2）总开关及熔断器、各分支回路开关及熔断器的规格型号，各照明支路的分相情况（用 L1、L2、L3 标注），出线回路数量及编号（用文字符号 WL 标注），各支路用途及照明设备的总容量（用 kW 标注），其中也包括电风扇、插座和其它用电器具等的容量。

（3）表示出系统总的设备容量、需要系数、计算容量、计算电流、配电方式等用电参数。

某照明配电系统图如图 7-3 所示。

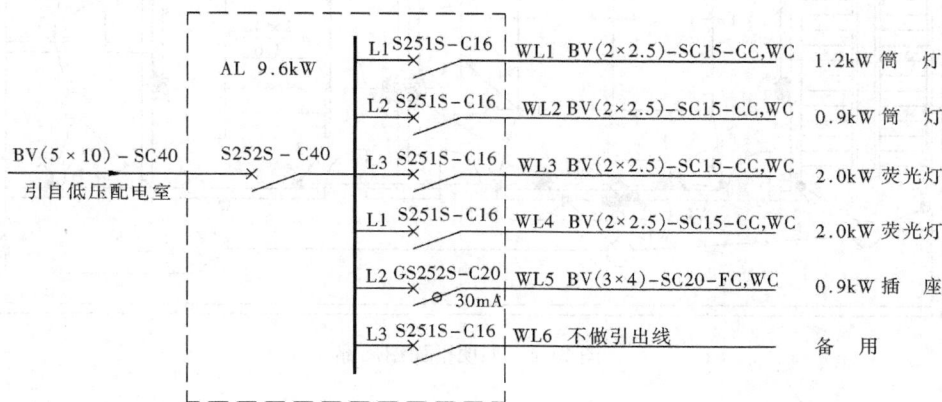

图 7-3　某照明配电系统图

3. 照明平面图

照明平面图是表示建筑物内照明设备、配电线路平面布置的图纸。在照明平面图上需要表达的内容主要有：电源进线位置，导线的根数及敷设方式，灯具及各种用电和配电设备的安装位置、安装方式、规格型号及数量等。照明平面图的一般绘制步骤如下：

（1）照明平面图应按建筑物不同标高的楼层分别在其建筑平面轮廓图上进行设计。建筑平面轮廓图应标注轴线、尺寸、比例、房间用途等，以便于图纸会审、编制工程预算和指导施工。为了强调设计主题，建筑平面轮廓图要采用细线条绘制，电气照明部分要采用中、粗线条绘制。

（2）布置灯具和设备。应遵循既保证灯具和设备的合理使用又方便施工的原则，在建筑平面图的相应位置上，按国家标准图形符号画出配电箱（盘）、灯具、开关、插座及其它用电设备。在照明配电箱旁应用文字符号标注出其编号（AL），必要时还应标注其进线。在照明灯具旁应用文字符号标注出灯具的数量、型号、灯泡功率、安装方式及高度等。

（3）绘制线路。灯具和设备的布置完成以后，就可以绘制线路了。在绘制线路时，应首先按室内配电的敷设方式，规划出较为理想的线路布局，然后用单线绘制出干线、支线的位置和走向，连接配电箱至各灯具、插座及其它所有用电设备所构成的回路，连接各灯具至灯开关的线路，最后用文字符号对干线和支线进行标注。有时为了减少图面的标注量，提高图面的清晰度，往往把从配电箱到各用电设备的管线在平面图上不直接标注，而是在系统图上进行标注，或另外提供一个用电设备导线、管径选择表。

此外，在平面图上，还应对干线和支线进行编号（照明干线用 WLM 标注，支线用 WL标注），对导线的根数进行标注。在平面图上，两根导线一般不需标注，3 条及以上导线的标注方式有两种：一是在图线上打上斜线表示，斜线根数与导线根数相同；二是在图线上画一根短斜线，在斜线旁标以与导线根数相同的阿拉伯数字。

（4）撰写必要的文字说明。

某楼层照明平面图局部如图 7-4 所示。

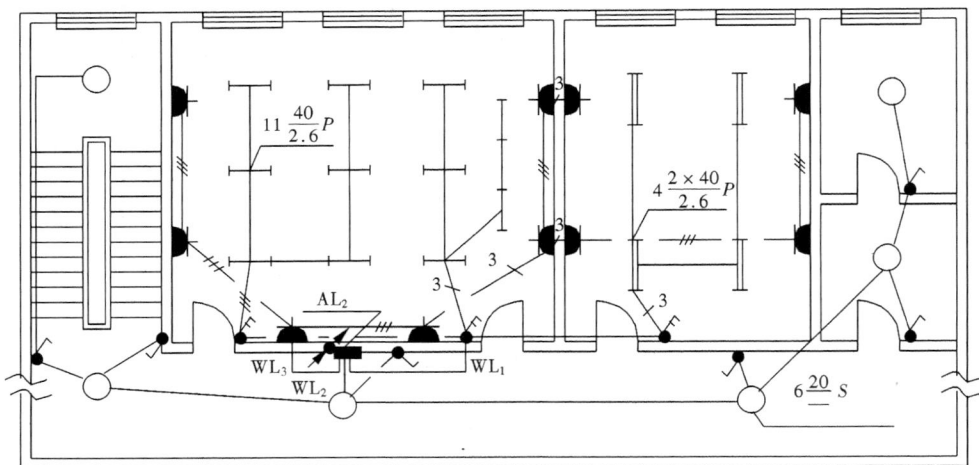

图 7-4　照明平面图局部

第三节　电气照明施工图的阅读和分析

电气照明施工图是建筑设计单位提供给施工单位从事电气照明安装的图纸，要设计照明施工图，首先必须掌握图纸的阅读和分析方法。

一、照明工程读图应具备的知识及技能

电气照明工程中，灯具和电气设备的安装位置与建筑物的结构有关，线路的走向与

建筑物的柱、梁、门等的位置有关，与其它管道、风管的规格、用途、走向有关，设备和线管的安装方法与墙体、楼板材料有关。所以要正确无误地阅读照明工程图纸，必须具备多方面的知识及技能，不仅用到电气专业方面的知识与技能，还必须了解和掌握土建和其它专业工程的一些技术和技能。照明工程读图应具备的知识及技能主要归纳如下。

1. 电气专业方面

（1）熟练掌握电气图形符号、文字符号、标注方法及其含义，熟悉建筑电气工程制图标准、常用画法及图样类别。

（2）熟悉建筑电气工程经常采用的标准图集图册，有关设计的规程规范及标准，了解设计的一般程序、内容及方法，了解电气安装工程施工及验收规范、安装工程质量验评标准及规范等。

（3）掌握电气照明工程中的常用设备、电气线路的安装方法及设置。

（4）熟练掌握工程中常用的电气设备、材料（如开关柜、导线电缆、灯具等）的性能、工作原理、规格型号，了解其生产厂家和市场价格。

2. 土建专业方面

（1）熟悉土建工程、装饰工程和混凝土工程施工图中常用的图形符号、文字符号和标注方法；了解土建工程的制图标准及常用画法，了解一般土建工程施工工艺和程序。

（2）了解建筑施工图种类以及与电气施工图的关系。

1）建筑平面图。建筑平面图主要表示建筑物的平面形状、水平方向各部分（如出入口、房间、走廊、楼梯等）的布置和组合关系、门窗位置、其它建筑构件的位置以及墙、柱布置和大小等情况。建筑平面图（除屋顶平面图外）实际上是剖切平面位于窗台上方的水平剖面图，但习惯上称它为平面图。

照明设计的照明平面图就是在建筑平面图的基础上绘制的，要求表达清楚照明灯具、开关、配电箱、插座、线路等与建筑的相对关系。

2）建筑立面图。建筑立面图用来表示建筑物的外貌，并表明外墙的装修要求。

照明设计中电源进线的位置、建筑物立面照明等要与建筑立面相符合。

3）建筑剖面图。建筑剖面图是建筑物的垂直剖面图，其剖切位置一般选择在内部结构和构造比较复杂或有变化的部位，建筑剖面图可以简要地表达建筑物内部垂直方向的结构形式、构造、高度及楼层房屋的内部分层情况。

照明设计中管线的具体走法、楼梯灯开关、照明灯具的安装位置都需要根据剖面图来确定。

（3）管道和采暖通风专业方面。熟悉管道、采暖、通风空调工程施工中常用的图形符号、文字符号和标注方法，了解制图标准及常用画法，熟悉这些专业的工程工艺和程序，掌握与电气关联部位及其一般要求。

（4）设备安装专业方面。熟悉风机、泵类设备等安装施工图常用图形符号、文字符号和标注方法；了解制图标准及常用画法；熟悉工程工艺和程序，掌握与电气关联部位及其一般要求。

二、读图要点

实践中，照明施工图的阅读一般按设计说明、照明系统图、照明平面图与详图、设备材料表和图例并进的程序进行。各部分的读图要点如下。

1. 设计说明

阅读设计说明时，要注意并掌握下列内容：

（1）工程规模概况、总体要求、采用的标准规范、标准图册及图号、负荷级别、供电要求、电压等级、供电线路、电源进户要求和方式、电压质量等。

（2）系统保护方式及接地电阻要求、系统对漏电采取的技术措施。

（3）工作电源与备用电源的切换程序及要求、供电系统短路参数、计算电流、有功负荷、无功负荷、功率因数及要求等。

（4）线路的敷设方法及要求。

（5）所有图中交待不清、不能表达或没有必要用图表示的要求、标准、规范、方法等。

2. 照明系统图

阅读照明系统图时，要注意并掌握以下内容：

（1）进线回路编号、进线线制、进线方式，导线（或电缆）的规格型号、敷设方式和部位，穿线管的规格型号。

（2）照明配电箱的规格型号及编号，总开关（或熔断器）的规格型号，各分支回路开关（或熔断器）的规格型号、编号及相序分配、导线的规格型号及敷设方式和部位、容量。同时核对该系统照明平面图回路标记与系统图是否一致。

（3）配电箱、柜、盘有无漏电保护装置，其规格型号、保护级别及范围。

（4）应急照明回路。

3. 照明平面图

阅读照明平面图时，应注意并掌握以下内容：

（1）灯具、插座、开关的位置、规格型号、数量，照明配电箱的规格型号、台数、安装位置、安装高度及安装方式，从配电箱到灯具和插座安装位置的管线的规格、走向及导线根数和敷设方式等。

（2）电源进户线位置、方式、线缆规格型号，总电源配电箱规格型号及安装位置，总配电箱与各分配电箱的连接形式及线缆规格型号等。

（3）核对系统图与照明平面图的回路编号、用途名称、容量及控制方式（集中、单独控制）是否相同。

（4）建筑物为多层结构时，上下穿越的线缆敷设方式（管、槽、竖井等）及其规格、型号、根数、走向、连接方式（盒内、箱内等），上下穿越的线缆敷设位置的对应。

（5）其它特殊照明装置的安装要求及布线要求、控制方式等。

（6）土建工程的层高、墙厚、抹灰厚度、开间布置、梁、窗、柱、电梯井和厅的结构尺寸、装饰结构形式及其要求等土建资料。

4. 详图

阅读详图时，应注意并掌握以下内容：

材料及材质要求，几何尺寸、加工要求、焊接防腐要求、安装具体位置、内部结构形式、元件规格型号及功能、具体接线及接线方式、元件排列安装位置、制作比例、开孔要求及其部位尺寸、螺纹加工要求、安装操作程序及要求、组装程序、与其它图样的联系及要求。

5. 设备材料表

阅读设备材料表时，主要是掌握工程中的设备、材料、元件的规格型号、数量或质量。

需要说明的是：设备材料表中的内容不能作为工程施工备料或安装的依据。施工备料的依据，必须是经过会审后的施工图、会签的设计变更、现场实际发生的经甲方或监理或设计签发的技术文件。

三、读图步骤及方法

读图一般分三个步骤进行。

1. 粗读

所谓粗读，就是将施工图从头到尾大概浏览一遍，以了解工程的概况，做到心中有数。粗读时可重点阅读电气系统图、设备材料表、设计说明，主要掌握工程设计内容、电源情况、线缆规格型号及敷设方式、主要灯具、设备的规格型号、土建工程要求及其它专业要求等。

2. 细读

所谓细读，就是按读图程序和读图要点仔细阅读每一张施工图纸，达到读图要点中的要求。并对以下内容做到了如指掌：

（1）灯具及其它电气设备的安装位置及要求。

（2）每条管线走向、布置及敷设要求。

（3）系统图、平面图及关联图样标注是否一致，有无差错。

（4）土建、设备、采暖、通风等其它专业分工协作明确。

3. 精读

所谓精读，就是将关键部位及设备等的施工图纸重新仔细阅读，系统地掌握施工要求。

四、常用照明基本线路

由于照明灯具一般都是单相负荷，其控制方式多种多样，加上施工配线方式的不同，对相线、中性线、保护线的连接各有要求，所以其连接关系比较复杂，如相线必须经开关后再接于灯座，中性线可以直接进灯座，保护线则直接与灯具的金属外壳相连接。这样就会在灯具之间、灯具与开关之间出现导线根数的变化。对于初学者来说，必须搞清照明基本线路和配线基本要求。

1. 一只开关控制一盏灯

最简单的照明控制线路是在一个房间内采用一只开关控制一盏灯，若采用管配线暗敷设，其照明平面图如图 7-5 所示，透视接线图如图 7-6 所示。

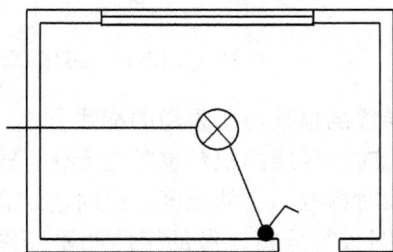

图 7-5 一只开关控制一盏灯的
照明平面

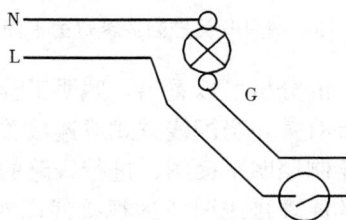

图 7-6 一只开关控制一盏灯的
透视接线图

　　平面图和实际接线图是有区别的，由图知，电源与灯座的导线和灯座与开关之间的导线都是两根，但其意义却不同，电源与灯座的两根导线，一根为直接接灯座的中性线（N），一根为相线（L），中性线直接接灯座，相线必须经开关后再接于灯座；因而灯座与开关的两根导线，一根为相线，一根为控制线（G）。

　　2. 多只开关控制多盏灯

　　图 7-7 是两个房间的照明平面图，图中有一个照明配电箱，三盏灯，一个双联单控开关和一个单联单控开关，采用管配线。图中大房间的两灯之间为三根线，中间一盏灯与双联单控开关之间为三根线，其余都是两根线，因为线管中间不允许有接头，接头只能放在灯座盒内或开关盒内，详见与之对应的透视接线图（如图 7-8 所示）。

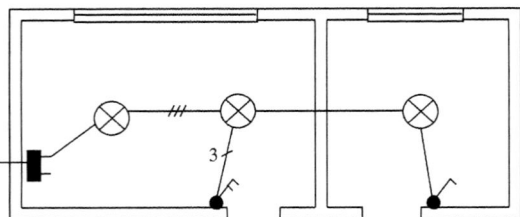

图 7-7　多只开关控制多盏灯的照明平面图

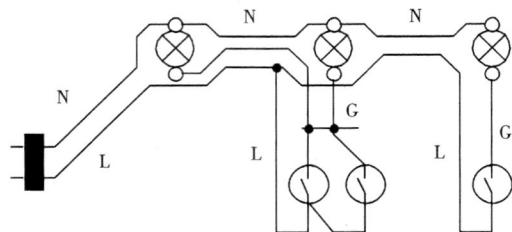

图 7-8　多只开关控制多盏灯的透视接线图

　　3. 两只开关控制一盏灯

　　用两只双控开关在两处控制一盏灯，通常用于楼梯、过道或客房等处。其平面图如图 7-9 所示，图 7-10 为其原理图，图 7-11 为其透视接线图。图中一盏灯由两个双控开关在两处控制，两个双控开关与灯之间的导线都为三根，由原理图可以看出，在图示开关位置时，灯不亮，但无论扳动哪个开关，灯都会亮。

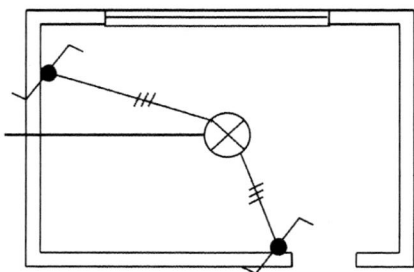

图 7-9　两只开关控制一盏灯的平面图

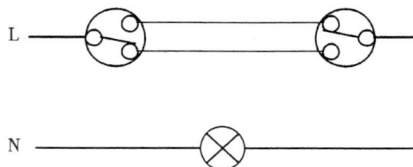

图 7-10　两只开关控制一盏灯的原理图

　　由以上的分析可以看出，照明工程中，室内导线的根数与所采用的配线方式、灯与开关之间的连接有关，当配线方式或连接关系发生变化时，导线的根数也随之变化。这对初学者来说，在绘制照明平面图、进行线路的施工和接线时都有一定的难度，这时应结合灯具、开关、插座的原理接线图或透视接线图对照明平面图进行分析。借助于照明平面图，了解灯具、开关、插座和线路的具体位置及安装方法；借助于原理接线图了解灯具、开关之间的控制关系，不论灯具、开关位置是否变动，原理接线图始终不变；借助于透视接线图了解灯具、开关之间的具体接线关系，开关、灯具位置、线路开关位置发生变化时，透视接线图也随之发生变化。只要理解了原理，就能看懂任何复杂的平面图和系统图，在施工中穿线、并头、接线就不会搞错了。

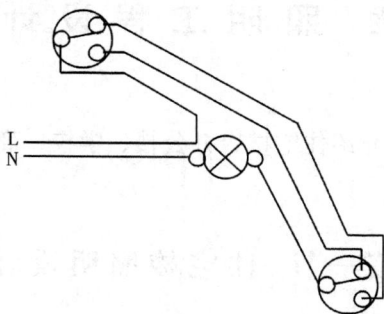

图 7-11　两只开关控制一盏灯的
透视接线图

思 考 题 与 习 题

1. 电气照明施工图设计分几个阶段？简单叙述各阶段的主要任务和设计文件的深度。
2. 电气照明施工图主要有哪几种？各有什么作用？
3. 绘制照明平面图时，为何要在建筑平面轮廓图上标注轴线、尺寸、比例？
4. 绘制照明施工图时，照明配电线路如何标注？
5. 绘制照明施工图时，照明灯具如何标注？
6. 绘制照明施工图时，低压断路器和熔断器如何标注？
7. 阅读设计说明应着重掌握哪些内容？
8. 阅读照明系统图应着重掌握哪些内容？
9. 阅读照明平面图应着重掌握哪些内容？

第八章　照明工程设计实例

本章主要结合工程实践，介绍住宅楼、办公楼、学校、商场和宾馆客房等建筑的照明设计要点及工程实例。

第一节　住宅楼照明设计

住宅是人们生活、学习的重要场所，住宅照明的好坏，直接影响到人们的日常生活质量，它与人们的年龄、心理和要求等因素有关。在进行照明设计时，不仅要考虑利用光线来达到视觉上的舒适，而且还要从它所照亮的环境中获得情绪上的反响。

一、住宅照明设计要点

（1）宜优先采用紧凑型荧光灯、环型荧光灯为主，直管型荧光灯、白炽灯为辅的照明光源方案。

（2）应根据室内空间的用途、格调、面积和形状等选择灯具。如厅、室可选择装饰性较强的灯具；厨房应选择易于清洁的灯具，配防潮灯口；卫生间应选择防潮灯具，并设置镜前照明。

（3）厅堂吊灯下吊高度不宜超过300mm；吊扇扇叶距地高度不宜小于2.5m。

（4）灯具开关安装的位置应便于操作，开关边缘距门框的距离宜为0.15～0.2m，开关距地面高度宜为1.3m，拉线开关距地面高度宜为2～3m，且拉线出口应垂直向下；卫生间灯具开关宜设于门外，起居室及卧室推荐设置双控开关或调光开关；楼梯间、走廊照明宜采用延时开关或红外探测开关等节能控制方式。

（5）住宅应采用一户一表及集表箱计量配电方式，集表箱宜设于住宅底层的公共部位；多层和高层住宅的公共场所照明、公共用电应单独设电能表计量。

（6）住宅插座回路应装设漏电保护和有过、欠电压保护功能的保护装置。

（7）高层住宅疏散走道和安全出口、楼梯间、电梯前室、公共走廊、配电室、消防值班室、消防泵房、防排烟机房、电梯机房等场所应设置应急照明。

二、住宅照明设计实例

某开发公司小高层住宅一梯两户，共十一层，设有客梯，楼梯间内设置强、弱电上线通道。本住宅照明设计在满足照度标准和照明质量的基础上，注重了照明节能，大力推广节能型光源和电子镇流器，实施绿色照明。

卧室、起居室、餐厅、阳台均选用相应规格的节能灯，吸顶安装；厨房内选用防潮灯，且与餐厅所用的照明光源显色性相一致或近似；卫生间内安装防潮座灯，跷板开关按规范要求宜设于卫生间门外，本例安装于卫生间内，但采用了防水型面板；因卫生间内没有外窗，故设计了专门的换气扇，通过管井排出室外；楼梯间灯具采用声、光控延时开关控制，以节约电能；因本例属于高层建筑，故楼梯间内还设置了应急灯与疏散指示灯。

按照不同的用电器具选用了不同规格型号的插座：空调负荷较大，选择单相三孔15A插座；卫生间内热水器选用防水型单相三孔15A插座；洗衣机选择单相三孔带开关10A插座。插座的安

图例	型号规格	安装方式高度	备 注
○	节能灯 1×32W	顶	
◎	节能灯 4×20W	吸 顶	
⊗	防潮灯 1×60W	吸 顶	
Y	防潮座灯 1×25W	2.4m	
▭	疏散指示灯 1×20W	距地 0.5m 处	
⊕	应急照明灯 1×32W	吸 顶	
⊟	换气扇	详设施	
■	配电箱见系统图	下沿距地1.5m明装	户内配电箱为暗装
↑	安全型插座单相五孔 10A	暗装 0.3m	
↑K	空调插座单相三孔 15A	暗装 1.8m	
↑R	防水型热水器插座单相三孔 15A	暗装 1.8m	
↑X	洗衣机插座单相三孔带开关 10A	暗装 1.4m	
●	C31/1/2A	暗装 1.3m	
●F	C32/1/2A	暗装 1.3m	
●K	C33/1/2A	暗装 1.3m	
↗	声光轻延时开关	暗装 2.2m	

户配电箱系统图：

		备注
S30LE-50/2PC20 -0.03	WL1 BV3×4-SC20-FC, WC	厨房内暗装 1.4m
S30LE-50/2PC20 -0.03	WL2 BV3×4-SC20-FC, WC	空调插座
S30LE-50/2PC20 -0.03	WL3 BV3×4-SC20-FC, WC	空调插座
S30LE-50/2PC20 -0.03	WL4 BV3×4-SC20-FC, WC	厨房插座
S30LE-50/2PC20 -0.03	WL5 BV3×4-SC20-FC, WC	卫生间插座
S30-63/1PC16	WL6 BV2×2.5-SC15-CC, WC	一般插座
S30-63/2PC40		灯具

AL

BV3×10-SC25-FC, WC S30-63/2PC40

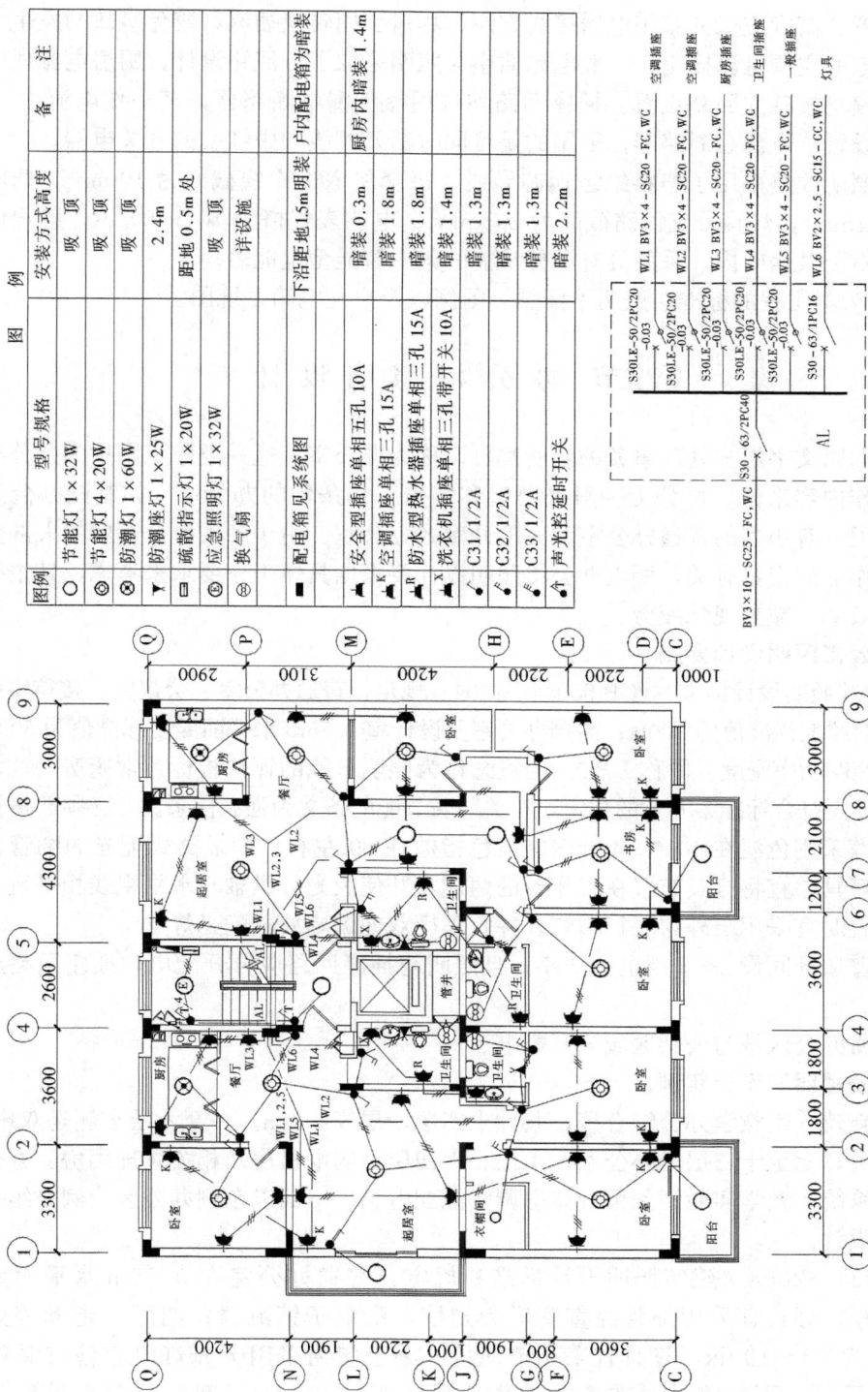

图 8-1 标准层照明平面图、图例、户配电箱系统图

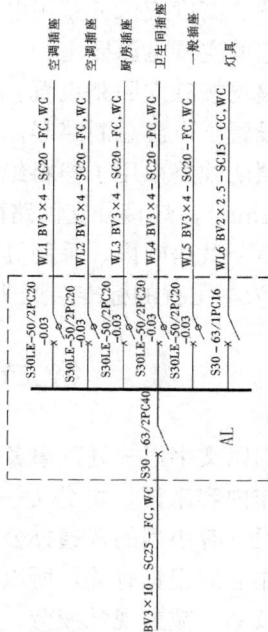

装数量、位置、高度应保证家用电器接线方便，尽量少用转换插座，避免事故的发生。

每套住宅的空调电源插座、一般电源插座与照明采取了分回路设计，厨房电源插座和卫生间电源插座均按独立回路设置。插座回路均选用微型漏电断路器，其动作电流为 30mA。每套住宅均设置了电源总断路器，采用的是可同时断开相线和中性线的开关电器。

本住宅照明线路采用了塑料绝缘铜芯导线，每套住宅进户线截面为 $10mm^2$，插座分支回路截面为 $4mm^2$，灯具分支回路截面为 $2.5mm^2$。电能表规格为 10（40）A，各户电能表均设在地下室公共房间内，采用具有远传功能的集中智能型电能表。

图 8-1 为本工程的标准层照明平面图、图例以及户配电箱系统图。

第二节　办 公 楼 照 明 设 计

凡是人们以文字形式处理事务的场所都可以称为办公室，这一类建筑则称为办公楼。就办公楼的工作内容来说，可分为一般办公室和特殊工作条件的办公室（如制图办公室等）；就其规模来说，有小型的普通办公室和大型开敞式办公室。由于各类办公室内的大部分活动都与水平面作业的视觉有关，所以办公楼照明设计要根据具体工作要求来考虑，其主要任务是提高工作效率，减少视觉疲劳。

一、办公楼照明设计要点

（1）《建筑照明设计标准》（GB 50034—2004）规定：普通办公室、会议室、接待室等房间 0.75m 水平面照度标准值为 300lx；高档办公室及设计室 0.75m 水平面照度标准值为 500lx。本标准引入了照明功率密度（简称 LPD）的概念作为照明节能的评价指标，常用房间或场所的照明功率密度应符合标准第 6 章的规定，相关照明节能的条文为强制性条文，必须严格执行。

（2）推荐采用色温在 4000～4600K、显色指数在 80 左右、蝙蝠翼式配光的细管径直管型高效荧光灯具，宜将灯具布置在工作台的两侧，并使荧光灯纵轴与水平视线相平行。不能确定工作位置时宜采用与外窗平行布灯，并宜采用双向蝙蝠翼式配光灯具。

（3）每普通开间设 2～3 组电源插座，且照明与插座回路应分开配电，插座回路应装设漏电保护。

（4）宜将办公区域与公共区域分开配电。

二、办公楼照明设计实例

某高校新建一幢教学办公综合楼，共计十四层，层高 3.6m。一至六层东侧是双班教室，西侧是实验室，七至十二层是办公室，十三、十四层是弱电机房及相关管理用房。办公区设置中央空调系统，教学实验区预留分体空调电源配电箱。下面以东侧办公区为例介绍一下办公楼的照明设计。

GB 50034—2004《建筑照明设计标准》规定：普通办公室在 0.75m 水平面照度标准值为 300lx，灯具宜采用细管径直管形荧光灯，配电子镇流器；门厅、走廊等处地面照度标准值为 50～100lx，灯具宜采用节能灯。办公室内采用荧光灯时宜使灯具纵轴与水平视线相平行，不宜将灯具布置在工作位置的正前方，大开间办公室宜采用与外窗平行的布灯形式。会议室一次设计时可只预留灯具开关和引出线，灯具形式由二次装修时确定。如果会议室面积较大、功能较复杂，宜预留专门的照明配电箱，出线回路应留有较大裕量。

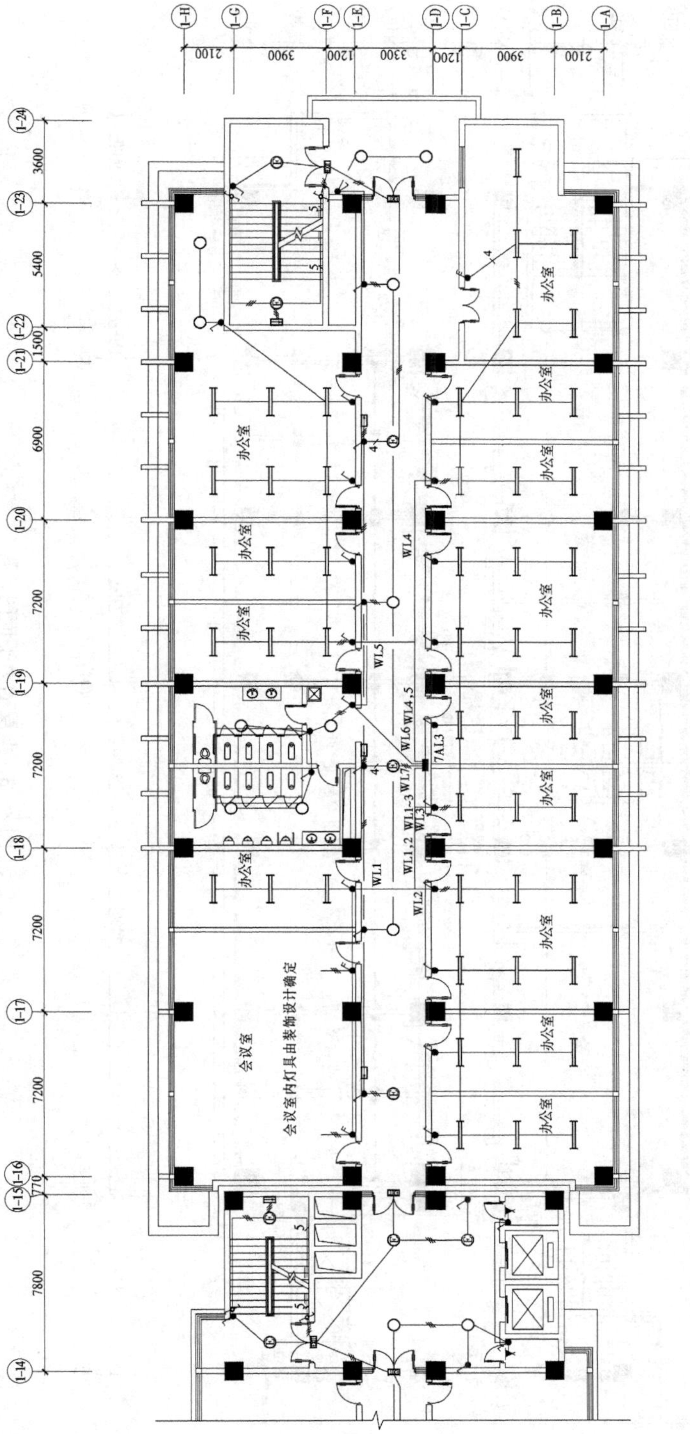

图 8-2　七层照明平面图

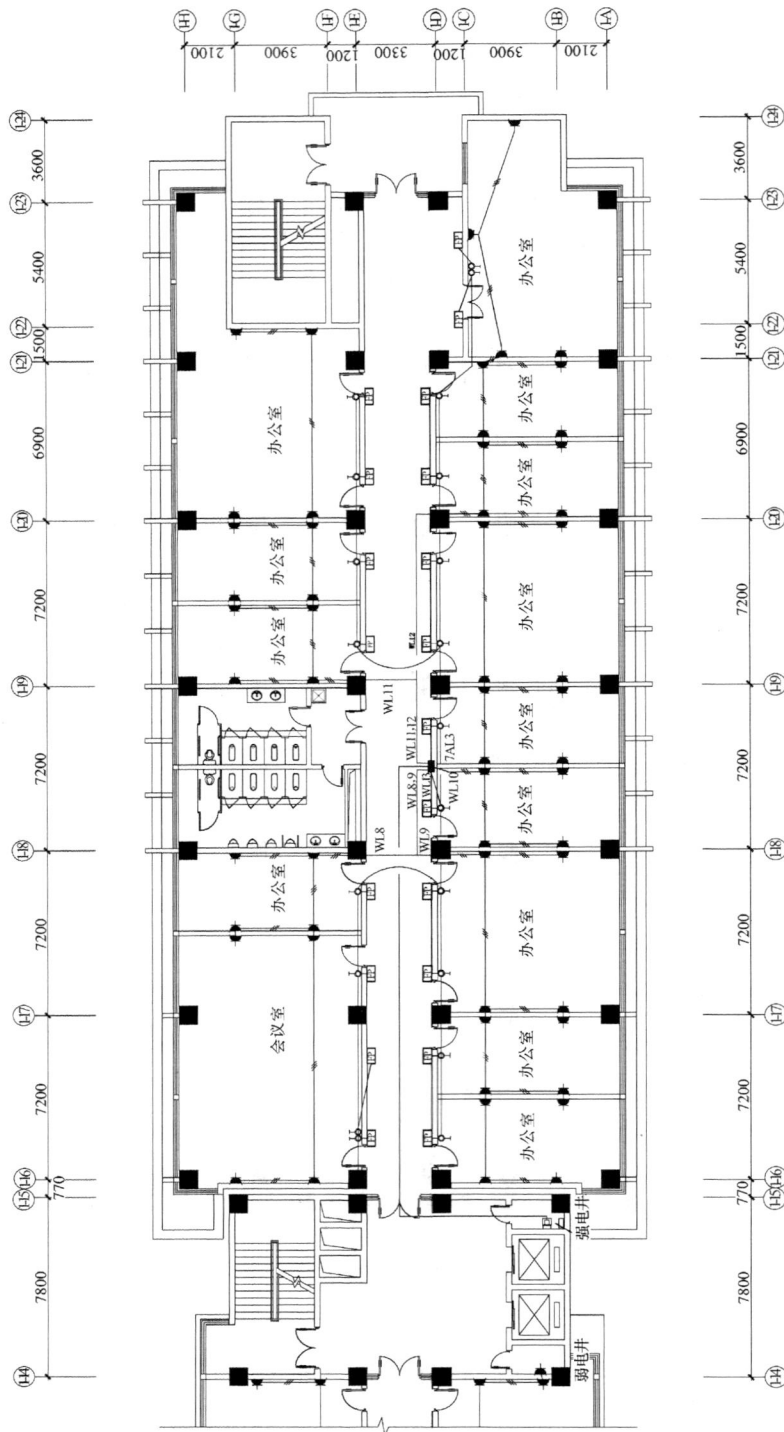

图 8 - 3　七层动力平面图

《建筑照明设计标准》引入了照明功率密度的概念作为照明节能的评价指标，查 6.1.2 条，普通办公室对应照度值 300lx 时的照明功率密度现行值和目标值分别为 11、9W/m²。所以工程设计时应优先选择高效率的光源、灯具及镇流器，既满足办公室照度标准要求，又使得灯具安装功率不超过相应场所的照明功率密度值。为了简化照度计算，工程上一般采用照明功率密度现行值对房间内需要的灯具数量进行计算。在图 8-2 中，单开间办公室面积 25m²，双开间办公室面积 50m²，选用 2×36W 双管荧光灯。灯具安装高度 2.8m，工作面高

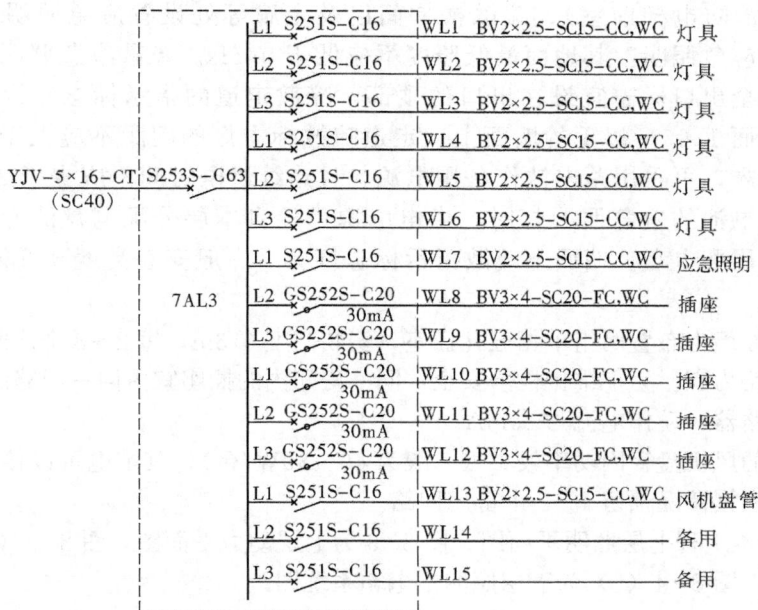

(a)

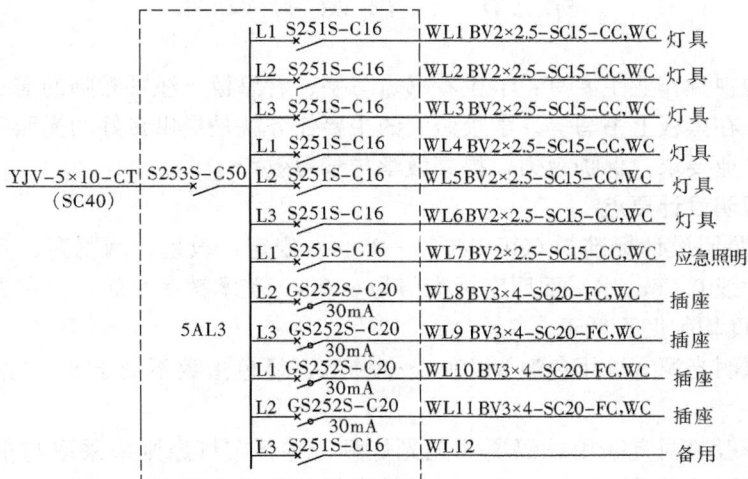

(b)

图 8-4　照明配电箱系统图

(a) 七层照明配电箱系统图；(b) 五层照明配电箱系统图

度 0.75m，计算高度 2.05m，办公室照明功率密度现行值为 $11W/m^2$。$11\times25=275$（W），$275\div(40\times2)=3.44$，式中 40W 为含荧光灯电子镇流器的损耗。取 $N=3$，在办公室内均匀布置，实际照度约为 270lx。注意：应充分考虑到结构主梁、次梁及井字梁给灯具布置带来的影响，灯具布置应做到整齐、美观。

办公室内灯具可按开间控制，也可按与外窗平行方向分组控制；走廊内灯具可采用一灯一控（安装吸顶灯时）或一组灯一控（安装筒灯时）；楼梯间休息平台灯具宜采用双控开关控制。

电梯厅（消防电梯前室）、疏散楼梯间以及走廊等处设置应急照明和疏散指示标志，疏散用的应急照明，其地面最低照度不应低于 0.5lx。疏散应急照明灯宜设在墙面或顶棚上，安全出口标志宜设在出口的顶部，疏散走道的指示标志宜设在疏散走道及其转角处距地面 1.00m 以下的墙面上，走道疏散标志灯的间距不应大于 15m。应急灯和疏散指示标志，可采用蓄电池作备用电源，且连续供电时间不应少于 20min。疏散照明采用带有蓄电池的应急照明灯时，供电电源可接自本层分配电盘的专用回路上或接自本层防灾专用配电盘。墙面上疏散指示标志灯具（一般安装高度 0.5m）配电应增加一根接地线。

办公室每面墙上布置两组单相五孔插座，安装高度 0.3m，每 2～3 个房间内一般插座接至一个供电回路为宜。为了维护检修安全，同一房间内的插座宜由同一回路配电。插座回路应选择漏电断路器，动作电流为 30mA。

空调系统的风机盘管因功率较小（一般为 60～80W/台），其配电可以接自照明配电箱，每台配电箱应根据情况预留 1～2 个备用回路。

图 8-2 为本工程七层照明平面图，图 8-3 为七层动力平面图，图 8-4（a）为七层照明配电箱系统图，图 8-4（b）为五层照明配电箱系统图。

第三节　学校照明设计

学校教室的视觉作业主要有：学生看书、写字、看黑板、注视教师的演示等；教师看教案、观察学生、在黑板上书写等。学校照明的主要任务就是提供良好的光照环境，满足学生和教师的视觉作业要求，保护视力，提高教学与学习效率。

一、学校照明设计要点

（1）《建筑照明设计标准》（GB 50034—2004）规定：教室、阅览室、实验室、多媒体教室等房间桌面或 0.75m 水平面照度标准值为 300lx，美术教室桌面、教室黑板面照度标准值为 500lx；照度均匀度不低于 0.7。

（2）教室照明光源宜选用色温为 4000～5000K、显色指数不低于 80 的细管径直管型高效荧光灯。

（3）教室一般照明宜采用蝙蝠翼式配光灯具，并且布灯原则应采取与学生主视线相平行、安装在课桌间的通道上方，与课桌面的垂直距离不宜小于 1.7m。

（4）当装设黑板照明时，宜采用非对称配光灯具，灯具与黑板平行，黑板上的平均垂直照度应高于教室的平均水平照度。黑板照明不应对教师产生直接眩光，也不应对学生产生反射眩光。设计时，应合理确定灯具的安装高度及与黑板墙面的距离，使黑板照明灯具的布灯位置和布灯数量满足表 8-1 和表 8-2 的规定。

表 8-1 　　　　　　　　　黑板照明灯具的位置

地面至光源的距离 h（m）	2.6	2.7	2.8	3.0	3.2	3.4	3.6
光源距装黑板的墙的距离 l（m）	0.6	0.7	0.8	0.9	1.1	1.2	1.3

（5）为满足照度均匀度要求，教室布灯时，灯具的距高比不宜超过所选灯具的最大允许距高比。

（6）普通教室前后墙应各设 1～2 组电源插座，插座宜单独回路配电，且应装设漏电保护。

表 8-2 　　黑板照明灯具的数量

黑板宽度（m）	36、40W 单管专用荧光灯（套）
3～3.6	2
4～5	3

（7）教室宜安装吊扇及调速开关。

（8）学生活动区与教师及公共活动区宜分开控制与配电。每栋楼及每层楼均应设置电源切断开关。

（9）每一照明分支回路，其配电范围不宜超过三个普通小教室。

（10）宜在楼梯附近装设电铃。

二、学校照明设计实例

工程概况同上例，一～六层东侧是双班教室。下面以五层东侧教学区为例介绍一下教学楼的照明设计。因本工程双班教室和多班教室居多，且照度标准高，一般每个教室内灯具（包括吊扇）单独接一个配电回路。

如上例所述，本工程仍采用照明功率密度现行值对教室内需要的灯具数量进行计算。在图 8-5 中，双班教室面积 100m²，选用 2×36W 蝙蝠翼式双管荧光灯。灯具安装高度 2.8m，课桌高度 0.75m，计算高度 2.05m，教室照明功率密度现行值为 11W/m²。11×100＝1100（W），1100÷（40×2）＝13.75，式中 40W 为含荧光灯电子镇流器的损耗。取 $N=12$，在教室内均匀布置，实际照度约为 270lx。

有关黑板照明照度的计算，请参阅有关的照明设计手册。为了达到照度均匀、黑板垂直照度最大及教师学生均无眩光等要求，工程上一般按照表 8-1 来确定黑板照明灯具的位置和高度。本例选择 40W 专用黑板照明灯具两套，安装高度 2.8m，水平距黑板面 0.8m，此时黑板平均垂直照度大于 400lx。

教室照明的控制应平行外窗方向顺序设置开关，以有利于依据天然光的变化控制开灯范围而节约电能。教学区走廊内灯具可采用声光控延时开关控制。

教室部分安装了吊扇，如果吊扇安装高度低于灯具安装高度，吊扇在旋转时会造成学生视觉不适，故确定吊扇安装高度为 3.0m，比灯具高 0.2m。教室部分未设中央空调系统，预留分体空调电源配电箱，电源均接自动力干线，此处不详述。

应急照明、插座等设计方案均与上例相关内容类似，不赘述。

图 8-5 为本工程五层照明平面图，图 8-6 为五层动力平面图。

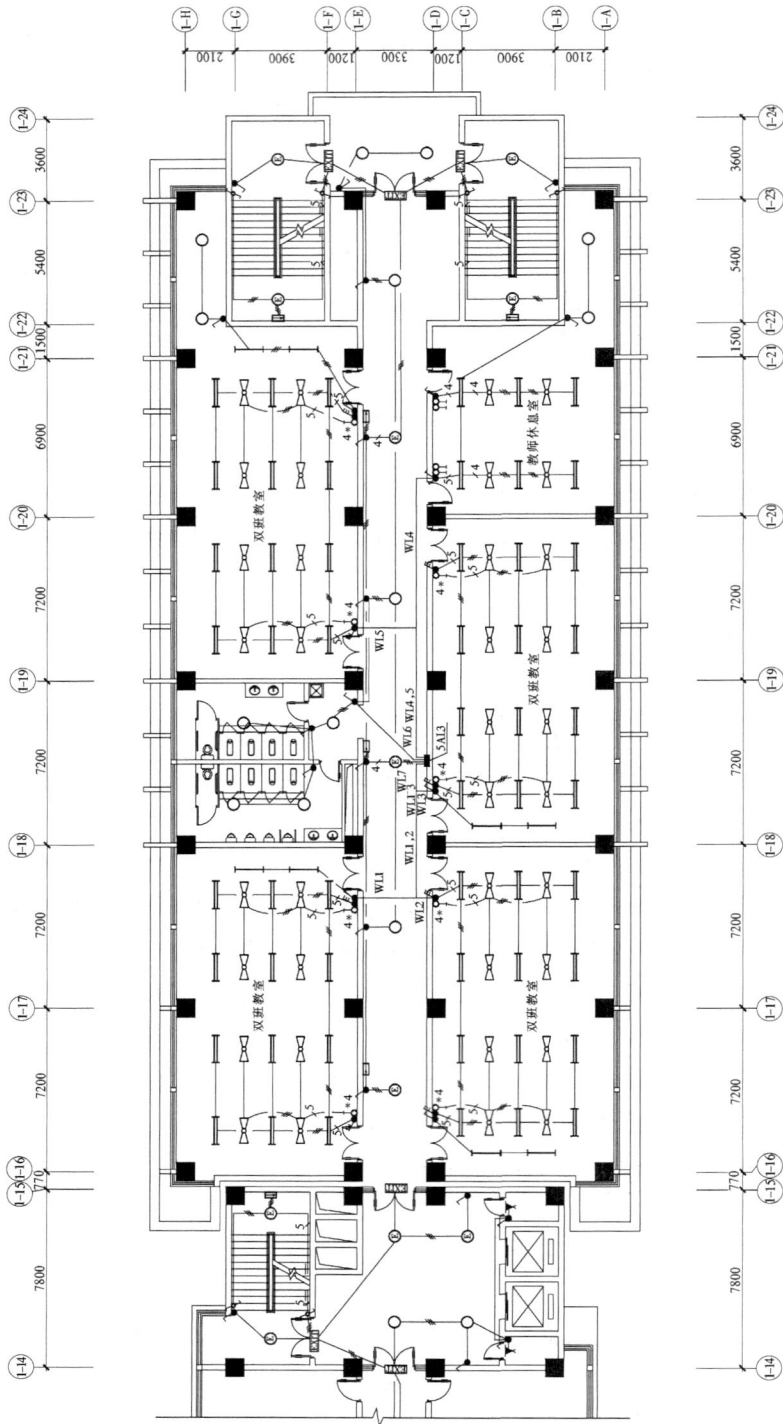

图 8 - 5　五层照明平面图

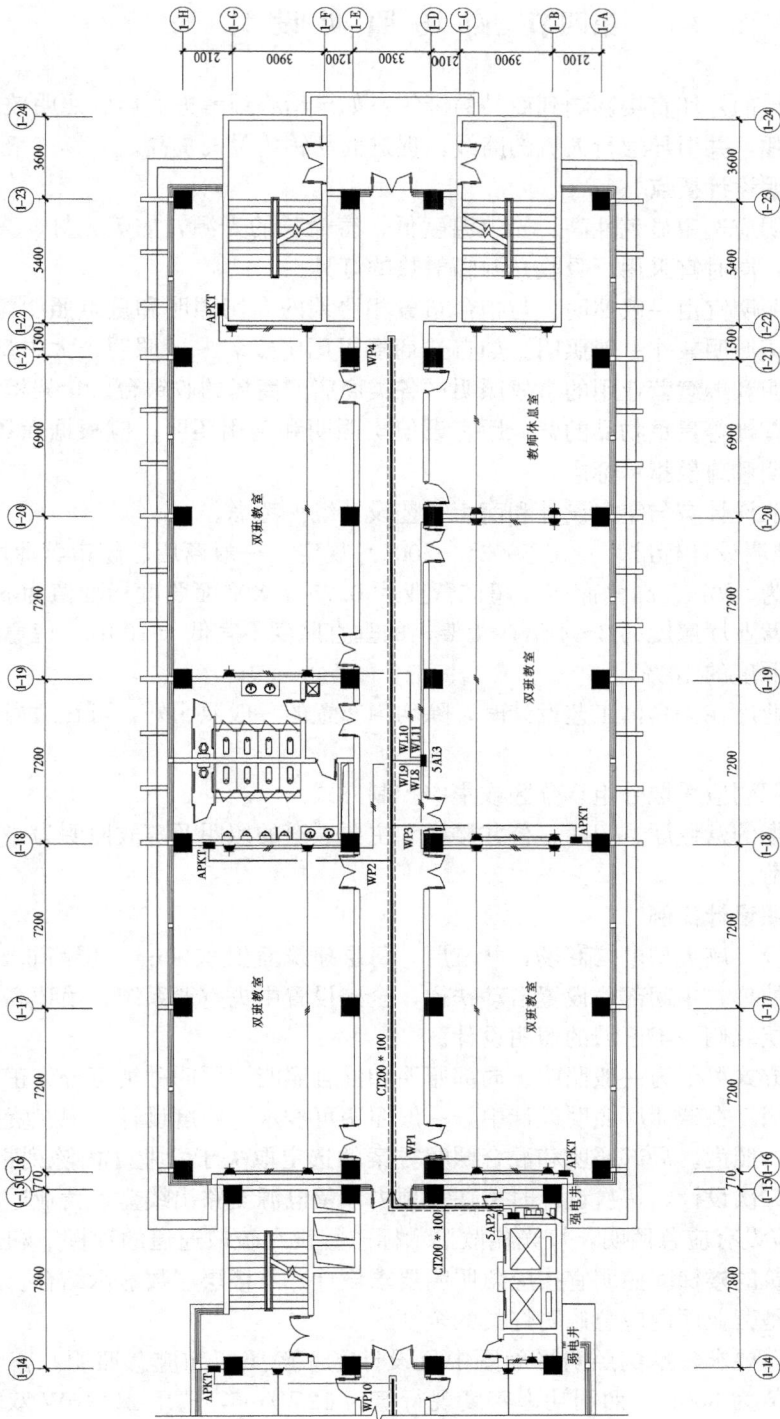

图 8-6 五层动力平面图

第四节　商场照明设计

商场照明设计的好坏直接影响到商品的销售。如果精心地考虑商店的照明效果，将增加顾客对商品的兴趣，并引导通行人流的路线，促进商品销售量的提高。

一、商场照明设计要点

（1）商场照明应选用显色性高、光束温度低、寿命长的光源，如荧光灯、高显色钠灯、金属卤化物灯等，同时宜采用可吸收光源辐射热的灯具。

（2）营业厅照明宜由一般照明、与柜台布置相协调的专用照明和重点照明等组合而成。不宜把装饰商品用照明兼作一般照明。如自选商场可固定安装一般照明；大中型百货商店、商场宜设重点照明和继续营业用的事故照明；各类商店、商场的收银台、货架柜等宜设局部照明；对珠宝、首饰等贵重物品的营业厅宜设值班照明和备用照明；应根据商场建筑性质、规模设置应急照明和疏散指示标志。

（3）商店照明设计应与室内设计和商店工艺设计统一考虑。

（4）《建筑照明设计标准》（GB 50034—2004）规定：一般商店、超市营业厅 0.75m 水平面照度标准值为 300lx；高档商店、超市营业厅 0.75m 水平面照度标准值为 500lx；橱窗照明的照度宜为营业厅照度的 2～4 倍；货架柜的垂直照度不宜低于 100lx；应急照明的照度不低于一般照明照度的 10%。

（5）一般营业厅在无具体工艺设计时，除均匀布置的一般照明外，可在适当位置预留电源箱或插座。

（6）营业厅照明应采取分组、分区或集中控制方式。

（7）大型商场的营业厅、门厅、公共楼梯和主要通道的照明及事故照明为一级负荷，中型商场为二级负荷。

二、商场照明设计实例

某市准备建设一座大型电信商场，共三层，每层建筑面积 3000m²，层高 6.0m。商场四个角设四部疏散楼梯，中间部位设置自动扶梯，全楼设置中央空调系统，吊顶高度为 4.5m。本例截取的是三层北侧一半区域的照明设计。

商场的照明方式可分为一般照明、局部照明和混合照明，照明种类可分为正常照明、应急照明和值班照明。在营业厅照明设计中，一般照明可按水平照度设计，但对货架上的商品应考虑垂直面上的照度。局部照明和混合照明方案的选定取决于营业厅内陈列柜台的布局，一般由装饰公司二次设计，一次设计时需在吊顶内预留电源支路出线盒。营业厅的每层面积超过 1500m² 时应设有应急照明，灯光疏散指示标志宜设在疏散通道的顶棚下和疏散出入口的上方。商场建筑的楼梯间照明宜按应急照明要求设计并与楼层层数显示结合。本例中夜间值班照明采用的是营业厅内应急照明灯具的全部。

基于以上设计要求，本例照明平面图中仅设计了一般照明和应急照明。营业厅 0.75m 水平面照度标准值为 300lx，照明功率密度现行值为 12W/m²，选用 2×40W 双管格栅荧光灯。每个柱网面积为 8.1×8.1＝65.61（m²），12×65.61＝787.32（W），787.32÷（44×2）＝8.95，式中 44W 为含荧光灯电子镇流器的损耗。取 $N=9$，在每个柱网内间隔 2.7m 均匀布置，实际照度约为 300lx。每两个柱网内灯具为一个回路，在配电间一般照明配电箱处集

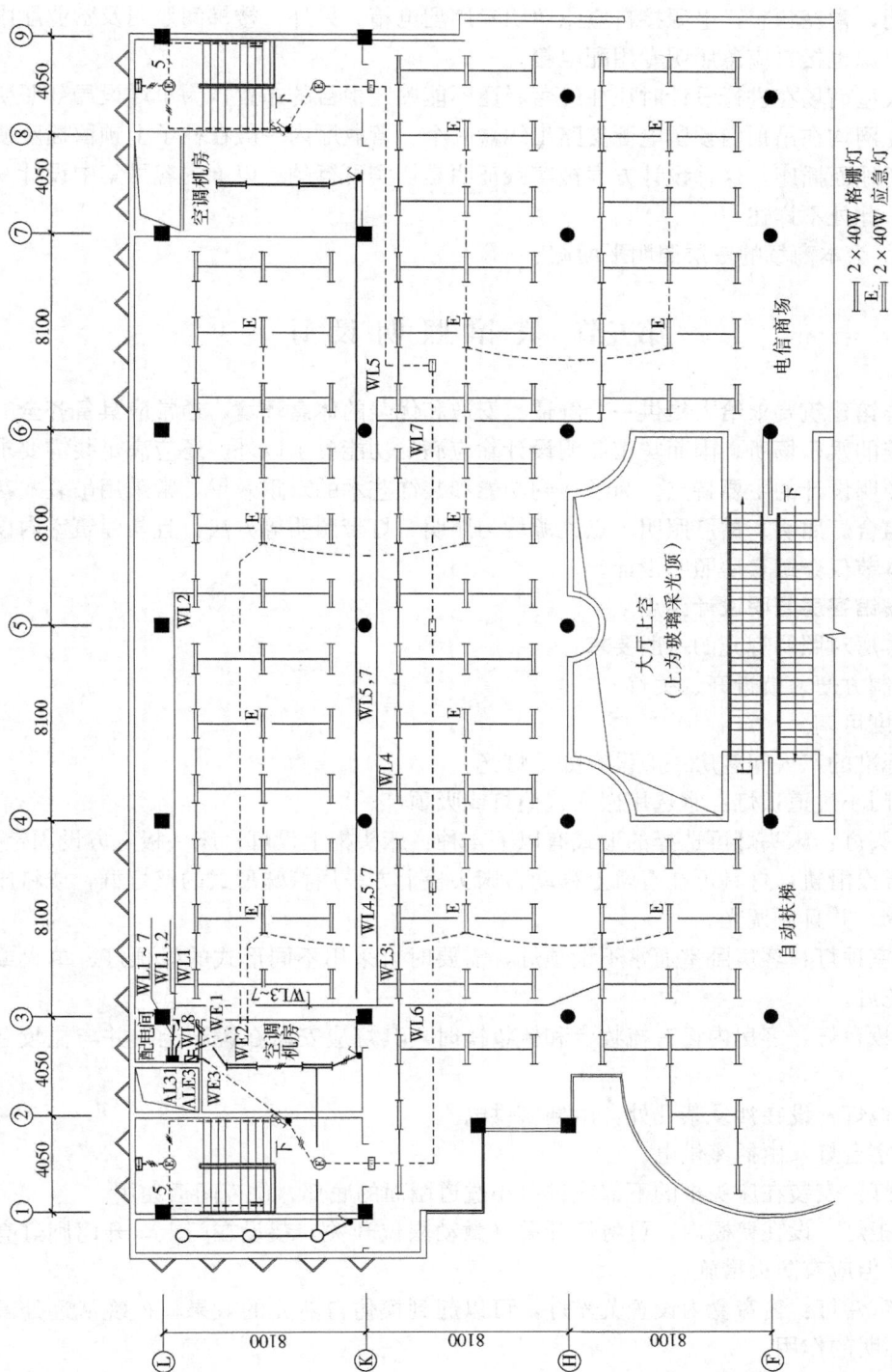

图 8 - 7 商场的三层照明平面图

中控制，每个回路计算电流约为 8A。每个柱网内选定一套灯具作为应急照明使用，兼做夜间值班照明，常亮状态，电源接自应急照明专用配电箱。另外，楼梯间照明及营业厅内疏散指示标志电源也接自应急照明专用配电箱。

由于大型商场在进行设计时往往经营者还不能确定柜台的布置，为了增设局部照明的方便，每个柱网均在吊顶内预留电源支路出线盒一个。营业厅内一般在柱子上预留插座或在柱子四周预留地面插座，这种设计方案被实践证明是切实可行的。以上内容可集中设计一张插座平面图，此处不详述。

图 8-7 为本商场的三层照明平面图。

第五节　宾馆照明设计

现代宾馆建筑要求给人提供一个舒适、安逸和优美的休息环境，通常应具备齐全的服务设施和完美的娱乐场所。因而宾馆照明设计除应满足功能要求以外，还应满足装饰要求，这也是宾馆照明设计的主要特点。为了达到功能和装饰艺术的双重效果，常采用吊装式花灯照明、空间组合灯照明、槽灯照明、点光源均匀照明、灯带照明等方法，且与建筑室内设计统一考虑。本节仅介绍客房照明设计。

一、宾馆客房照明设计要点

（1）客房对照明灯光的一般要求：

1）控制方便，就近开、关灯。

2）亮度可调。

（2）标准的双人间客房一般设有如下灯光：

1）进门小过道顶灯：宜选用嵌入式筒灯或吸顶灯。

2）床头灯：床头灯可选择的形式有以下 4 种：床头柜上设灯；床头板上方设固定壁灯；床头板上方设滑轨，灯具可在滑轨上移动；床头板上方采用特殊形式的壁灯群，或将床头板做成发光壁，并且可调光。

3）卧室顶灯：客房卧室通常不设顶灯，需要时可采用不同形式的吸顶灯、单火或多火小型杆吊花灯。

4）梳妆台灯：客房内设有梳妆台和梳妆镜时，其灯应安装在镜子上方并与梳妆台配套制作。

5）落地灯：设在沙发茶几处，由插座供电。

6）写字台灯：由插座供电。

7）脚灯：安装在床头柜的下部或进口小过道墙面的底部，供夜间活动用。

8）壁柜灯：设在壁橱内，可将灯开关（微动限位开关）装设在门上，开门则灯亮，关门则灯灭，但应有防火措施。

9）窗帘盒灯：窗帘盒内设置荧光灯，可以起到模仿自然光的效果，夜晚从远处看，可起到泛光照明的作用。

（3）卫生间常设有如下灯光：

1）顶灯：设在卫生间天棚中央，采用吸顶或嵌入式安装，光源使用白炽灯。

2）镜前灯：安装在化妆镜的上方，一般用显色指数大于 80 的荧光灯。

（4）客房灯光的控制：

客房灯光的控制应满足方便灵活的原则，采用不同的控制方式：

1）进门小过道顶灯采用双控，分别安装在进门侧墙和床头柜上。

2）卫生间灯的开关安装在卫生间门外的墙上。

3）床头灯的调光开关及脚灯开关可安装在床头柜上。

4）梳妆台灯开关可安装在梳妆台上。

5）落地灯使用自带的开关和在床头柜上双控。

6）窗帘盒灯可在窗帘附近墙上设开关，也可在床头柜上双控。

（5）三星级以上宾馆客房内均设有床头控制板，客房内的灯光、电视机、空调设备、广播音响及呼叫信号等均可在控制板上集中控制。

（6）现代宾馆客房还设有节能控制开关，控制电冰箱以外的所有灯光、电器，以达到人走灯灭，安全节电的目的。

（7）每套客房可以由单相回路供电，设有专用的总开关，插座回路应设漏电保护。

二、宾馆客房照明设计实例

宾馆一般有以下部分组成：地下室、裙房及标准层等。地下室一般为设备用房，如变、配电所、水泵房、制冷站、中水站、洗衣房等；裙房有大堂、休息厅、咖啡厅、多功能厅、中西餐厅及厨房等；标准层一般为客房，包括单人间、标准间、豪华套间等。

宾馆装修标准都比较高，需要由专业装饰设计公司二次设计的房间较多，如大堂、咖啡厅、多功能厅、餐厅等，这就要求一次设计时针对这些部位预留充足电源，只设计必需的应急照明、插座等内容即可。

宾馆的照明设计与其它建筑有很多相似之处，但客房层设计有其特殊性。客房层走道应设有清扫用插座，客房内都有床头控制柜。下面重点介绍一下客房内的照明设计。

图 8-8 为某工程标准间客房照明设计实例。等级标准高的客房一般不设顶灯，客房床头照明采用调光方式。客房内设置床头控制柜，控制内容包括床头灯、落地灯、台灯、地脚灯、通道灯（两地控制）、电视机电源等。床头控制柜上还设有音响选频及音量调节开关、请勿打扰开关等。床头灯一般选用可以旋转的有花色灯罩的灯具，落地灯、台灯的选型应保证室内光线柔和，通道灯可选用节能吸顶灯，卫生间内顶灯和镜前灯可选用有磨砂玻璃罩或乳白色玻璃罩的灯具。客房内还设计了节能钥匙开关，旅客外出时，拔下钥匙开关，室内电源被切断，既节约了用电，又起到防止引起火灾的作用。节能钥匙开关控制范围除了床头控制柜以外，还包括卫生间灯具、换气扇以及风机盘管电源等。

因冰箱等用电设备不能断电，所以客房内部分插座不经过钥匙开关，直接接至客房配电箱。卫生间内设有 220/110V 刮须插座，插座内 220V 电源侧应设有安全隔离变压器，以保证人身安全。

为了提高供电可靠性，楼层配电箱至客房配电箱采用放射式供电。客房配电箱内主开关根据房间大小及设备安装情况可选定在 20～32A 之间。

思 考 题 与 习 题

1. 住宅电气照明设计应掌握哪些要点？

2. 办公楼电气照明设计应掌握哪些要点？

3. 学校电气照明设计应掌握哪些要点？

4. 宾馆客房电气照明设计应掌握哪些要点？

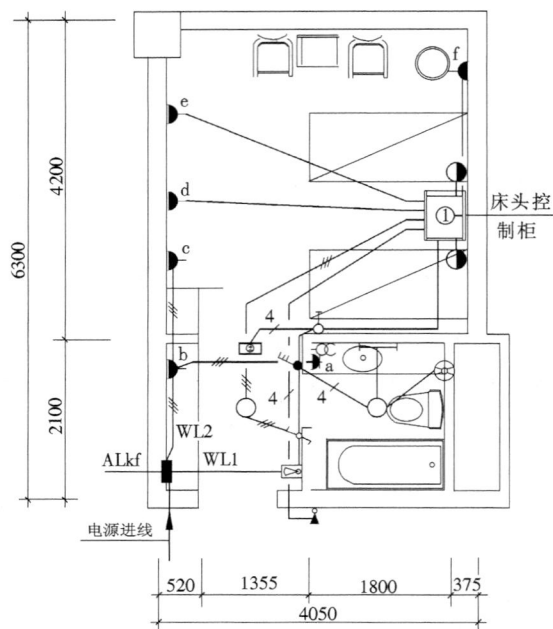

图例	型号规格	安装方式及高度	备　注
⊢	镜前灯 20W	镜子上方	卫生间内
⊖	床头壁灯 40W	1.4m	床头柜控制
○	节能灯 20W	吸顶	双控
①	地脚灯	床头控制柜内	床头柜控制
⚇	剃须插座	距地 1.4m	
⚊	a 防溅插座	距地 1.4m	
⚊	b 冰箱插座	距地 0.3m	
⚊	c 普通插座	距地 0.3m	
⚊	d 台灯插座	距地 0.3m	床头柜控制
⚊	e 电视插座	距地 0.3m	床头柜控制
⚊	f 落地灯插座	距地 0.3m	床头柜控制
⊛	换气扇	详设施	
🕯	86K31 – 10	暗装 1.3m	
🕯	86K12 – 10	暗装 1.3m	
▬	客房配电箱	下沿距地 1.5m	
⚲	风机盘管调速开关	暗装 1.3m	
⊡	风机盘管	详设施	
⊠	节能钥匙开关	暗装 1.3m	
⚑	请勿打扰开关	暗装 1.3m	床头柜控制

图 8-8　客房照明平面图

附　　　录

附录 1 - 1

平圆型吸顶灯
（白炽灯 100、60W）

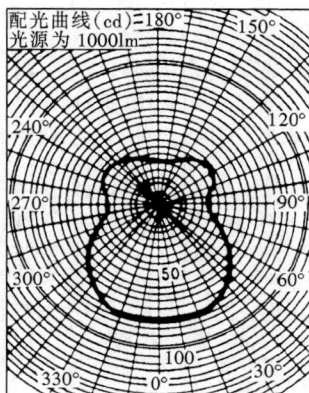

配光曲线（cd）＝180°
光源为 1000lm

型　　　号		JXD5－2
规格 （mm）	ϕ	236
	D	293
	H	110
遮光角		—
灯具效率		57％
上射光通比		22％
下射光通比		35％
最大允许距高比 s/h		1.32
灯头型式		2B22

发光强度值（cd）

θ (°)	I_θ	θ (°)	I_θ	θ (°)	I_θ
0	84	60	57	120	39
5	84	65	52	125	39
10	83	70	46	130	38
15	82	75	41	135	38
20	81	80	36	140	37
25	80	85	33	145	35
30	77	90	31	150	34
35	74	95	32	155	34
40	71	100	34	160	31
45	67	105	36	165	30
50	64	110	38	170	29
55	61	115	38	175	30
				180	31

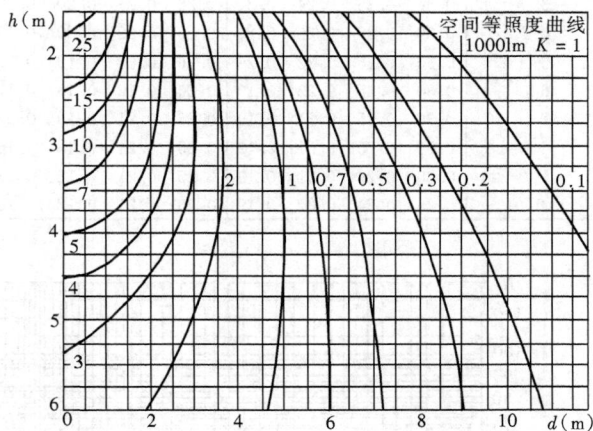

空间等照度曲线
1000lm $K=1$

利用系数表　　　　　　$s/h=1.0$

有效顶棚 反射系数	0.80				0.70				0.50				0.30				0
墙反射系数	0.70	0.50	0.30	0.10	0.70	0.50	0.30	0.10	0.70	0.50	0.30	0.10	0.70	0.50	0.30	0.10	0
室空间比																	
1	0.56	0.53	0.50	0.47	0.52	0.19	0.17	0.44	0.45	0.42	0.41	0.39	0.38	0.36	0.35	0.34	0.26
2	0.50	0.45	0.41	0.38	0.47	0.42	0.39	0.36	0.40	0.37	0.34	0.31	0.34	0.31	0.29	0.27	0.21
3	0.46	0.40	0.35	0.31	0.42	0.37	0.33	0.29	0.36	0.32	0.29	0.26	0.31	0.28	0.25	0.23	0.17
4	0.41	0.35	0.30	0.26	0.39	0.32	0.28	0.24	0.33	0.28	0.25	0.22	0.28	0.24	0.21	0.19	0.14
5	0.38	0.31	0.26	0.22	0.35	0.29	0.24	0.21	0.30	0.25	0.21	0.18	0.25	0.22	0.19	0.16	0.12
6	0.35	0.27	0.22	0.19	0.32	0.26	0.21	0.18	0.28	0.22	0.19	0.16	0.24	0.19	0.16	0.14	0.12
7	0.32	0.25	0.20	0.16	0.30	0.23	0.18	0.15	0.26	0.20	0.16	0.14	0.22	0.17	0.14	0.12	0.09
8	0.30	0.22	0.17	0.14	0.28	0.21	0.16	0.13	0.24	0.18	0.14	0.12	0.20	0.16	0.13	0.10	0.08
9	0.28	0.20	0.15	0.12	0.26	0.19	0.14	0.12	0.22	0.16	0.13	0.10	0.19	0.14	0.11	0.09	0.07
10	0.25	0.18	0.13	0.10	0.23	0.17	0.13	0.10	0.20	0.15	0.11	0.09	0.17	0.13	0.10	0.08	0.05

亮 度 系 数 表　　　　　　　　　　　　　　　续附录 1-1

有效顶棚反射系数	0.80				0.70				0.50				0.30			
墙反射系数	0.70	0.50	0.30	0.10	0.70	0.50	0.30	0.10	0.70	0.50	0.30	0.10	0.70	0.50	0.30	0.10
墙　面																
室空间比																
1	0.30	0.20	0.11	0.03	0.28	0.19	0.11	0.03	0.25	0.17	0.09	0.03	0.22	0.15	0.08	0.02
2	0.27	0.17	0.09	0.02	0.25	0.16	0.09	0.02	0.22	0.14	0.08	0.02	0.19	0.13	0.07	0.02
3	0.25	0.15	0.08	0.02	0.23	0.14	0.07	0.02	0.20	0.13	0.07	0.02	0.17	0.11	0.06	0.01
4	0.23	0.14	0.07	0.02	0.22	0.13	0.07	0.02	0.19	0.11	0.06	0.01	0.16	0.10	0.05	0.01
5	0.22	0.13	0.06	0.01	0.20	0.12	0.06	0.01	0.17	0.10	0.05	0.01	0.15	0.09	0.05	0.01
6	0.20	0.12	0.06	0.01	0.19	0.11	0.05	0.01	0.16	0.10	0.05	0.01	0.14	0.08	0.04	0.01
7	0.19	0.11	0.05	0.01	0.18	0.10	0.05	0.01	0.16	0.09	0.04	0.01	0.13	0.08	0.04	0.01
8	0.18	0.10	0.05	0.01	0.17	0.09	0.04	0.01	0.15	0.08	0.04	0.01	0.13	0.07	0.03	0.01
9	0.17	0.09	0.04	0.01	0.16	0.09	0.04	0.01	0.14	0.08	0.04	0.01	0.12	0.07	0.03	0.01
10	0.17	0.09	0.04	0.01	0.16	0.08	0.04	0.01	0.13	0.07	0.03	0.01	0.12	0.06	0.03	0.00
顶　棚　空　间																
室空间比																
1	0.29	0.27	0.26	0.24	0.25	0.23	0.22	0.21	0.17	0.16	0.15	0.14	0.09	0.09	0.08	0.08
2	0.30	0.27	0.24	0.22	0.25	0.23	0.21	0.19	0.17	0.16	0.14	0.13	0.09	0.09	0.08	0.08
3	0.30	0.26	0.24	0.21	0.26	0.23	0.20	0.18	0.17	0.15	0.14	0.13	0.10	0.09	0.08	0.07
4	0.30	0.26	0.23	0.20	0.26	0.22	0.20	0.18	0.17	0.15	0.14	0.12	0.10	0.09	0.08	0.07
5	0.30	0.26	0.22	0.20	0.26	0.22	0.19	0.17	0.17	0.15	0.13	0.12	0.10	0.08	0.08	0.07
6	0.30	0.25	0.22	0.19	0.26	0.22	0.19	0.17	0.17	0.15	0.13	0.12	0.10	0.08	0.07	0.07
7	0.30	0.25	0.21	0.19	0.26	0.21	0.19	0.17	0.17	0.15	0.13	0.12	0.10	0.08	0.08	0.07
8	0.30	0.25	0.21	0.19	0.25	0.21	0.18	0.16	0.17	0.14	0.13	0.11	0.09	0.08	0.07	0.07
9	0.30	0.24	0.21	0.19	0.25	0.21	0.18	0.16	0.17	0.14	0.13	0.11	0.09	0.08	0.07	0.07
10	0.29	0.24	0.21	0.19	0.25	0.21	0.18	0.16	0.17	0.14	0.12	0.11	0.09	0.08	0.07	0.07

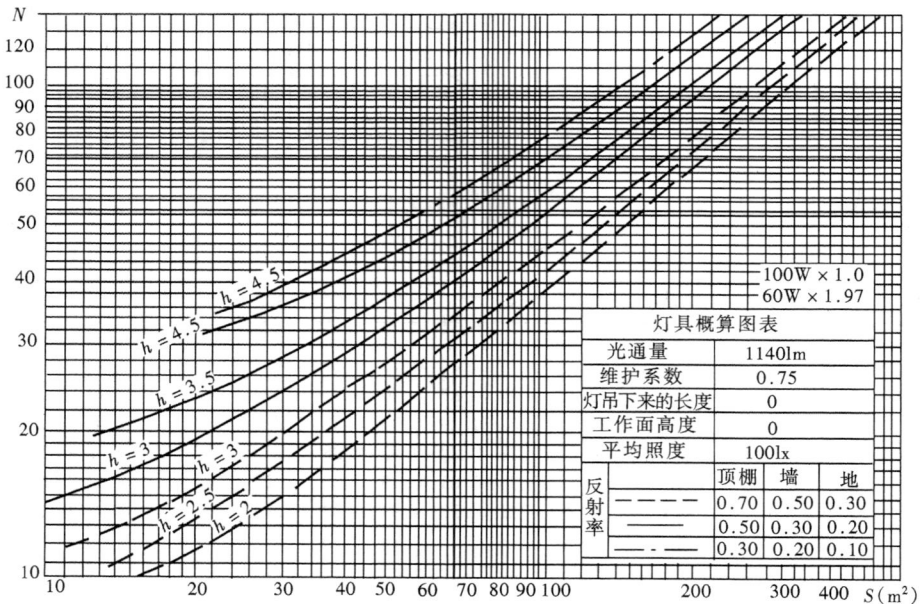

灯具概算图表

光通量	1140lm
维护系数	0.75
灯吊下来的长度	0
工作面高度	0
平均照度	100lx

100W × 1.0
60W × 1.97

反射率	顶棚	墙	地
─────	0.70	0.50	0.30
─────	0.50	0.30	0.20
─·─·─	0.30	0.20	0.10

附录 1 - 2

简式荧光灯
（1×40W）

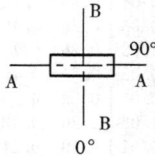

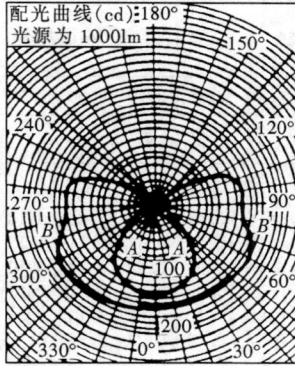

配光曲线(cd)：180°
光源为 1000lm

型　号		YG1—1
规格 （mm）	L	1280
	b	70
	h	45（未包括灯管）
遮光角		—
灯具效率		81%
上射光通比		21%
下射光通比		59%
最大允许距高比 s/h		A—A1.22 B—B1.62
灯具质量		2.6kg

发光强度值（cd）

	θ (°)	0	5	10	15	20	25	30	35	40	45	50	55	60	65	70	75	
B—B	I_θ	140	140	141	142	142	144	146	149	150	151	152	151	149	145	141	136	
	θ (°)	80	85	90	95	100	105	110	115	120	125	130	135	140	145	150	155	160
	I_θ	129	124	121	121	122	122	116	103	88	75	60	45	18	19	6.4	0.8	0
A—A	θ (°)	0	5	10	15	20	25	30	35	40	45	50	55	60	65	70	75	80
	I_θ	124	122	120	116	112	107	101	94	85	77	68	58	47	37	27	17	9
	θ (°)	85	90															
	I_θ	2.8	0															

利用系数表　　　　　　s/h＝1.0

有效顶棚反射系数	0.70				0.50				0.30				0.10				0
墙反射系数	0.70	0.50	0.30	0.10	0.70	0.50	0.30	0.10	0.70	0.50	0.30	0.10	0.70	0.50	0.30	0.10	0
室空间比																	
1	0.75	0.71	0.67	0.63	0.67	0.63	0.60	0.57	0.59	0.26	0.54	0.52	0.52	0.50	0.48	0.16	0.43
2	0.68	0.61	0.55	0.50	0.60	0.54	0.50	0.46	0.53	0.48	0.45	0.41	0.46	0.43	0.40	0.37	0.34
3	0.61	0.53	0.46	0.41	0.54	0.47	0.42	0.38	0.47	0.42	0.38	0.34	0.41	0.37	0.34	0.31	0.28
4	0.56	0.46	0.39	0.34	0.49	0.41	0.36	0.31	0.43	0.37	0.32	0.28	0.37	0.33	0.29	0.26	0.23
5	0.51	0.41	0.34	0.29	0.45	0.37	0.31	0.26	0.39	0.33	0.28	0.24	0.34	0.29	0.25	0.22	0.20
6	0.47	0.37	0.30	0.25	0.41	0.33	0.27	0.23	0.36	0.29	0.25	0.21	0.32	0.26	0.22	0.19	0.17
7	0.43	0.33	0.26	0.21	0.38	0.30	0.24	0.20	0.33	0.26	0.22	0.18	0.29	0.24	0.20	0.16	0.14
8	0.40	0.29	0.23	0.18	0.35	0.27	0.21	0.17	0.31	0.24	0.19	0.16	0.27	0.21	0.17	0.14	0.12
9	0.37	0.27	0.20	0.16	0.33	0.24	0.19	0.15	0.29	0.22	0.17	0.14	0.25	0.19	0.15	0.12	0.11
10	0.34	0.24	0.17	0.13	0.30	0.21	0.16	0.12	0.26	0.19	0.15	0.11	0.23	0.17	0.13	0.10	0.09

亮 度 系 数 表 　　　　　　　　续附录 1-2

有效顶棚反射系数	0.70				0.50				0.30				0.10			
墙反射系数	0.70	0.50	0.30	0.10	0.70	0.50	0.30	0.10	0.70	0.50	0.30	0.10	0.70	0.50	0.30	0.10
墙　面																
室空间比																
1	0.45	0.30	0.17	0.05	0.41	0.28	0.16	0.05	0.38	0.26	0.15	0.04	0.35	0.24	0.14	0.04
2	0.39	0.25	0.14	0.04	0.36	0.23	0.13	0.04	0.32	0.21	0.12	0.03	0.29	0.19	0.11	0.03
3	0.36	0.22	0.12	0.03	0.32	0.20	0.11	0.03	0.29	0.18	0.10	0.03	0.26	0.17	0.09	0.02
4	0.33	0.20	0.10	0.03	0.30	0.18	0.09	0.02	0.27	0.17	0.09	0.02	0.24	0.15	0.08	0.02
5	0.31	0.18	0.09	0.02	0.28	0.16	0.08	0.02	0.25	0.15	0.08	0.02	0.22	0.14	0.07	0.02
6	0.29	0.17	0.08	0.02	0.26	0.15	0.07	0.02	0.23	0.14	0.07	0.02	0.20	0.12	0.06	0.02
7	0.27	0.15	0.07	0.02	0.24	0.14	0.07	0.02	0.22	0.13	0.06	0.01	0.19	0.11	0.06	0.01
8	0.26	0.14	0.07	0.02	0.23	0.13	0.06	0.01	0.20	0.12	0.06	0.01	0.18	0.11	0.05	0.01
9	0.24	0.13	0.06	0.01	0.22	0.12	0.06	0.01	0.19	0.11	0.05	0.01	0.17	0.10	0.05	0.01
10	0.23	0.12	0.06	0.01	0.21	0.11	0.05	0.01	0.19	0.10	0.05	0.01	0.17	0.09	0.04	0.01
顶　棚　空　间																
室空间比																
1	0.29	0.27	0.25	0.23	0.20	0.18	0.17	0.16	0.11	0.10	0.10	0.09	0.03	0.03	0.03	0.03
2	0.30	0.26	0.23	0.21	0.20	0.18	0.16	0.14	0.11	0.10	0.09	0.08	0.03	0.03	0.03	0.02
3	0.30	0.26	0.22	0.19	0.20	0.17	0.15	0.13	0.11	0.10	0.09	0.08	0.03	0.03	0.02	0.02
4	0.31	0.25	0.21	0.18	0.20	0.17	0.15	0.13	0.11	0.10	0.08	0.07	0.03	0.03	0.02	0.02
5	0.31	0.25	0.21	0.18	0.20	0.16	0.14	0.12	0.11	0.10	0.08	0.07	0.03	0.03	0.02	0.02
6	0.30	0.24	0.20	0.17	0.20	0.16	0.14	0.12	0.11	0.09	0.08	0.07	0.03	0.03	0.02	0.02
7	0.30	0.24	0.20	0.17	0.20	0.16	0.14	0.12	0.11	0.09	0.08	0.07	0.03	0.03	0.02	0.02
8	0.30	0.23	0.19	0.16	0.20	0.16	0.13	0.12	0.11	0.09	0.08	0.07	0.03	0.03	0.02	0.02
9	0.29	0.23	0.19	0.16	0.20	0.16	0.13	0.11	0.11	0.09	0.08	0.07	0.03	0.03	0.02	0.02
10	0.29	0.23	0.19	0.16	0.20	0.16	0.13	0.11	0.11	0.09	0.07	0.07	0.03	0.03	0.02	0.02

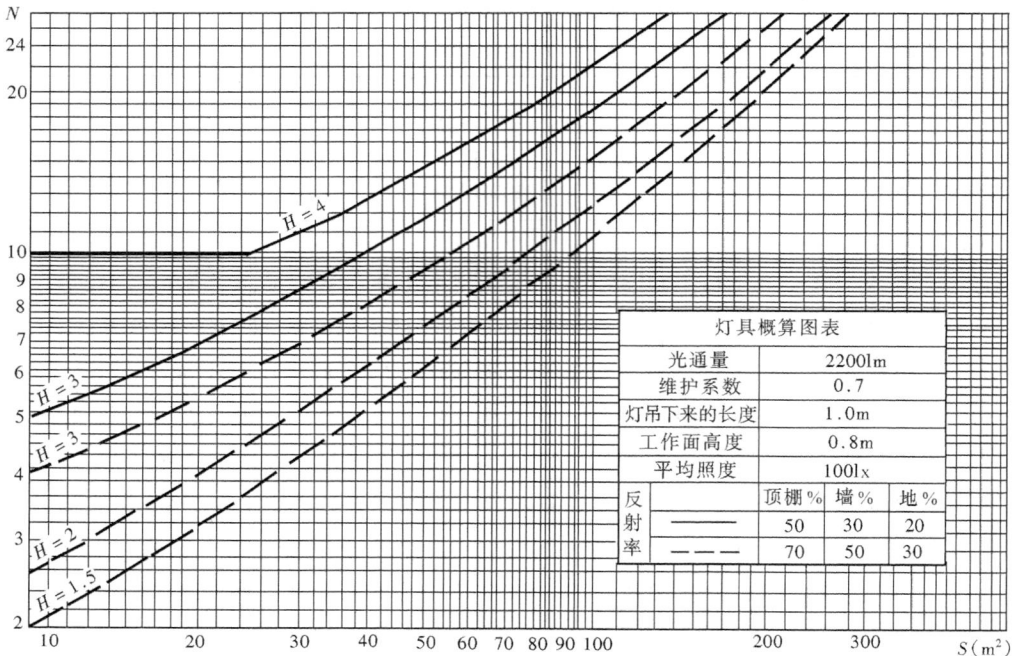

灯具概算图表	
光通量	2200lm
维护系数	0.7
灯吊下来的长度	1.0m
工作面高度	0.8m
平均照度	100lx

反射率		顶棚%	墙%	地%
──		50	30	20
─ ─		70	50	30

附录 1 - 3

简式荧光灯
（1×40W）

配光曲线（cd）180°　150°
光源为 1000lm

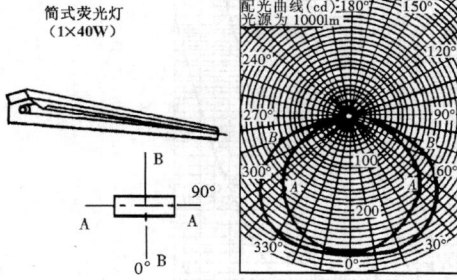

型　号		YG2—1
规格 （mm）	L	1280
	b	168
	h	90
遮光角		4.6°
灯具效率		88%
上射光通比		0
下射光通比		88%
最大允许距高比 s/h		A—A1.28 B—B1.46
灯具质量		4.9kg

发光强度值（cd）	B—B	θ (°)	0	5	10	15	20	25	30	35	40	45	50	55	60	65
		I_θ	269	268	267	267	266	264	260	254	247	234	214	193	173	139
		θ (°)	70	75	80	85	90									
		I_θ	102	65	31	6.7	0									
	A—A	θ (°)	0	5	10	15	20	25	30	35	40	45	50	55	60	65
		I_θ	260	258	255	250	243	233	224	208	194	176	156	141	120	99
		θ (°)	70	75	80	85	90									
		I_θ	77	54	31	8.8	0									

利用系数表　　　　　　　　s/h＝1.0

有效顶棚反射系数	0.70				0.50				0.30				0.10				0
墙反射系数	0.70	0.50	0.30	0.10	0.70	0.50	0.30	0.10	0.70	0.50	0.30	0.10	0.70	0.50	0.30	0.10	0
室空间比																	
1	0.93	0.89	0.86	0.83	0.89	0.85	0.83	0.80	0.85	0.82	0.20	0.78	0.81	0.79	0.77	0.75	0.73
2	0.85	0.79	0.73	0.69	0.81	0.75	0.71	0.67	0.77	0.73	0.69	0.65	0.73	0.70	0.67	0.64	0.62
3	0.78	0.70	0.63	0.58	0.74	0.67	0.61	0.57	0.70	0.65	0.60	0.56	0.67	0.62	0.58	0.55	0.53
4	0.71	0.61	0.54	0.49	0.67	0.59	0.53	0.48	0.64	0.57	0.52	0.47	0.61	0.55	0.51	0.47	0.45
5	0.65	0.55	0.47	0.43	0.62	0.53	0.46	0.41	0.59	0.51	0.45	0.41	0.56	0.49	0.44	0.40	0.39
6	0.60	0.49	0.42	0.36	0.57	0.48	0.41	0.36	0.54	0.46	0.40	0.36	0.52	0.45	0.40	0.35	0.34
7	0.55	0.44	0.37	0.32	0.52	0.43	0.36	0.30	0.50	0.42	0.36	0.31	0.48	0.40	0.35	0.31	0.29
8	0.51	0.40	0.38	0.27	0.48	0.39	0.32	0.27	0.46	0.37	0.32	0.27	0.44	0.36	0.31	0.27	0.25
9	0.47	0.36	0.29	0.24	0.45	0.35	0.29	0.24	0.43	0.34	0.28	0.24	0.41	0.33	0.28	0.24	0.22
10	0.43	0.21	0.25	0.20	0.41	0.31	0.24	0.20	0.39	0.30	0.24	0.20	0.37	0.29	0.24	0.20	0.18

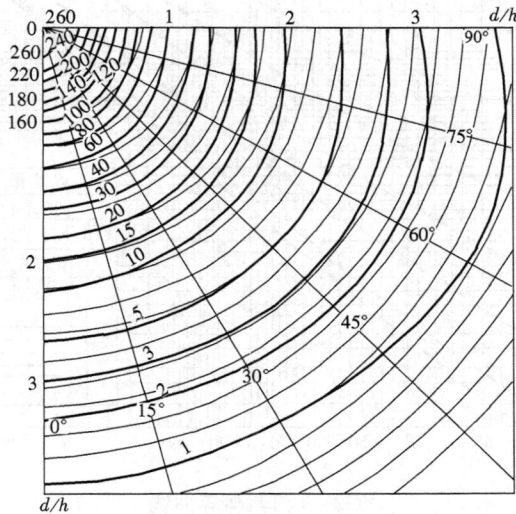

YG2—1 平面相对等照度曲线（1000lm K＝1）

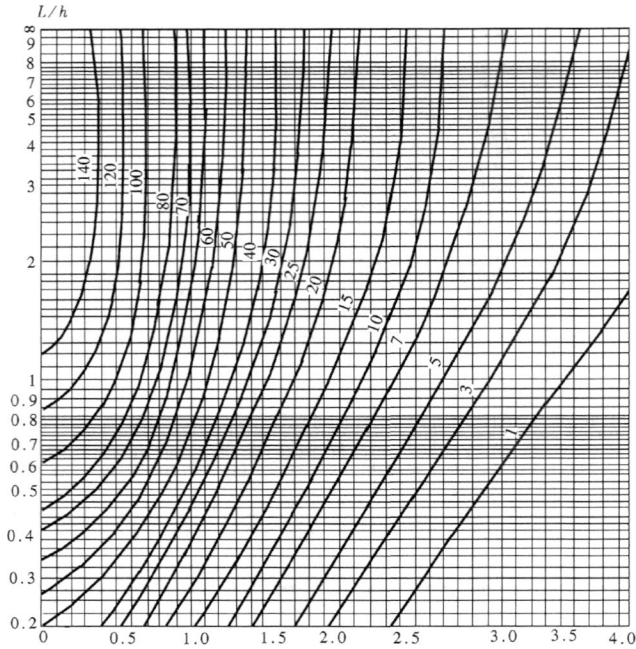

YG2－1 线光源等照度曲线（1000lm $K＝1$）

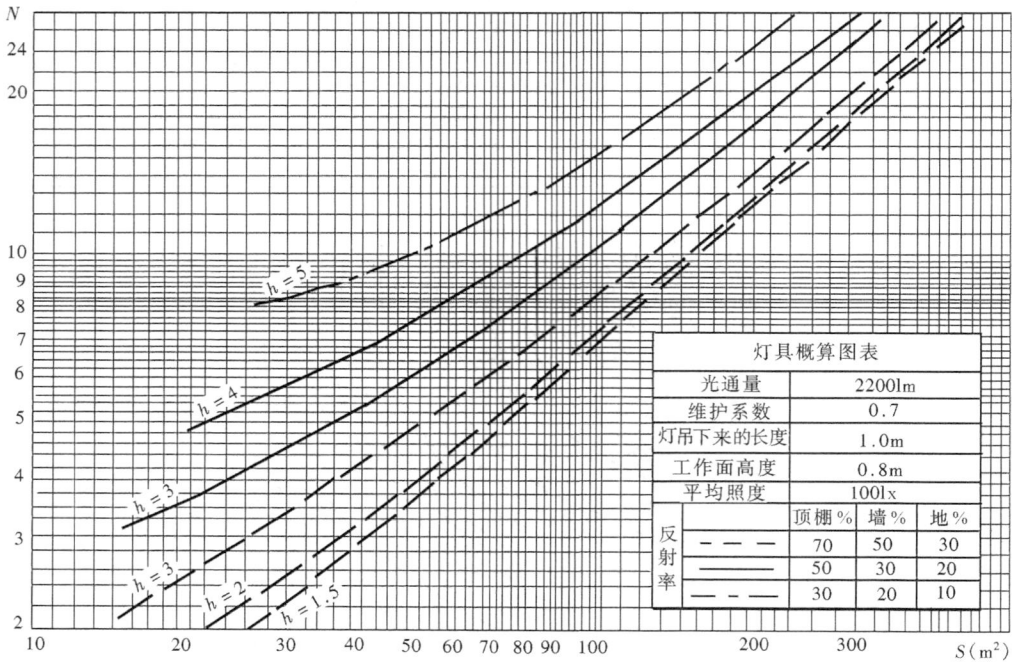

灯具概算图表		
光通量	2200lm	
维护系数	0.7	
灯吊下来的长度	1.0m	
工作面高度	0.8m	
平均照度	100lx	

反射率	顶棚%	墙%	地%
– – –	70	50	30
——	50	30	20
— – —	30	20	10

YG2－1 灯具概算曲线

附录 1－4　　关于地板空间有效反射系数不等于 0.20 时对利用系数的修正表

（地板空间有效反射系数 ρ_{fc} 为 0.20 时的修正系数为 1.00）

地板空间有效反射系数 ρ_{fc} 为 0.30 时的修正系数

有效顶棚反射系数 ρ_{cc}	0.80				0.70				0.50			0.30			0.10		
墙壁反射系数 ρ_w	0.70	0.50	0.30	0.10	0.70	0.50	0.30	0.10	0.50	0.30	0.10	0.50	0.30	0.10	0.50	0.30	0.10
室空间比 RCR 1	1.092	1.082	1.075	1.068	1.077	1.070	1.064	1.059	1.049	1.044	1.040	1.028	1.026	1.023	1.012	1.010	1.008
2	1.079	1.066	1.055	1.047	1.068	1.057	1.048	1.039	1.041	1.033	1.027	1.026	1.021	1.017	1.013	1.010	1.006
3	1.070	1.054	1.042	1.033	1.061	1.048	1.037	1.028	1.034	1.027	1.020	1.024	1.017	1.012	1.014	1.009	1.005
4	1.062	1.045	1.033	1.024	1.055	1.040	1.029	1.021	1.030	1.022	1.015	1.022	1.015	1.010	1.014	1.009	1.004
5	1.056	1.038	1.026	1.018	1.050	1.034	1.024	1.015	1.027	1.018	1.012	1.020	1.013	1.008	1.014	1.009	1.004
6	1.052	1.033	1.021	1.014	1.047	1.030	1.020	1.012	1.024	1.015	1.009	1.019	1.012	1.006	1.014	1.008	1.003
7	1.047	1.029	1.018	1.011	1.043	1.026	1.017	1.009	1.022	1.013	1.007	1.019	1.009	1.005	1.014	1.008	1.003
8	1.044	1.026	1.015	1.009	1.040	1.024	1.015	1.007	1.020	1.012	1.006	1.018	1.009	1.004	1.013	1.007	1.003
9	1.040	1.024	1.014	1.007	1.037	1.022	1.014	1.006	1.019	1.011	1.005	1.017	1.009	1.004	1.013	1.007	1.002
10	1.037	1.022	1.012	1.006	1.034	1.020	1.012	1.005	1.017	1.010	1.004	1.016	1.009	1.003	1.013	1.007	1.002

地板空间有效反射系数 ρ_{fc} 为 0.10 时的修正系数

有效顶棚反射系数 ρ_{cc}	0.80				0.70				0.50			0.30			0.10		
墙壁反射系数 ρ_w	0.70	0.50	0.30	0.10	0.70	0.50	0.30	0.10	0.50	0.30	0.10	0.50	0.30	0.10	0.50	0.30	0.10
室空间比 RCR 1	0.923	0.929	0.935	0.940	0.933	0.939	0.943	0.948	0.956	0.960	0.963	0.973	0.976	0.979	0.989	0.991	0.993
2	0.931	0.942	0.950	0.958	0.940	0.949	0.957	0.963	0.962	0.968	0.974	0.976	0.980	0.985	0.988	0.991	0.995
3	0.939	0.951	0.961	0.969	0.945	0.957	0.966	0.973	0.967	0.975	0.981	0.978	0.983	0.988	0.988	0.992	0.996
4	0.944	0.958	0.969	0.978	0.950	0.963	0.973	0.980	0.972	0.980	0.986	0.980	0.986	0.991	0.987	0.992	0.996
5	0.949	0.964	0.976	0.983	0.954	0.968	0.978	0.985	0.975	0.983	0.989	0.981	0.988	0.993	0.987	0.992	0.997
6	0.953	0.969	0.980	0.986	0.958	0.972	0.982	0.989	0.979	0.985	0.992	0.982	0.989	0.995	0.987	0.993	0.997
7	0.957	0.973	0.983	0.991	0.961	0.975	0.985	0.991	0.979	0.987	0.994	0.983	0.990	0.996	0.987	0.993	0.998
8	0.960	0.976	0.986	0.993	0.963	0.977	0.987	0.993	0.981	0.988	0.995	0.984	0.991	0.997	0.987	0.994	0.998
9	0.963	0.978	0.987	0.994	0.965	0.979	0.989	0.994	0.983	0.990	0.996	0.985	0.992	0.998	0.988	0.994	0.999
10	0.965	0.980	0.989	0.995	0.967	0.981	0.990	0.995	0.984	0.991	0.997	0.986	0.993	0.998	0.988	0.994	0.999

地板空间有效反射系数 ρ_{fc} 为 0.00 时的修正系数

有效顶棚反射系数 ρ_{cc}	0.80				0.70				0.50			0.30			0.10		
墙壁反射系数 ρ_w	0.70	0.50	0.30	0.10	0.70	0.50	0.30	0.10	0.50	0.30	0.10	0.50	0.30	0.10	0.50	0.30	0.10
室空间比 RCR 1	0.859	0.870	0.879	0.886	0.873	0.884	0.893	0.901	0.916	0.923	0.929	0.948	0.954	0.960	0.979	0.983	0.987
2	0.871	0.887	0.903	0.919	0.886	0.902	0.916	0.928	0.926	0.938	0.949	0.954	0.963	0.971	0.978	0.983	0.991
3	0.882	0.904	0.915	0.942	0.898	0.918	0.934	0.947	0.936	0.950	0.964	0.958	0.969	0.979	0.976	0.984	0.993
4	0.893	0.919	0.941	0.958	0.908	0.930	0.948	0.961	0.945	0.961	0.974	0.961	0.974	0.984	0.975	0.985	0.994
5	0.903	0.931	0.953	0.969	0.914	0.939	0.958	0.970	0.951	0.967	0.980	0.964	0.977	0.988	0.975	0.985	0.995
6	0.911	0.940	0.961	0.976	0.920	0.945	0.965	0.977	0.955	0.972	0.985	0.966	0.979	0.991	0.975	0.986	0.996
7	0.917	0.947	0.967	0.981	0.924	0.950	0.970	0.982	0.959	0.975	0.988	0.968	0.981	0.993	0.975	0.987	0.997
8	0.922	0.953	0.971	0.985	0.929	0.955	0.975	0.986	0.963	0.978	0.991	0.970	0.983	0.995	0.976	0.988	0.998
9	0.928	0.958	0.975	0.988	0.933	0.959	0.980	0.989	0.966	0.980	0.993	0.971	0.985	0.996	0.976	0.988	0.998
10	0.933	0.962	0.979	0.991	0.937	0.963	0.983	0.992	0.969	0.982	0.995	0.973	0.987	0.997	0.977	0.989	0.999

附录 2 - 1　　　　　　　　　　　　居住建筑照明标准值

房间或场所		参考平面 及其高度	照度标准值 （lx）	R_a
起居室	一般活动	0.75m 水平面	100	80
	书写、阅读		300 *	
卧　室	一般活动	0.75m 水平面	75	80
	床头、阅读		150 *	
餐厅		0.75m 水平面	150	80
厨　房	一般活动	0.75m 水平面	100	80
	操作台	台面	150 *	
卫生间		0.75m 水平面	100	80

* 宜用混合照明。

附录 2 - 2　　　　　　　　　　　　图书馆建筑照明标准值

房间或场所	参考平面 及其高度	照度标准值 （lx）	UGR	R_a
一般阅览室	0.75m 水平面	300	19	80
国家、省市及其他重要图书馆的阅览室	0.75m 水平面	500	19	80
老年阅览室	0.75m 水平面	500	19	80
珍善本、舆图阅览室	0.75m 水平面	500	19	80
陈列室、目录厅（室）、出纳厅	0.75m 水平面	300	19	80
书库	0.25m 垂直面	50	—	80
工作间	0.75m 水平面	300	19	80

附录 2 - 3　　　　　　　　　　　　办公建筑照明标准值

房 间 或 场 所	参考平面 及其高度	照度标准值 （lx）	UGR	R_a
普通办公室	0.75m 水平面	300	19	80
高档办公室	0.75m 水平面	500	19	80
会议室	0.75m 水平面	300	19	80
接待室、前台	0.75m 水平面	300	—	80
营业厅	0.75m 水平面	300	22	80
设计室	实际工作面	500	19	80
文件整理、复印、发行室	0.75m 水平面	300	—	80
资料、档案室	0.75m 水平面	200	—	80

附录 2 - 4　　　　　　　　　　　　商业建筑照明标准值

房间或场所	参考平面 及其高度	照度标准值 （lx）	UGR	R_a
一般商店营业厅	0.75m 水平面	300	22	80
高档商店营业厅	0.75m 水平面	500	22	80
一般超市营业厅	0.75m 水平面	300	22	80
高档超市营业厅	0.75m 水平面	500	22	80
收款台	台面	500	—	80

附录 2 - 5　　　　　　　　　　　　**电影院建筑照明标准值**

房间或场所		参考平面及其高度	照度标准值(lx)	UGR	R_a
门　厅		地面	200	—	80
观 众 厅	影院	0.75m 水平面	100	22	80
	剧场	0.75m 水平面	200	22	80
观众休息厅	影院	地面	150	22	80
	剧场	地面	200	22	80
排 演 厅		地面	300	22	80
化 妆 室	一般活动区	0.75m 水平面	150	22	80
	化妆台	1.1m 高处垂直面	500	—	80

附录 2 - 6　　　　　　　　　　　　**旅馆建筑照明标准值**

房间或场所		参考平面及其高度	照度标准值(lx)	UGR	R_a
客房	一般活动区	0.75m 水平面	75	—	80
	床头	0.75m 水平面	150	—	80
	写字台	台面	300	—	80
	卫生间	0.75m 水平面	150	—	80
中餐厅		0.75m 水平面	200	22	80
西餐厅、酒吧间、咖啡厅		0.75m 水平面	100	—	80
多功能厅		0.75m 水平面	300	22	80
门厅、总服务台		地面	300	—	80
休息厅		地面	200	22	80
客房层走廊		地面	50	—	80
厨房		台面	200	—	80
洗衣房		0.75m 水平面	200	—	80

附录 2 - 7　　　　　　　　　　　　**医院建筑照明标准值**

房间或场所	参考平面及其高度	照度标准值(lx)	UGR	R_a
治疗室	0.75m 水平面	300	19	80
化验室	0.75m 水平面	500	19	80
手术室	0.75m 水平面	750	19	90
诊室	0.75m 水平面	300	19	80
候诊室、挂号厅	0.75m 水平面	200	22	80
病房	地面	100	19	80
护士站	0.75m 水平面	300	—	80
药房	0.75m 水平面	500	19	80
重症监护室	0.75m 水平面	300	19	80

附录 2 - 8　　　　　　　　　学校建筑照明标准值

房间或场所	参考平面及其高度	照度标准值（lx）	UGR	R_a
教室	课桌面	300	19	80
实验室	实验桌面	300	19	80
美术教室	桌面	500	19	90
多媒体教室	0.75m 水平面	300	19	80
教室黑板	黑板面	500	—	80

附录 2 - 9　　　　　　博物馆建筑陈列室展品照明标准值

类　　别	参考平面及其高度	照度标准值（lx）
对光特别敏感的展品：纺织品、织绣品、绘画、纸质物品、彩绘、陶（石）器、染色皮革、动物标本等	展品面	50
对光敏感的展品：油画、蛋清画、不染色皮革、角制品、骨制品、象牙制品、竹木制品和漆器等	展品面	150
对光不敏感的展品：金属制品、石质制品、陶瓷器、宝玉石器、岩矿标本、玻璃制品、搪瓷制品、珐琅器等	展品面	300

注　1. 陈列室一般照明应按展品照度值的 20%～30% 选取；

　　2. 陈列室一般照明 UGR 不宜大于 19；

　　3. 辨色要求一般的场所 R_a 不应低于 80，辨色要求高的场所，R_a 不应低于 90。

附录 2 - 10　　　　　　　　展览馆展厅照明标准值

房间或场所	参考平面及其高度	照度标准值（lx）	UGR	R_a
一般展厅	地面	200	22	80
高档展厅	地面	300	22	80

注　高于 6m 的展厅 R_a 可降低到 60。

附录 2 - 11　　　　　　　　交通建筑照明标准值

房间或场所		参考平面及其高度	照度标准值（lx）	UGR	R_a
售票台		台面	500	—	80
问讯处		0.75m 水平面	200	—	80
候车（机、船）室	普通	地面	150	22	80
	高档	地面	200	22	80
中央大厅、售票大厅		地面	200	22	80
海关、护照检查		工作面	500	—	80
安全检查		地面	300	—	80
换票、行李托运		0.75m 水平面	300	19	80
行李认领、到达大厅、出发大厅		地面	200	22	80
通道、连接区、扶梯		地面	150	—	80
有棚站台		地面	75	—	20
无棚站台		地面	50	—	20

附录 2 - 12 - 1　　　　　　　　**无彩电转播的体育建筑照度标准值**

运　动　项　目			参考平面及其高度	照度标准值（lx）	
				训练	比赛
篮球、排球、羽毛球、网球、手球、田径（室内）、体操、艺术体操、技巧、武术			地面	300	750
棒球、垒球			地面	—	750
保龄球			置瓶区	300	500
举重			台面	200	750
击剑			台面	500	750
柔道、中国摔跤、国际摔跤			地面	500	1000
拳击			台面	500	2000
乒乓球			台面	750	1000
游泳、蹼泳、跳水、水球			水面	300	750
花样游泳			水面	500	750
冰球、速度滑冰、花样滑冰			冰面	300	1500
围棋、中国象棋、国际象棋			台面	300	750
桥牌			桌面	300	500
射　　击	靶　　心		靶心垂直面	1000	1500
	射击位		地面	300	500
足球、曲棍球	观看距离	120m	地面	—	300
		160m		—	500
		200m		—	750
观　众　席			座位面		100
健　身　房			地面	200	—

注　足球和曲棍球的观看距离是指观众席最后一排到场地边线的距离。

附录 2 - 12 - 2　　　　　　　　**有彩电转播的体育建筑照度标准值**

项　目　分　组	参考平面及其高度	照度标准值（lx）		
		最大摄影距离（m）		
		25	75	150
A组：田径、柔道、游泳、摔跤等项目	1.0m 垂直面	500	750	1000
B组：篮球、排球、羽毛球、网球、手球、体操、花样滑冰、速滑、垒球、足球等项目	1.0m 垂直面	750	1000	1500
C组：拳击、击剑、跳水、乒乓球、水球等项目	1.0m 垂直面	1000	1500	—

附录 2 - 12 - 3　　　　　　　　**体育建筑照明质量标准值**

类别	GR	R_a
无彩电转播	50	65
有彩电转播	50	80

注　GR 值仅适用于室外体育场地。

附录 2 - 13　　　　　工业建筑一般照明标准值

房 间 或 场 所		参考平面及其高度	照度标准值 (lx)	UGR	R_a	备 注
1. 通用房间或场所						
试验室	一般	0.75m 水平面	300	22	80	可另加局部照明
	精细	0.75m 水平面	500	19	80	可另加局部照明
检验	一般	0.75m 水平面	300	22	80	可另加局部照明
	精细，有颜色要求	0.75m 水平面	750	19	80	可另加局部照明
计量室，测量室		0.75m 水平面	500	19	80	可另加局部照明
变、配电站	配电装置室	0.75m 水平面	200	—	60	
	变压器室	地面	100	—	20	
电源设备室、发电机室		地面	200	25	60	
控制室	一般控制室	0.75m 水平面	300	22	80	
	主控制室	0.75m 水平面	500	19	80	
电话站、网络中心		0.75m 水平面	500	19	80	
计算机站		0.75m 水平面	500	19	80	防光幕发射
动力站	风机房、空调机房	地面	100	—	60	
	泵房	地面	100	—	60	
	冷冻站	地面	150	—	60	
	压缩空气站	地面	150	—	60	
	锅炉房、煤气站的操作层	地面	100	—	60	锅炉水位表照度不小于 50lx
仓库	大件库（如钢坯、钢材、大成品、	1.0m 水平面	50		20	
	一般件库	1.0m 水平面	100		60	
	精细件库（如工具、小零件）	1.0m 水平面	200		60	货架垂直照度不小于 50lx
	车辆加油站	地面	100	—	60	油表照度不小于 50lx
2. 机、电工业						
机械加工	粗加工	0.75m 水平面	200	22	60	可另加局部照明
	一般加工公差≥0.1mm	0.75m 水平面	300	22	60	应另加局部照明
	精密加工公差<0.1mm	0.75m 水平面	500	19	60	应另加局部照明
机电、仪表装配	大件	0.75m 水平面	200	25	80	可另加局部照明
	一般件	0.75m 水平面	300	25	80	可另加局部照明
	精密	0.75m 水平面	500	22	80	应另加局部照明
	特精密	0.75m 水平面	750	19	80	应另加局部照明
电线、电缆制造		0.75m 水平面	300	25	60	
线圈绕制	大线圈	0.75m 水平面	300	25	80	
	中等线圈	0.75m 水平面	500	22	80	可另加局部照明
	精密线圈	0.75m 水平面	750	19	80	应另加局部照明

房间或场所		参考平面及其高度	照度标准值（lx）	UGR	R_a	备注
	线圈浇注	0.75m 水平面	300	25	80	
焊接	一般	0.75m 水平面	200	—	60	
	精密	0.75m 水平面	300	—	60	
钣金		0.75m 水平面	300	—	60	
冲压、剪切		0.75m 水平面	300	—	60	
热处理		地面至 0.5m 水平面	200	—	20	
铸造	熔化、浇铸	地面至 0.5m 水平面	200	—	20	
	造型	地面至 0.5m 水平面	300	25	60	
精密铸造的制模、脱壳		地面至 0.5m 水平面	500	25	60	
锻工		地面至 0.5m 水平面	200	—	20	
电镀		0.75m 水平面	300	—	80	
喷漆	一般	0.75m 水平面	300	—	80	
	精细	0.75m 水平面	500	22	80	
酸洗、腐蚀、清洗		0.75m 水平面	300	—	80	
抛光	一般装饰性	0.75m 水平面	300	22	80	防频闪
	精细	0.75m 水平面	500	22	80	防频闪
复合材料加工、铺叠、装饰		0.75m 水平面	500	22	80	
电机修理	一般	0.75m 水平面	200	—	60	可另加局部照明
	精密	0.75m 水平面	300	20	60	可另加局部照明
3. 电子工业						
电子元器件		0.75m 水平面	500	19	80	应另加局部照明
电子零部件		0.75m 水平面	500	19	80	应另加局部照明
电子材料		0.75m 水平面	300	22	80	应另加局部照明
酸、碱、药液及粉配制		0.75m 水平面	300	—	80	
4. 纺织、化纤工业						
纺织	选毛	0.75m 水平面	300	22	80	可另加局部照明
	清棉、和毛、梳毛	0.75m 水平面	150	22	80	
	前纺：梳棉、并条、粗纺	0.75m 水平面	200	22	80	
	纺纱	0.75m 水平面	300	22	80	
	织布	0.75m 水平面	300	22	80	
织袜	穿综箔、缝纫、量呢、检验	0.75m 水平面	300	22	80	可另加局部照明
	修补、剪毛、染色、印花、裁剪、熨烫	0.75m 水平面	300	22	80	可另加局部照明

续表

房间或场所		参考平面及其高度	照度标准值 (lx)	UGR	R_a	备注
化纤	投料	0.75m 水平面	100	—	60	
	纺丝	0.75m 水平面	150	22	80	
	卷绕	0.75m 水平面	200	22	80	
	平衡间、中间储存、干燥间、废丝间、油位高位槽	0.75m 水平面	75	—	60	
	集束间、后加工间、打包间、油剂调配间	0.75m 水平面	100	25	60	
	组件清洗间	0.75m 水平面	150	25	60	
	拉伸、变形、分级包装	0.75m 水平面	150	25	60	操作面可另加局部照明
	化验、检验	0.75m 水平面	200	22	80	可另加局部照明
5. 制药工业						
制药生产:配制、清洗、灭菌、超滤、制粒、压片、混匀、干燥、灌装、轧盖等		0.75m 水平面	300	22	80	
制药生产流转通道		地面	200	—	80	
6. 橡胶工业						
炼胶车间		0.75m 水平面	300	—	80	
压延压出工段		0.75m 水平面	300	—	80	
成型裁断工段		0.75m 水平面	300	22	80	
硫化工段		0.75m 水平面	300	—	80	
7. 电力工业						
火电厂锅炉房		地面	100	—	40	
发电机房		地面	200	—	60	
主控室		0.75m 水平面	500	19	80	
8. 钢铁工业						
炼铁	炉顶平台、各层平台	平台面	30	—	40	
	出铁场、出铁机室	地面	100	—	40	
	卷扬机室、碾泥机室、煤气清洗配水室	地面	50	—	40	
炼钢及连铸	炼钢主厂房和平台	地面	150	—	40	
	连铸浇注平台、切割区、出坯区	地面	150	—	40	
	精整清理线	地面	200	25	60	
轧钢	钢坯台、轧机区	地面	150	—	40	
	加热炉周围	地面	50	—	20	
	重绕、横切及纵切机组	0.75m 水平面	150	25	40	
	打印、检查、精密分类、验收	0.75m 水平面	200	25	80	

房 间 或 场 所		参考平面及其高度	照度标准值（lx）	UGR	R_a	备 注
9. 制浆造纸工业						
备料		0.75m水平面	150	—	60	
蒸煮、选洗、漂白		0.75m水平面	200	—	60	
打浆、纸机底部		0.75m水平面	200	—	60	
纸机网部、压榨部、烘缸、压光、卷取、涂布		0.75m水平面	300	—	60	
复卷、切纸		0.75m水平面	300	25	60	
选纸		0.75m水平面	500	22	60	
碱回收		0.75m水平面	200	—	40	
10. 食品及饮料工业						
食品	糕点、糖果	0.75m水平面	200	22	80	
	肉制品、乳制品	0.75m水平面	300	22	80	
饮料		0.75m水平面	300	22	80	
啤酒	糖化	0.75m水平面	200	—	80	
	发酵	0.75m水平面	150	—	80	
	包装	0.75m水平面	150	25	80	
11. 玻璃工业						
备料、退火、熔制		0.75m水平面	150	—	60	
窑炉		地面	100	—	20	
12. 水泥工业						
主要生产车间（破碎、原料粉磨、烧成、水泥粉磨、包装）		地面	100	—	20	
储存		地面	75	—	40	
输送走廊		地面	30	—	20	
粗坯成型		0.75m水平面	300	—	60	
13. 皮革工业						
原皮、水浴		0.75m水平面	200	—	60	
轻鞣、整理、成品		0.75m水平面	200	22	60	可另加局部照明
干燥		地面	100	—	20	
14. 卷烟工业						
制丝车间		0.75m水平面	200	—	60	
卷烟、接过滤嘴、包装		0.75m水平面	300	22	80	
15. 化学、石油工业						
厂区内经常操作的区域，如泵、压缩机、阀门、电操作等		操作位高度	100	—	20	

房间或场所		参考平面及其高度	照度标准值（lx）	UGR	R_a	备注
装置区现场控制和检测点，如指示仪表、液位计等		测控点高度	75	—	60	
人行通道、平台、设备顶部		地面或台面	30	—	20	
装卸站	装卸设备顶部和底部操作位	操作位高度	75	—	20	
	平台	平台	30	—	20	
16. 木业和家具制造						
一般机器加工		0.75m水平面	200	22	60	防频闪
精细机器加工		0.75m水平面	500	19	80	防频闪
锯木区		0.75m水平面	300	25	60	防频闪
模型区	一般	0.75m水平面	300	22	60	
	精细	0.75m水平面	750	22	60	
胶合、组装		0.75m水平面	300	25	60	
磨光、异形细木工		0.75m水平面	750	22	80	

注 需增加局部照明的作业面，增加的局部照明照度值宜按该场所一般照明照度值的1.0～3.0倍选取。

附录 2 - 14　　　　　　　　　　**公共场所照明标准值**

房间或场所		参考平面及其高度	照度标准值（lx）	UGR	R_a
门厅	普通	地面	100	—	60
	高档	地面	200	—	80
走廊、流动区域	普通	地面	50	—	60
	高档	地面	100	—	80
楼梯、平台	普通	地面	30	—	60
	高档	地面	75	—	80
自动扶梯		地面	150	—	60
厕所、盥洗室、浴室	普通	地面	75	—	60
	高档	地面	150	—	80
电梯前厅	普通	地面	75	—	60
	高档	地面	150	—	80
休息室		地面	100	22	80
储藏室、仓库		地面	100	—	60
车库	停车间	地面	75	28	60
	检修间	地面	200	25	60

注 居住、公共建筑的动力站、变电站的照明标准值按附录2-13选取。

附录 2 - 15　居住建筑每户照明功率密度值

房间或场所	照明功率密度（W/m²）		对应照度值（lx）
	现行值	目标值	
起居室	7	6	100
卧室			75
餐厅			150
厨房			100
卫生间			100

附录 2 - 16　办公建筑照明功率密度值

房间或场所	照明功率密度（W/m²）		对应照度值（lx）
	现行值	目标值	
普通办公室	11	9	300
高档办公室、设计室	18	15	500
会议室	11	9	300
营业厅	13	11	300
文件整理、复印、发行室	11	9	300
档案室	8	7	200

附录 2 - 17　商业建筑照明功率密度值

房间或场所	照明功率密度（W/m²）		对应照度值（lx）
	现行值	目标值	
一般商店营业厅	12	10	300
高档商店营业厅	19	16	500
一般超市营业厅	13	11	300
高档超市营业厅	20	17	500

附录 2 - 18　旅馆建筑照明功率密度值

房间或场所	照明功率密度（W/m²）		对应照度值（lx）
	现行值	目标值	
客房	15	13	—
中餐厅	13	11	200
多功能厅	18	15	300
客房层走廊	5	4	50
门厅	15	13	300

附录 2 - 19   **医院建筑照明功率密度值**

房 间 或 场 所	照明功率密度（W/m²）		对应照度值（lx）
	现行值	目标值	
治疗室、诊室	11	9	300
化验室	18	15	500
手术室	30	25	750
候诊室、挂号厅	8	7	200
病房	6	5	100
护士站	11	9	300
药房	20	17	500
重症监护室	11	9	300

附录 2 - 20   **学校建筑照明功率密度值**

房 间 或 场 所	照明功率密度（W/m²）		对应照度值（lx）
	现行值	目标值	
教室、阅览室	11	9	300
实验室	11	9	300
美术教室	18	15	500
多媒体教室	11	9	300

附录 2 - 21   **工业建筑一般照明功率密度值**

房 间 或 场 所		照明功率密度（W/m²）		对应照度值（lx）
		现行值	目标值	
1. 通用房间或场所				
试验室	一般	11	9	300
	精细	18	15	500
检验	一般	11	9	300
	精细，有颜色要求	27	23	750
	计量室，测量室	18	15	500
变、配电站	配电装置室	8	7	200
	变压器室	5	4	100
	电源设备室、发电机室	8	7	200
控制室	一般控制室	11	9	300
	主控制室	18	15	500
	电话站、网络中心、计算机站	18	15	500
动力站	风机房、空调机房	5	4	100
	泵房	5	4	100
	冷冻站	8	7	150
	压缩空气站	8	7	150
	锅炉房、煤气站的操作层	6	5	100

续表

房间或场所		照明功率密度（W/m²）		对应照度值（lx）
		现行值	目标值	
仓库	大件库（如钢坯、钢材、大成品、气瓶）	3	3	50
	一般件库	5	4	100
	精细件库（如工具、小零件）	8	7	200
	车辆加油站	6	5	100

2. 机、电工业

房间或场所		照明功率密度（W/m²）		对应照度值（lx）
机械加工	粗加工	8	7	200
	一般加工，公差≥0.1mm	12	11	300
	精密加工，公差＜0.1mm	19	17	500
机电、仪表装配	大件	8	7	200
	一般件	12	11	300
	精密	19	17	500
	特精密	27	24	750
线圈绕制	电线、电缆制造	12	11	300
	大线圈	12	11	300
	中等线圈	19	17	500
	精密线圈	27	24	750
	线圈浇注	12	11	300
焊接	一般	8	7	200
	精密	12	11	300
	钣金	12	11	300
	冲压、剪切	12	11	300
	热处理	8	7	200
铸造	熔化、浇铸	9	8	200
	造型	13	12	300
	精密铸造的制模、脱壳	19	17	500
	锻工	9	8	200
	电镀	13	12	300
喷漆	一般	15	14	300
	精细	25	23	500
	酸洗、腐蚀、清洗	15	14	300
抛光	一般装饰性	13	12	300
	精细	20	18	500
	复合材料加工、铺叠、装饰	19	17	500
电机修理	一般	8	7	200
	精密	20	18	500

3. 电子工业

房间或场所	照明功率密度（W/m²）		对应照度值（lx）
	现行值	目标值	
电子元器件	20	18	500
电子零部件	20	18	500
电子材料	12	10	300
酸、碱、药液及粉配制	14	12	300

注　房间或场所室形指数值等于或小于1时，本表的照明功率密度值可增加20%。

附录 3 - 1　　　　　　计算电压损失的修正系数 R_c 数值表

截面 （mm²）	电缆、穿管导线当 cosφ					明敷导线当 cosφ									
	0.5	0.6	0.7	0.8	0.9	05	06	07	08	09	05	06	07	08	09
						室内线间距离 150（mm）					室外线间距离 400（mm）				
铝芯															
2.5	1.01	1.01	1.01	1.01	1.00	1.04	1.03	1.02	1.02	1.01					
4	1.02	1.01	1.01	1.01	1.01	1.06	1.05	1.04	1.03	1.02					
6	1.03	1.02	1.02	1.01	1.01	1.09	1.07	1.05	1.04	1.03					
10	1.04	1.03	1.02	1.02	1.01	1.14	1.11	1.08	1.06	1.04	1.18	1.14	1.11	1.08	1.05
16	1.05	1.04	1.03	1.02	1.02	1.22	1.17	1.13	1.09	1.06	1.29	1.22	1.17	1.12	1.08
25	1.08	1.06	1.05	1.04	1.02	1.32	1.25	1.19	1.14	1.09	1.43	1.33	1.25	1.19	1.12
35	1.11	1.09	1.07	1.05	1.03	1.43	1.33	1.25	1.19	1.12	1.59	1.45	1.34	1.25	1.16
50	1.16	1.12	1.09	1.07	1.04	1.59	1.45	1.34	1.25	1.16	1.81	1.62	1.48	1.35	1.23
70	1.21	1.16	1.13	1.09	1.06	1.78	1.60	1.46	1.34	1.22	2.10	1.85	1.65	1.48	1.31
95	1.29	1.22	1.17	1.12	1.08	2.02	1.78	1.60	1.44	1.29	2.44	2.11	1.85	1.62	1.40
120	1.36	1.28	1.21	1.16	1.10	2.25	1.90	1.73	1.54	1.35	2.79	2.37	2.10	1.78	1.50
150	1.45	1.34	1.26	1.19	1.12	2.51	2.16	1.89	1.65	1.42	3.18	2.67	2.28	1.94	1.61
185	1.55	1.42	1.32	1.24	1.15	1.79	2.37	2.05	1.77	1.50	3.62	3.01	2.54	2.13	1.73
铜芯															
1.5	1.01	1.01	1.01	1.01	1.00										
2.5	1.02	1.02	1.01	1.01	1.01	1.07	1.05	1.04	1.03	1.02					
4	1.03	1.02	1.02	1.01	1.01	1.11	1.08	1.06	1.05	1.03					
6	1.05	1.03	1.03	1.02	1.01	1.16	1.12	1.09	1.07	1.04					
10	1.06	1.05	1.04	1.03	1.02	1.24	1.18	1.14	1.10	1.07	1.30	1.24	1.18	1.13	1.09
16	1.09	1.07	1.05	1.04	1.03	1.36	1.28	1.21	1.16	1.10	1.48	1.37	1.28	1.21	1.14
25	1.14	1.11	1.08	1.06	1.04	1.54	1.41	1.32	1.23	1.15	1.73	1.56	1.43	1.32	1.20
35	1.19	1.14	1.11	1.08	1.05	1.72	1.56	1.43	1.31	1.20	1.99	1.76	1.58	1.43	1.28
50	1.26	1.20	1.15	1.11	1.07	1.99	1.76	1.58	1.43	1.28	2.37	2.05	1.80	1.59	1.38
70	1.36	1.28	1.21	1.16	1.10	2.32	2.01	1.78	1.57	1.37	2.85	2.42	2.08	1.80	1.51
95	1.48	1.37	1.28	1.21	1.13	2.72	2.32	2.01	1.74	1.48	3.43	2.87	2.43	2.05	1.68
120	1.61	1.47	1.36	1.26	1.17	3.09	2.61	2.23	1.91	1.59	4.00	3.30	2.76	2.29	1.84
150	1.75	1.58	1.44	1.33	1.21	3.54	2.95	2.49	2.10	1.71	4.65	3.81	3.15	2.58	2.02

附录 3 - 2　　　　　　常用低压熔断器的技术数据

型　号	额定电压（V）	额定电流（A）		最大分断电流（kA）	
		熔断器	熔　体	电　流	cosφ
RT0—100	交流 380 直流 440	100	30，40，50，60，80，100	50	0.1～0.2
RT0—200		200	（80，100），120，150，200		
RT0—400		400	（150，200），250，300，350，400		
RT0—600		600	（350，400），450，500，550，600		
RT0—1000		1000	700，800，900，1000		
RM10—15	交流 220，380，500 直流 220，440	15	6，10，15	1.2	0.8
RM10—60		60	15，20，25，35，45，60	3.5	0.7
RM10—100		100	60，80，100	10	0.35
RM10—200		200	100，125，160，200	10	0.35
RM10—350		350	200，225，260，300，350	10	0.35
RM10—600		600	350，430，500，600	10	0.35
RL—15	交流 380 直流 440	15	2，4，5，6，10，15	25	
RL—60		60	20，25，30，35，40，50，60	25	
RL—100		100	60，80，100	50	
RL—200		200	100，125，150，200	50	

附录 3-3　　　　MW 系列框架式低压断路器过流脱扣器技术数据

断路器型号及额定电流 I_n (A)	额定工作电压 (V)	额定绝缘电压 (V)	额定冲击耐压 (kV)	极限分断能力/使用分断能力有效值 (kA) ~380/415V	电子脱扣器					短延时脱扣整定电流 I (A) $I=k_4 I_r$ 9点可调	瞬时脱扣整定电流 I_m (A) $I_m=k_3 I_r$ 8点可调
					接地故障保护脱扣整定电流 I_h (A)	长延时脱扣整定电流 I_r (A) $I_r=k_2 I_n$ 9点可调					
						k_2	脱扣时间				
							$1.5I_r$	$6I_r$	$7.2I_r$		
MW06 630A				42/35	I_h: 0.2、0.25、0.3、0.35、0.4、0.45、0.5、0.6 时间设定值：0.1s、0.2s、0.3s、0.4s	0.4	12.5	0.5	0.34	k_4: 2、3、4、6、8、10、12、15 时间设定值：0.1s、0.2s、0.3s、0.4s 时间延迟 (ms): 0、≤60、≤140、≤230	k_3: 2、3、4、6、8、10、12、15
MW08 800A						0.5	25	1	0.69		
MW10 1000A	690	1000	12			0.6	50	2	1.38		
MW12 1250A						0.7	100	4	2.7		
MW16 1600A						0.8	200	8	5.5		
MW20 2000A				50/40		0.9	300	12	8.3		
MW25 2500A						0.95	400	16	11		
MW32 3200A						0.98	500	20	13.8		
MW40 4000A				65/50		1.0	600	24	16.6		

附录 3-4　　　　NS 系列塑壳式低压断路器技术数据（本表数据由施耐德提供）

断路器型号及额定电流 I_n (A)	额定工作电压 (V)	额定绝缘电压 (V)	额定冲击耐压 (kV)	极限分断能力/使用分断能力有效值 (kA) ~380/415V	过热电磁脱扣器 TM			电子脱扣器 STR22SE、STR23SE		
					脱扣器额定电流 I_n (A)	过热(长延时)脱扣器整定电流 I_r (A)	电磁(瞬时)脱扣器整定电流 I_m (A)	脱扣器额定电流 I_n (A)	长延时脱扣整定电流 I_r (A) $I_r=k_1 k_2 I_n$ 48点可调	瞬时脱扣整定电流 I_m (A) $I_m=k_3 I_r$ 8点可调
NS100 100A	690	750	8	N:25/25 H:70/70 L:150/150	16	0.8I_n 0.9I_n 1.0I_n	190	40	k_1: 0.5、0.63、0.7、0.8、0.9、1.0 k_2: 0.8、0.85、0.88、0.90、0.93、0.95、0.98、1.0 脱扣时间: 1.5I_r 时 120~180s 6I_r 时 5.0~7.5s 7.2I_r 时 3.2~5.0s	k_3: 2、3、4、5、6、7、8、10 时间延迟: 0s 总断路时间: ≤60s
					25		300			
					32		400			
					40		500			
					50		500	100		
					63		500			
					80		640			
					100		800			

断路器型号及额定电流(A)	额定工作电压(V)	额定绝缘电压(V)	额定冲击耐压(kV)	极限分断能力/使用分断能力有效值(kA) ~380/415V	过热电磁脱扣器 TM 脱扣器额定电流 I_n(A)	过热(长延时)脱扣器整定电流 I_r(A)	电磁(瞬时)脱扣器整定电流 I_m(A)	电子脱扣器 STR22SE、STR23SE 脱扣器额定电流 I_n(A)	长延时脱扣整定电流 I_r(A) $I_r=k_1k_2I_n$ 48点可调	瞬时脱扣整定电流 I_m(A) $I_m=k_3I_r$ 8点可调
NS160 160A	690	750	8	N:36/36 H:70/70 L:150/150	80 100 125 160	$0.8I_n$ $0.9I_n$ $1.0I_n$	1000 1250 1250 1250	40 100 160	k_1: 0.5、0.63、0.7、0.8、0.9、1.0　k_2: 0.8、0.85、0.88、0.90、0.93、0.95、0.98、1.0	k_3: 2、3、4、5、6、7、8、10 时间延迟:0s 总断路时间:≤60s
NS250 250A	690	750	8	N:36/36 H:70/70 L:150/150	100 125 160 200 250		1250 1250 1250 $5I_n$、$6I_n$、$7I_n$、$8I_n$、$9I_n$、$10I_n$	100 250	脱扣时间: 1.5I_r 时 120~180s 6I_r 时 5.0~7.5s 7.2I_r 时 3.2~5.0s	
NS400 400A	690	750	8	N:36/36 H:70/70 L:150/150				150 250 400		
NS630 630A				N:36/36 H:70/70 L:150/150				630		

附录 3-5　C系列塑壳式低压断路器技术数据（本表数据由施耐德提供）

断路器型号及额定电流 I_n(A)	额定工作电压(V)	额定绝缘电压(V)	额定冲击耐压(kV)	极限分断能力/使用分断能力有效值(kA) ~380/415V	电子脱扣器 STR25DE 长延时脱扣整定电流 I_r(A) $I_r=k_1k_2I_n$ 32点可调	瞬时脱扣整定电流 I_m(A) $I_m=k_3I_r$ 8点可调	接地故障保护脱扣整定电流 I_h(A)	电子脱扣器 STR35SE 长延时脱扣整定电流 I_r(A) $I_r=k_1k_2I_n$ 32点可调	短延时脱扣整定电流 I(A) $I=k_4I_r$ 3点可调	瞬时脱扣整定电流 I_m(A) $I_m=k_3I_r$ 8点可调
C801 800A	690	750	8	N:50/50 H:70/70 L:150/150	k_1: 0.5、0.63、0.8、1.0　k_2: 0.8、0.85、0.88、0.90、0.93、0.95、0.98、1.0 脱扣时间: 1.5I_r 时 120~180s 6I_r 时 5.0~7.5s 7.2I_r 时 3.2~5.0s	k_3: 1.5、2、3、4、5、6、8、10 时间延迟: 0s 总断路时间: ≤60ms	I_h: 0.2、0.25、0.3、0.35、0.4、0.45、0.5、0.6 时间设定值: 0.1s、0.2s、0.3s、0.4s	k_1: 0.5、0.63、0.8、1.0　k_2: 0.8、0.85、0.88、0.90、0.93、0.95、0.98、1.0 脱扣时间: 1.5I_r 时 120~180s 6I_r 时 5.0~7.5s 7.2I_r 时 3.2~5.0s	k_4: 1.5、2、3、4、5、6、8、10 时间设定值: 0.1s、0.2s、0.3s、0.4s	k_3: 1.5、2、3、4、5、6、8、10 时间延迟: 0s 总断路时间: ≤60ms
C1001 1000A										
C1251 1250A										

附录 3 - 6　　C45 系列小型低压断路器的技术数据（本表数据由施耐德提供）

C45N 断路器额定电流（A）	额定工作电压 U_r（V）	长延时脱扣器额定电流 I_r（A）	极数	分断能力（kA）	瞬时脱扣器整定电流倍数	电寿命（次）	C45N 断路器额定电流（A）	额定工作电压 U_r（V）	长延时脱扣器额定电流 I_r（A）	极数	分断能力（kA）	瞬时脱扣器整定电流倍数	电寿命（次）
1		1					1		1				
3		3					3		3				
6		6					6		6				
10		10					10		10				
16		16					16		16				
20	240/415	20	1～4P	6	5～10I_r	20000	20	240/415	20	1～4P	4.5	10～14I_r	20000
25		25					25		25				
32		32					32		32				
40		40					40		40				
50		50					50		50				
63		63					63		63				

附录 3 - 7　　Vigi 漏电保护附件的技术数据（本表数据由施耐德提供）

型号	额定电流（A）	额定工作电压 U_r（V）	动作方式	漏电动作电流（mA）	延时时间（ms）	分断时间（s）	极　数
VigiC45	40	220V/380V	ELE 电子式 /EME 电磁式	30	0	≤0.3	2P，3P，4P
VigiC63	63				0	≤0.3	
VigiNC100	100	220V/415V	EME 电磁式	30/300/500	0	≤0.3	
				300□/1000□	□	≤0.5	

附录 3 - 8　　绝缘导线明敷时的允许载流量（A）

芯线截面（mm²）	橡皮绝缘导线				塑料绝缘导线			
	BLX、BBLX		BX、BBX		BLV		BV、BVR	
	25℃	30℃	25℃	30℃	25℃	30℃	25℃	30℃
2.5	27	25	35	32	25	23	32	29
4	35	32	45	42	32	29	42	39
6	45	42	58	54	42	39	55	51
10	65	60	85	79	59	55	75	70
16	85	79	110	102	80	74	105	98
25	110	102	145	135	105	98	138	129
35	138	129	180	168	130	121	170	158
50	175	163	230	215	165	154	215	201
70	220	206	285	265	205	191	265	247
95	265	247	345	322	250	233	325	303
120	310	280	400	374	283	266	375	350
150	360	336	470	439	325	303	430	402
185	420	392	540	504	380	355	490	458

附录 3 - 9　　　　　　　　塑料绝缘软线、塑料护套线明敷的载流量（A）

型　号	截面（mm²）	单芯				2 芯				3 芯			
		25℃	30℃	35℃	40℃	25℃	30℃	35℃	40℃	25℃	30℃	35℃	40℃
BLVV 铝芯	2.5	27	25	24	22	21	20	19	17	17	16	15	14
	4	36	34	32	30	28	26	24	23	23	22	21	19
	6	46	43	40	37	35	33	31	29	27	25	24	22
	10	63	59	55	51	54	51	48	44	42	40	38	35
RV	0.2	7.4	7	6.6	6	5.8	5.5	5.2	4.8	4.2	4	3.8	3.5
RVV	0.3	9.5	9	8.5	7.8	7.4	7	6.6	6	5.3	5	4.7	4.4
RVB	0.4	11.7	11	10.3	9.6	9	8.5	8	7.4	6.4	6	5.6	5.2
RVS	0.5	13.3	12.5	11.8	10.9	10	9.5	9	8	7.4	7	6.6	6
RFB	0.75	17	16	15	14	13	12.5	12	11	9.5	9	8.5	7.8
RFS	1.0	20	19	18	17	16	15	14	13	12	11	10	9.6
BVV	1.5	25	24	23	21	20	19	18	17	15	14	13	12
铜芯	2.0	30	28	26	24	23	22	20	19	18	17	16	15
	2.5	34	32	30	28	28	26	24	23	21	20	19	17
	4	45	42	39	37	38	36	34	31	28	26	24	23
	6	58	55	52	48	50	47	44	41	34	32	30	28
	10	80	75	71	65	69	65	61	57	55	52	49	45

附录 3 - 10　　　铝芯聚氯乙烯绝缘电线（BLV 型）在空气中穿钢管敷设载流量（A）

截面（mm²）	2 根单芯				管径（mm）		3 根单芯				管径（mm）		4 根单芯				管径（mm）	
	25℃	30℃	35℃	40℃	G	DG	25℃	30℃	35℃	40℃	G	DG	25℃	30℃	35℃	40℃	G	DG
2.5	21	20	19	17	15	15	19	18	17	16	15	15	16	15	14	13	15	20
4	29	27	25	23	15	20	25	24	23	21	15	20	23	22	21	19	20	25
6	37	35	33	30	20	25	34	32	30	28	20	25	30	28	26	24	20	25
10	52	49	46	43	20	25	47	44	41	38	25	32	40	38	36	33	25	32
16	67	63	59	55	25	32	59	56	53	49	25	32	53	50	47	44	32	40
25	94	89	84	77	32	40	74	70	66	61	32	40	69	65	61	57	32	—
35	106	100	94	87	32	40	95	90	85	78	32	—	85	80	75	70	50	—
50	153	125	118	109	40	—	117	110	103	96	40	—	106	100	94	87	50	—
70	164	155	146	135	50	—	152	143	134	124	50	—	135	127	119	110	70	—
95	201	190	179	165	50	—	180	170	160	148	70	—	161	152	143	132	70	—
120	233	221	207	191	70	—	207	195	183	170	70	—	182	172	162	150	70	—
150	265	250	235	218	70	—	239	225	212	196	70	—	212	200	188	174	80	—
185	302	285	268	248	70	—	270	255	240	222	80	—	244	230	216	200	100	—

附录 3 - 11　　铜芯聚氯乙烯绝缘电线（BV 型）在空气中穿钢管敷设载流量（A）

截面 (mm²)	2 根单芯				管径 (mm)		3 根单芯				管径 (mm)		4 根单芯				管径 (mm)	
	25℃	30℃	35℃	40℃	G	DG	25℃	30℃	35℃	40℃	G	DG	25℃	30℃	35℃	40℃	G	DG
1.0	15	14	13	12	15	15	14	13	12	11	15	15	12	11	10	9.6	15	15
1.5	20	19	18	17	15	15	18	17	16	15	15	15	17	16	15	14	15	15
2.5	28	26	24	23	15	15	25	24	23	21	15	15	23	22	21	19	15	20
4	37	35	33	30	15	20	33	31	29	17	15	20	30	28	26	24	20	25
6	50	47	44	41	20	25	43	41	39	36	20	25	37	35	32	30	20	25
10	69	65	61	57	20	25	60	57	54	50	25	32	53	50	47	44	25	32
16	87	82	77	71	25	32	77	73	69	64	25	32	69	65	61	57	32	40
25	113	107	101	93	32	40	101	95	89	83	32	40	90	85	80	74	32	
35	141	133	125	116	32	40	122	115	108	100	32	—	111	105	99	91	50	
50	175	165	155	144	40	—	155	146	137	127	40	—	138	130	122	113	50	
70	217	205	193	178	50	—	194	183	172	159	50	—	185	165	155	144	70	
95	265	250	235	218	50	—	239	225	212	196	70	—	212	200	188	174	70	
120	307	290	273	252	70	—	276	260	244	226	70	—	244	230	216	200	70	
150	350	330	310	287	70	—	318	300	282	261	70	—	281	265	249	231	80	
185	403	380	357	331	70	—	360	340	320	196	80	—	318	300	282	261	100	

附录 3 - 12　　铝芯聚氯乙烯绝缘电线（BLV 型）穿硬塑料管敷设的载流量（A）

截面 (mm²)	2 根单芯				管径 (mm)	3 根单芯				管径 (mm)	4 根单芯				管径 (mm)
	25℃	30℃	35℃	40℃		25℃	30℃	35℃	40℃		25℃	30℃	35℃	40℃	
2.5	19	18	17	16	15	17	16	15	14	15	15	14	13	12	20
4	25	24	23	21	20	23	22	21	19	20	20	19	18	17	20
6	33	31	29	27	20	29	27	25	23	20	25	24	24	22	25
10	45	42	39	37	25	40	38	36	33	25	35	33	31	29	32
16	58	55	52	48	32	52	49	46	43	32	47	44	41	38	32
25	77	73	69	64	32	69	65	61	57	40	60	57	54	50	40
35	95	90	85	78	40	85	80	75	70	40	74	70	66	61	50
50	121	114	107	99	50	108	102	96	89	50	95	90	85	78	70
70	154	145	136	126	50	138	130	122	113	50	122	115	108	100	70
95	186	175	165	152	70	167	158	149	137	70	148	140	132	122	70
120	212	200	188	174	70	191	180	169	157	70	170	160	150	139	80
150	244	230	216	200	80	219	207	195	180	80	196	185	174	161	80
185	281	265	249	231	80	249	235	221	204	80	225	212	199	184	100

附录 3 - 13　　铜芯聚氯乙烯绝缘电线（BV 型）穿硬塑料管敷设的载流量（A）

截面 (mm²)	2 根单芯				管径 (mm)	3 根单芯				管径 (mm)	4 根单芯				管径 (mm)
	25℃	30℃	35℃	40℃		25℃	30℃	35℃	40℃		25℃	30℃	35℃	40℃	
1.0	13	12	11	10	15	12	11	10	10	15	11	10	9	9	15
1.5	17	16	15	14	15	16	15	14	13	15	14	13	12	11	15
2.5	25	24	23	21	15	22	21	20	18	15	20	19	18	17	20
4	33	31	29	27	20	30	28	26	24	20	27	25	24	22	20
6	43	41	39	36	20	38	36	34	31	20	34	32	30	28	25
10	59	56	53	49	25	52	49	46	43	25	47	44	41	38	32
16	76	72	68	63	32	69	65	61	57	32	60	57	54	50	32
25	101	95	89	83	32	90	85	80	74	40	80	75	71	65	40
35	127	120	113	104	40	111	105	99	91	40	99	93	87	81	50
50	159	150	141	131	50	140	132	124	115	50	124	117	110	102	70
70	196	185	174	161	50	177	167	157	145	50	157	148	139	129	70
95	244	230	216	200	70	217	205	193	178	70	196	185	174	161	70
120	286	270	254	235	70	254	240	226	209	70	228	215	202	187	80
150	323	305	287	265	80	292	275	259	239	80	265	250	235	218	80
185	376	355	334	309	80	306	289	272	251	80	297	280	263	244	100

附录 3 - 14　　　　　　**聚氯乙烯绝缘电力电缆在空气中敷设的载流量（A）**

主线芯截面（mm²）	中线芯截面（mm²）	1～3kV								6kV			
		2 芯				3 芯或 4 芯				3 芯			
		25℃	30℃	35℃	40℃	25℃	30℃	35℃	40℃	25℃	30℃	35℃	40℃
铝 芯	2.5		22	21	20	18	19	18	17	16				
	4	2.5	30	28	26	26	25	24	23	21				
	6	4	38	36	34	31	33	31	29	27				
	10	6	54	51	48	44	47	44	41	38	50	47	44	41
	16	10	74	70	66	61	64	60	56	52	67	63	59	55
	25	10	98	92	86	80	84	79	74	69	87	82	77	71
	35	16	117	110	103	93	101	95	89	83	105	99	93	86
	50	25	148	140	132	122	127	120	113	104	133	125	118	109
	70	35	180	170	160	148	159	150	141	131	159	150	141	131
	95	50	223	210	197	183	191	180	169	157	197	185	174	161
	120	70	260	245	230	213	223	210	197	183	228	215	202	187
	150	70	297	280	263	244	260	245	230	213	260	245	230	213
	185	95					302	285	268	248	302	285	268	248
	240	120					360	340	320	296	360	340	320	296
	300	150					403	380	357	331	398	375	352	326
铜 芯	1.5		21	20	19	17	18	17	16	15				
	2.5		29	27	25	23	24	25	22	20				
	4	2.5	39	37	35	32	33	31	29	27				
	6	4	50	47	44	41	42	40	38	35				
	10	6	71	67	63	58	60	57	54	50	65	61	57	53
	16	10	95	90	85	78	82	77	72	67	86	81	76	70
	25	10	127	120	113	104	106	100	94	87	111	108	99	91
	35	16	148	140	132	122	127	120	113	104	138	130	122	113
	50	25	191	180	169	157	164	155	146	135	170	160	150	139
	70	35	233	220	207	191	201	190	179	165	207	195	183	170
	95	50	286	270	254	235	249	235	221	204	254	240	226	209
	120	70	334	315	296	274	286	270	254	235	292	275	259	239
	150	70	387	368	343	318	339	320	301	278	339	320	301	278
	180	95					387	365	343	318	387	365	343	318
	240	120					461	435	409	378	456	430	404	374
	300	150					514	484	456	422	509	480	451	418

附录 3 - 15　　　　聚氯乙烯绝缘电力电缆直埋地敷设的载流量（A）

主线芯截面 (mm²)	中线芯截面 (mm²)	1~3kV						6kV		
		2 芯			3 芯或 4 芯			3 芯		
		20℃	25℃	30℃	20℃	25℃	30℃	20℃	25℃	30℃
铝芯 4	2.5	37	35	33	30	29	27			
6	4	45	43	40	39	37	35			
10	6	62	59	55	53	50	47	50	48	45
16	10	83	79	74	68	65	61	68	65	61
25	10	105	100	94	87	83	78	87	83	78
35	16	131	125	118	116	110	103	105	100	94
50	25	158	150	141	131	125	118	131	125	118
70	35	189	180	169	152	145	136	158	150	141
95	50	231	220	207	184	175	165	189	180	169
120	70	257	245	230	210	200	188	210	200	188
150	70	294	280	263	242	230	216	242	230	216
185	95				273	360	244	273	260	244
240	120				320	305	287	320	305	287
300	150				357	340	320	340	330	310
铜芯 4	2.5	46	44	41	39	37	35			
6	4	58	55	52	49	47	44			
10	6	79	75	66	68	65	61	67	64	60
16	10	105	100	94	89	85	80	88	84	79
25	10	137	130	122	116	110	103	110	105	99
35	16	168	160	150	142	135	127	137	130	122
50	25	205	195	183	173	165	155	168	160	150
70	35	247	235	221	205	193	200	200	190	179
95	50	294	280	263	247	235	221	242	230	216
120	70	336	320	301	278	365	249	273	260	244
150	70	378	360	338	320	305	287	310	295	277
185	95				357	340	320	352	335	315
240	120				420	400	374	404	385	362
300	150				462	440	414	446	425	400

附录 3 - 16　　　　空气中敷设不同环境温度时的载流量的修正系数 K_t 值

线芯最高工作温度 (℃)	空 气 温 度（℃）							
	10	15	20	25	30	35	40	45
90	1.15	1.12	1.08	1.04	1.00	0.96	0.91	0.87
80	1.18	1.14	1.10	1.05	1.00	0.95	0.89	0.84
70	1.22	1.17	1.12	1.06	1.00	0.94	0.87	0.79
65	1.25	1.20	1.13	1.07	1.00	0.93	0.85	0.76
60	1.29	1.22	1.15	1.08	1.00	0.91	0.82	0.71
50	1.41	1.32	1.22	1.12	1.00	0.87	0.71	0.50

注　空气中敷设是指室内外明敷，桥架内、地沟或隧道中敷设。

附录 3 - 17   **直埋地敷设不同环境温度时载流量的修正系数 K_t 值**

线芯最高工作温度 （℃）	土 壤 温 度（℃）					
	5	10	15	20	25	30
90	1.14	1.11	1.07	1.04	1.00	0.96
80	1.17	1.13	1.09	1.04	1.00	0.95
70	1.20	1.15	1.10	1.05	1.00	0.94
65	1.22	1.17	1.12	1.06	1.00	0.93
60	1.25	1.20	1.13	1.07	1.00	0.92
50	1.34	1.26	1.18	1.09	1.00	0.89

附录 3 - 18   **电线穿钢管或塑料管在空气中多根并列敷设时的载流量修正系数 K_1 值**

钢管（黑铁管）或塑料管根数	K_1	钢管（黑铁管）或塑料管根数	K_1
2～4	0.95	4 以上	0.90

附录 3 - 19   **电缆埋地多根并列时的载流量修正系数 K_1 值**

电缆外皮间距 （mm）	电 缆 根 数							
	1	2	3	4	5	6	7	8
100	1	0.90	0.85	0.80	0.78	0.75	0.73	0.72
200	1	0.92	0.87	0.84	0.82	0.81	0.80	0.79
300	1	0.93	0.90	0.87	0.86	0.85	0.85	0.84

参 考 文 献

1　(英) JR·柯顿. 光源与照明. 4 版. 陈大华等译. 上海：复旦大学出版社，2000.

2　余丽华. 电气照明. 2 版. 上海：同济大学出版社，2001.

3　北京照明学会照明设计专业委员会. 照明设计手册. 北京：中国电力出版社，1998.

4　戴瑜兴，黄铁兵. 民用建筑电气设计数据手册. 北京：中国建筑工业出版社，2003.

5　李海，李文安，等. 实用建筑电气技术. 北京：中国水利水电出版社，2001.

6　建筑电气设计手册编写组. 建筑电气设计手册. 北京：中国建筑工业出版社，1991.

7　北京市建筑设计研究院. 建筑电气专业设计技术措施. 北京：中国建筑工业出版社，1998.

8　焦留成. 供配电设计手册. 北京：中国计划出版社，1999.

9　雍静. 供配电系统. 北京：机械工业出版社，2003.

10　林琅. 现代建筑电气技术资质考试复习问答. 北京：中国电力出版社，2002.

11　胡乃定. 民用建筑电气技术与设计. 北京：清华大学出版社，1993.

12　白公. 怎样阅读电气工程图. 北京：机械工业出版社，2001.

13　吴成东. 怎样阅读建筑电气工程图. 北京：中国建材工业出版社，2001.

14　杨光臣. 建筑电气工程识图与绘制. 2 版. 北京：中国建筑工业出版社，2001.

15　戴瑜兴. 现代建筑照明设计手册. 长沙：湖南科学技术出版社，1994.

16　吕光大. 建筑电气安装工程图集 2. 2 版. 北京：中国电力出版社，1996.

17　国家行业标准. 建筑照明术语标准（JGJ/T119—1998）. 北京：中国建筑工业出版社，1999.

18　国家行业标准. 民用建筑电气设计规范（JGJ/T16—1992）. 北京：中国计划出版社，1993.

19　国家标准. 民用建筑照明设计标准（GBJ133—1990）. 北京：中国计划出版社，1991.

20　国家标准. 住宅设计规范（GB50096—1999）. 北京：中国建筑工业出版社，2003.

21　国家标准. 高层民用建筑设计防火规范（GB50045—1995）. 北京：中国计划出版社，2001.

22　国家标准. 建筑照明设计标准（GB 50034—2004）. 北京：中国建筑工业出版社，2004.

23　国家标准. 低压配电设计规范（GB 50054—1995）. 北京：中国计划出版社，1995.